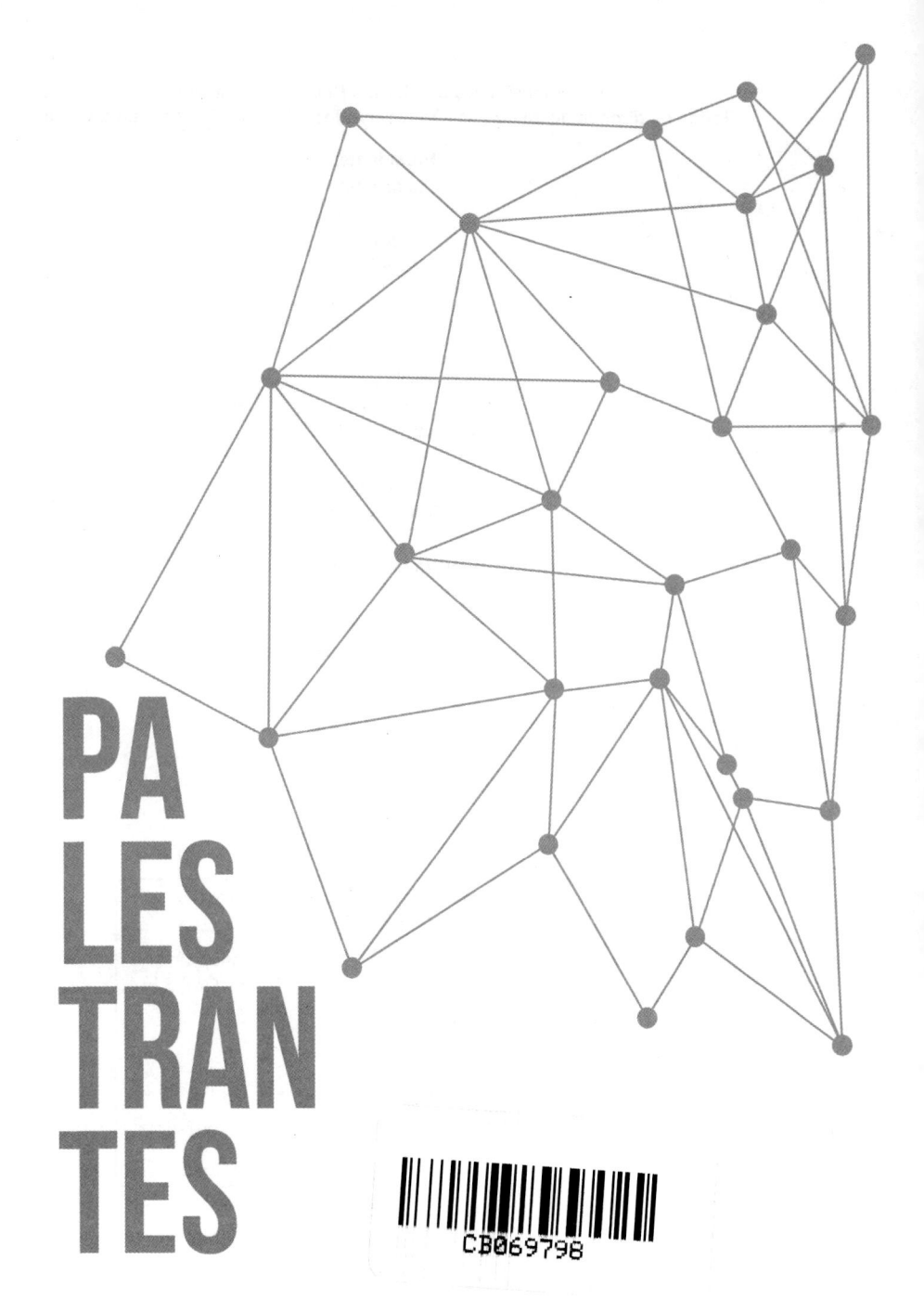

PA
LES
TRAN
TES

Copyright© 2018 by Literare Books International.
Todos os direitos desta edição são reservados à Literare Books International.

Presidente:
Mauricio Sita

Capa:
Araxa.cc

Diagramação:
Lucas Chagas

Revisão:
Andrea Lins e Camila Oliveira

Diretora de projetos:
Gleide Santos

Diretora de operações:
Alessandra Ksenhuck

Diretora executiva:
Julyana Rosa

Relacionamento com o cliente:
Claudia Pires

Impressão:
RR Donnelley

Dados Internacionais de Catalogação na Publicação (CIP)
(eDOC BRASIL, Belo Horizonte/MG)

P157   Palestrantes: ideias que conectam, histórias que transformam / Coordenadores David Fadel, Janaína Paes. – São Paulo (SP): Literare Books International, 2018.
272 p. : 16 x 23 cm

ISBN 978-85-9455-118-4

1. Empreendedorismo. 2. Sucesso nos negócios. I. Fadel, David. II. Paes, Janaína. III. Título.
CDD 658.11

Elaborado por Maurício Amormino Júnior – CRB6/2422

Literare Books International Ltda
Rua Antônio Augusto Covello, 472 – Vila Mariana – São Paulo, SP
CEP 01550-060
Fone/fax: (0**11) 2659-0968
site: www.literarebooks.com.br
e-mail: contato@literarebooks.com.br

Prefácio

Quem ouve uma história não esquece

Conta-se que o grande orador Demóstenes, na Grécia Antiga (cerca de 350 anos antes de Cristo), para corrigir sua gagueira, colocava pedras na boca e recitava versos, enquanto corria ladeira acima. Montou em sua casa uma sala subterrânea, onde ficava treinando todos os dias, por longas horas, diante de um espelho. Naquela mesma sala, colocava lanças pontiagudas em volta do corpo, para que fosse ferido se abrisse demais os braços. Assim, com muita determinação, atingiu seu objetivo: deixou de ser gago, aprendeu a se movimentar diante do público e se transformou no maior orador do seu tempo.

Ele também era político e tinha uma grande preocupação: a possível invasão de Felipe II da Macedônia, pai de Alexandre o Grande. Por isso, escreveu uma série de discursos para proferir no parlamento de Atenas, alertando sobre o perigo que vinha do Norte, e que ele considerava uma séria ameaça, não apenas para Atenas, mas para todas as cidades gregas. Esses discursos ficaram conhecidos como Filípicas, palavra que passou a significar "qualquer discurso acalorado contra alguém".

Certa ocasião, diante do parlamento de Atenas, Demóstenes começou a alertar os presentes contra o rei da Macedônia. Mas como ele vinha falando desse assunto repetidas vezes, as pessoas começaram a se levantar para sair.

Percebendo isso, disse:

— Vou contar uma história.

Naquele momento, todos olharam e ele começou:

— Um homem queria ir a Esparta e alugou um burro para fazer o trajeto. O dono do burro, muito zeloso, disse:

— Eu alugo, mas vou junto para cuidar do animal.

No meio da viagem, com o sol escaldante, o dono do burro parou o animal e sentou-se à sua sombra. O viajante olhou, fazendo menção de que também precisava de uma sombra, mas o homem lhe disse em tom agressivo:

— Aluguei o burro, mas não aluguei a sombra.

— Mas eu lhe paguei pelo aluguel do burro – argumentou o viajante — então quem tem direito à sombra, sou eu.

Naquele impasse, se desentenderam e começou uma grande discussão.

Enquanto Demóstenes contava a história, todos se sentaram novamente em seus lugares, para ouvir. Ele então perguntou:

— Vocês sabem como termina essa história?

Fez um breve silêncio, que aguçou ainda mais a curiosidade de todos, e disse:

— Já vou responder. Mas, antes, preciso fazer um novo alerta. Devemos conclamar todos os atenienses a lutarem contra o crescente poder do conquistador macedônio, que representa uma ameaça para toda a Grécia.

Prezado leitor, enquanto prossegue o discurso de Demóstenes, quero lhe dizer que o livro que você tem em mãos neste momento reúne 30 autores que trouxeram a estas páginas a essência das mensagens transmitidas por eles nos palcos, durante suas palestras. São histórias transformadoras, com reflexões que vão acompanhá-lo no seu dia, independentemente das atividades que você exerce.

Cada um dos colegas palestrantes, coautores deste livro, procurou transmitir no seu capítulo valiosas experiências de vida pessoal e profissional. Todos têm algo em comum: sabem que quem faz a diferença são as pessoas. Não somente os que escreveram, mas principalmente você que nos lê.

Costuma-se dizer que vivemos hoje na era da informação. Mas eu tenho percebido que, neste mundo que gera um *tsunami* de informações a cada minuto, o mais importante é a atitude de cada um. Por isso, afirmo que no momento presente vivemos a era da atitude.

Uma palavra-chave destes tempos de grandes mudanças é "disrupção", que significa ruptura, quebra, descontinuação de alguma coisa (um modo de trabalhar, uma programação em andamento, uma estratégia, etc.). Diz-se que algo é "disruptivo" quando interrompe o funcionamento normal. As palavras disrupção e disruptivo têm sido muito usadas no contexto empresarial para se referir a inovações no mercado. Chama-se de "inovação disruptiva" (ou "disrupção tecnológica") a atitude de oferecer novas alternativas de produtos ou serviços, para se estabelecer no mercado. É o caso, por exemplo, do Uber em relação aos táxis, e do YouTube em relação à TV convencional. E você? Como estão as inovações disruptivas em seu ramo de atividade?

Vivemos hoje uma verdadeira revolução digital, que muitos consideram como uma nova revolução industrial, e outra palavra-chave deste momento é "conectividade". Seja qual for a sua profissão ou o ramo de sua empresa, quem não estiver conectado à nova realidade ficará à margem do mercado.

Mas... e o final da história de Demóstenes? É mesmo! O que ele falou, afinal?

— Sobre o fim daquela história, eu não sei. Contei apenas para que vocês ficassem no salão e ouvissem meu alerta sobre o perigo da invasão macedônica – disse o orador, surpreendendo seu público.

Tenho certeza de que você, amigo leitor, também se ligou na história e queria saber como terminou aquela discussão entre o viajante e o dono do burro (os burros eram uma espécie de "Uber" daquela época). Aliás, eu também não sei o fim. Então você pode inventar o final que achar melhor.

O importante é que, tendo lido este texto até aqui, você viu meus comentários sobre a revolução digital e as tendências do futuro, um futuro que precisamos também inventar, como protagonistas, para que não sejamos invadidos por uma nova realidade, como meros espectadores.

O conteúdo rico dos palestrantes/escritores que fazem parte deste livro vai impactar sua vida pessoal e profissional. Como sempre digo quando faço um prefácio: as pessoas que começam a ler um livro se motivam mais quando o prefácio é curto.

Boa leitura!

Prof. Gretz
Palestrante

Sumário

Apresentação 9

Liderar para pessoas ou liderar para resultados?
Adriana Prates..13

Empreender, a maior lição de um câncer
Alex Araxá...21

De John Deere até a Google
Andrea Lins...29

i9 e aumente suas vendas
Athos Branco...37

Da saúde à produtividade:
a saúde como fonte de bem-estar pessoal e excelência profissional
Belmiro d'Arce..45

Bom dia, acorde, conecte-se e vença!
Beto Bom Dia..53

Experiências memoráveis
Bruno Faro..61

Siga o cheiro do pão
Brunno Malheiros...69

Finanças corporativas:
a comunicação por meio dos números da gestão ao resultado
Douglas Rayzer...77

Como textualizar as qualidades de uma marca pessoal
Edilson Menezes...85

O poder das potencialidades
Helda Elaine...93

Relacionamento em favor da venda
Igor Cerqueira...101

A força da conexão e o poder da transformação
João Vidal...109

Viva o novo líder!
José Carlos Póli..117

A era da experiência: como transformar clientes em fãs
Kelly Malheiros...125

A maçã, uma metafórica ponte transformacional
Kely Pereira..133

Inspirar pessoas é a chave de tudo
Leandro Correia..141

Tudo começa em casa!
Lúcia Moraes..149

Sumário

Equilibrando o corpo e liberando emoções com a psicoaromaterapia
Marcelo Santiago..157

Vendas 10.0 - O papel do gestor de vendas na era digital
Marcelo Severich..165

Como formar uma equipe comercial de verdade em um mundo "fake"
Márcio Mancio..173

Pequenos passos, grandes resultados
Matheus Freitas...181

Qual o seu legado?
Maurício Louzada...189

Apodere-se dos sonhos, até que deixem de ser meros sonhos
Neive Noguero...197

Empresas que sabem vender. Uma nova história
Prof. Jair...205

Atitude 361,5°: olhando o todo e mais um pouco!
Prof. Paulo Sérgio...213

Experiência vitoriosa
Rico Machado..221

Do camelo à Ferrari
Rita Mamede..229

A liderança no processo de sucessão
Roberto Amaral..237

Liderança sustentável
Roseli Capudi...245

Gestão de imagem, uma ferramenta de sucesso e prosperidade
Thais Ticom...253

Sucesso e independência financeira: construindo sua riqueza ao longo da vida
Viviane Ferreira..261

Conclusão..269

Posfácio..271

Apresentação

O mundo está mudando bem rápido. O mercado do conhecimento procura acompanhar essa tendência corporativa mundial e acelerar, com a mesma velocidade, no rumo das mudanças. Como não existe mais separação entre o real e o digital, todo conteúdo produzido deve refletir a coerência e a razão de se existir uma marca pessoal, capaz de fazer a diferença.

Há pouco tempo, lendo uma matéria na Revista HSM, me deparei com o seguinte título: "Está na hora de vivermos o futuro". O título, no mesmo caminho da prévia que fiz no parágrafo anterior, gera duas perguntas:

Como o mercado do conhecimento tem se preparado para absorver as mudanças?

Como fazer com que essas mudanças sejam pouco traumáticas e muito promissoras, tanto para a marca pessoal que defende as ideias, como para as empresas que a contratam?

Por intermédio das pessoas, o mundo corporativo, a cada dia, é mais competitivo e transformador. Cabe a elas o papel de conectar e gerar impacto, ou seja, de transformar ideias, produtos, serviços e, principalmente, outras pessoas.

Quando fiz o convite aos profissionais do conhecimento que reuni na obra, tive o cuidado de reunir autores que zelam por sua marca pessoal e trazem, ao leitor, ideias que conectam, baseadas em 3C's:

- ✓ Conteúdo rico;
- ✓ Coerência;
- ✓ Consistência.

Nosso desafio nesse projeto consiste em reunir tudo isso, ao mesmo tempo em que se conectam as soluções ao seu posicionamento no mercado.

Agora que finalizamos o livro, tenho a certeza de que conseguimos mostrar o brilho das marcas pessoais, que vão além do conhecimento.

Quando a empresa tem a necessidade de um profissional deste mercado, ela tem buscado não somente a motivação em si, mas algo real, próximo da desejável transformação, algo que inspire e leve as pessoas a criarem soluções.

O mercado está se transformando e as novas gerações buscam formas inéditas de aprendizado. O palestrante, um dos profissionais que trouxe essa aproximação, é parte importante do processo transformacional entre o conhecimento e a ideia que leva ao palco, criando pontes que o conectam àqueles que estão a sua volta.

Os líderes do amanhã fazem parte dessa nova geração com sede de conhecimento e incansável busca por um propósito que vá além dos bancos da universidade.

Precisamos levar ideias que se conectam às tendências do futuro, que engajem, que façam as pessoas a pensarem no amanhã de forma disruptiva, que respeitem a individualidade, que criem o estímulo intelectual e inspirem o melhor desempenho possível. O resultado direto desse esforço é poderoso: estamos formando uma liderança baseada em ética e comprometimento, inspirada por ideias que conectam e histórias que transformam.

Os textos apresentados no livro cumprem esses objetivos e rompem a ideia de que ainda vendemos da mesma forma, que inspiramos e motivamos com pulinhos e gritos, que a liderança vem de um conceito ultrapassado, que empreender, inovar e empresariar é repetir velhos padrões, que a imagem e a comunicação usam somente uma linguagem.

É um novo tempo, tudo é muito mais exponencial e disruptivo. Líderes empresariais sabem que o segredo é saber administrar todos os recursos de forma estratégica. Se hoje o capital é barato e abundante, para tornar as empresas mais competitivas, precisamos engajar pessoas no processo. Em contraponto, um dos recursos mais escassos têm sido o tempo, o talento e a energia dessas pessoas na organização. É aí que reside a solução central, proposta pelos autores deste livro:

Devemos sair da concentração individual, trazer o conhecimento e as ideias que liberem o poder produtivo total de uma organização, permitindo que todos, do presidente ao porteiro, se empenhem para superar a concorrência, vencer as adversidades e manter o trem empresarial nos trilhos.

A única coisa que faz a diferença positiva no mundo atual são as pessoas (bem treinadas). Nosso livro traz ideias e modelos de como podemos transformar o capital humano na era digital, para que os líderes identifiquem a pressão do fardo organizacional e o transformem em uma leve jornada; para que pratiquem uma nova forma de criar o futuro, com conselhos práticos e exemplos das experiências que transcenderam a mera teoria.

Eu acredito que as marcas pessoais fortes vão além do conhecimento, pois cada marca pessoal, antes de encontrar caminhos prósperos, viveu na pele a dor e as dificuldades. Antes de formar opinião, cada autor(a) se preparou muito e o leitor vai conferir, por meio das lições, dos aprendizados, dos exemplos, das dores e descobertas, que eles não se economizaram.

Os autores abriram o jogo, revelaram o que sabem e mostraram como podem dar as mãos ao setor corporativo, neste momento crucial em que as empresas carecem de opiniões agregadoras, de profissionais inovadores e soluções únicas, pertencentes ao DNA presente nas células de cada marca pessoal que tive o prazer de reunir nesta obra.

Desejo uma ótima leitura e sugiro que faça contato com os autores que você mais se identificar. Afinal, se a pessoa lhe gerou grandes reflexões em poucas páginas, imagine o que ela poderá fazer caso tenha mais tempo para conectar ideias e transformar a história de sua empresa.

Janaína Paes
Especialista em estratégia e desenvolvimento de carreira e *personal branding* para palestrantes.

1

Liderar para pessoas ou liderar para resultados?

Neste capítulo veremos que, no cenário corporativo de hoje, liderar uma instituição nos moldes do passado é algo fadado ao insucesso. Nosso mundo está mudando a todo o momento e num ritmo acelerado. Nesse contexto, é preciso muito mais que um líder no comando da empresa, é indispensável uma liderança de alta *performance*

Adriana Prates

Adriana Prates

Palestrante, *coach* e *trainer* na área de liderança de alta *performance*. Atua há mais de 22 anos em desenvolvimento humano e liderança de alta *performance*. Graduada em pedagogia empresarial pela UDESC. Especialista em gestão de pessoas pela Estácio. *Master* em PNL pela The Society of NLP™ (Richard Bandler). *Coach* formada pelo IBC, *practitioner* em neurociência comportamental (Inédita SP). Coautora do livro *Formação de líderes em alta performance – UNISV*. Idealizadora da Academia de Leões (Escola de Liderança de Alta Performance). *Owner* do Instituto Adriana Prates.

Contatos
Site: www.adrianaprates.com.br
E-mail: contato@adrianaprates.com.br
LinkedIn: https://www.linkedin.com/in/adrianaprates/
Telefone: (48) 99901-5930

A miscelânea cultural corporativa que movimenta o mundo do consumo é composta por *baby boomers*, geração X, *millenials* e geração Z. De um lado, pessoas com seus contextos históricos, suas facetas e suas caixas de verdades absolutas. Do outro, no mesmo mercado, outras caixas em formas e dimensões variadas, mas também constituídas por culturas, especificidades e convicções. Estas, representadas pelas mais diversas empresas.

Neste contexto é importante observar que as "caixas-pessoas" e as "caixa-sempresas" possuem algo em comum, que consiste no suprimento de suas necessidades, as quais variam de "caixa" para "caixa" – pode-se afirmar que todos almejam algo, mas para isso, precisamos obter respostas e estas são resultados de nossas decisões/ações.

Mas como alcançar os resultados que se espera, sem ao menos sair do lugar? Parece óbvio saber que, para isso, é preciso ao menos dar o primeiro passo fora da própria zona de conforto, é necessário avançar, o que só acontece com a mudança.

O mercado é regido por leis, a mais austera é a lei da mudança. Tanto pessoas, quanto empresas querem no mínimo sobreviver, mas para isso é vital mudar, porque o mundo está em constante movimento.

Porém, se a necessidade de mudança é a única certeza num contexto de incertezas, por que tem sido tão difícil ocorrer? Vejamos o histórico de algumas gigantes que não conseguiram se adaptar.

Exemplos como a Kodak, maior empresa de fotografias do planeta, centenária, com mais de 100 mil funcionários, lucro de bilhões e com uma presença forte em quase todos os países, entrou com um pedido de falência em 2012 por não conseguir apenas acompanhar às mudanças de um mercado que foi rapidamente dominado por câmeras de celular.

A Nokia, empresa finlandesa, líder mundial em *smartphones*, com cerca de 50% do mercado, foi derrubada pelo iPhone, reduzindo rapidamente o seu *marketshare* para míseros 3%. Ainda não chegou ao total declínio, porque sua divisão de *smartphone* foi adquirida pela Microsoft. Podemos constatar que o motivo de tamanha decadência se deu por subestimar a concorrência, ignorando sua necessidade de adaptação às mudanças.

Se você faz parte da geração X como eu, deve se lembrar de quantas vezes foi a uma locadora para alugar filmes no fim de semana. Esse conceito de serviço já morreu e levou junto a maior franquia desse segmento: a Blockbuster. As pessoas deixaram de alugar DVDs para assistir por meio *streaming*, como Netflix. Em 2000, a Blockbuster teve a oportunidade de adquirir a Netflix quando era só um serviço de Delivery de DVD e não o fez. Preferiu olhar para o futuro de modo diferente, reunindo esforços para ser a melhor varejista possível, o que obviamente não deu certo. A incapacidade de adaptar-se às mudanças levou também esta megaempresa à falência em 2013.

Casos como esses tornaram-se comuns. Logo, é notório observar que a falta de adaptação às mudanças e consequente ausência de uma cultura inovadora é o que tem levado empresas extraordinárias e aparentemente imbatíveis à beira do declínio.

O grande desafio que tenho observado nas empresas está em desenvolver um *mindset* de crescimento em suas lideranças para que elas viabilizem os resultados desejados e assegurem a sua perenidade. Para isso, acredito ser vital que os líderes e as empresas decidam sair de "suas caixas de paradigmas". Só com a mudança haverá terreno para adaptar, inovar e transformar.

Apenas uma decisão, com um olhar mais apurado e livre de certas convicções, poderá alterar o rumo que a empresa irá trilhar, ao escolher investir em treinamento ou desenvolvimento do líder.

Importante considerar que por mais simples ou temática que seja a palestra, seu objetivo deve estar alinhado à estratégia e *às core competencies* da empresa. A oportunidade neste contexto está no fato do quesito mudança ser base de toda e qualquer palestra, treinamento ou ação de desenvolvimento de uma corporação que realmente se preocupa com o seu futuro.

Técnicas avançadas e inovadoras de aprendizagem, quando aplicadas em palestras ou treinamentos, têm trazido resultados fantásticos por acelerarem o processo de aquisição de conhecimento e estimularem a sua aplicação no cotidiano do líder, que pode ser instantânea ou processual.

Um trabalho pautado em resultados efetivos, impacta no desempenho da empresa ao viabilizarem a *performance* de suas lideranças. Foram centenas de empresas que atendi ao longo de 22 anos de desenvolvimento humano, com milhares de líderes transformados e suas equipes totalmente impactadas. Mas é importante saber que "tudo" pode ser medido no quesito comportamento humano.

Se você precisa desenvolver uma série de competências na liderança e quer saber o quanto foi possível expandi-la, isto pode ser medido. Criam-se indicadores tangíveis para que o intangível possa ser mensurado. Esta seria a real oportunidade de desenvolvimento do líder. Tudo pode ser evoluído nele. Não é fácil, mas é possível. Os resultados dos trabalhos que desenvolvo com as lideranças comprovam isso.

Há duas questões importantes que são vitais para o resultado de um trabalho e que devem ser consideradas na hora de decidir sobre a palestra, o *coaching* ou o treinamento para as lideranças: se a alta gestão acredita, valida e apoia e se o líder está disposto a participar de algo assim, independente de acreditar no processo ou não ter tido boas experiências.

Desde meu ingresso como palestrante e *trainer* no mundo corporativo, há duas décadas e com tantas mudanças de cenário desde então, posso afirmar que alguns problemas que afligem as lideranças continuam sendo os mesmos. Todos, sem exceção, fomos criados dentro de nossas próprias caixas.

Estas nos garantem sobreviver em segurança, porque teoricamente estamos protegidos. Ao longo da vida, nos deparamos com pessoas também dentro de suas caixas, até ingressarmos em uma empresa que não deixa de ser uma "grande caixa", mas com "verdades" diferentes das suas.

E em meio a estes confrontos de caixas das "verdades", surgem os conflitos. De um lado, as pessoas com suas caixas, de outro lado, as empresas, representadas por seus líderes pedindo para você sair da caixa. Mas sair gera insegurança, desconforto, abala a sobrevivência. Os líderes insistem e pedem para você mudar.

Esse aparente descompasso entre uma caixa e outra tem sido a raiz dos problemas entre líderes, liderados e as empresas que os mantém. Sabemos que uma empresa, entre outras coisas, precisa melhorar seu posicionamento, aumentar sua produtividade, ampliar seu faturamento e garantir sua perenidade. Para isso, ela investe maciçamente em processo de qualidade, tecnologia, prospecção, fidelização e relacionamento com clientes, *stakeholders*, etc.

Mas, o que tenho vivenciado ao longo dos anos tem se repetido. Do que adianta a melhor estrutura, com tecnologia de ponta, estratégias agressivas, marca forte e uma equipe altamente capacitada, sem ter uma liderança que conecte tudo isso com maestria, para fazer de fato todo o conjunto funcionar em alta velocidade?

Uma liderança forte faz toda a diferença na vida de uma empresa. Mas não os líderes comuns, que cumprem suas demandas, que são fiéis às regras e procedimentos da corporação, tampouco líderes situacionais, democráticos, *laissez-faire* e muito menos os autocráticos. Nem ao líder amigo, ao líder paizão, ao líder chefe.

Falo do único estilo de liderança que foi desenhado sob medida para atuar em um contexto de futuro. O líder com competência para engajar as pessoas, extrair o seu melhor, dar exemplo, admitir os próprios erros, liderar por propósito, congruência, estimular a adaptação e a inovação. Olhar para sua equipe como parceiros, alinhar valores, trazer resultados extraordinários, enfim, ser a diferença para toda e qualquer empresa sobreviver e ascender neste cenário onde a única certeza é a mudança.

Posso afirmar que um líder assim se constrói, se desenvolve. Esta é uma liderança de alta *performance*.

Ao longo de meu caminho, reuni o que há de melhor na aplicação de técnicas e ferramentas para desenvolver um método inovador que está consolidado no programa de desenvolvimento para líder de alta *performance*. Tenho apresentado em minhas palestras, implementado em meus treinamentos de liderança e contemplado nas competências a desenvolver nos processos de *coaching*.

Trago-o aqui no formato das palestras que realizo, falando de liderança de alta *performance*, iniciando a apresentação do módulo I, com a seguinte pergunta:

Você consegue imaginar o que aconteceria, ao perceber que acordou sozinho em uma caverna escura?

A diferença entre você estar em tal lugar e caminhar até o lado de fora é, sobretudo, a mesma entre não se conhecer e se conhecer. Como um líder de alta *performance* pode saber o que realmente quer, se nem ao menos sabe quem é?

"Você com você", ou seja, o seu autoconhecimento constitui todo o primeiro e mais extenso módulo do treinamento em questão. Mostro aos líderes que ler livros de autoajuda, fazer cursos e afins, não ajudam a se autoconhecer, pois informações soltas não levam a lugar algum.

Foram anos pesquisando e estudando o desenvolvimento humano para facilitar essa busca. Mostro que o autoconhecimento do líder pode ser construído em três etapas sequenciais.

1. Como você se constitui enquanto ser humano? Aqui, o objetivo é saber quem é o líder, a partir dos fatores:

Cultura: como foi seu ambiente familiar, como foi sua inserção social, suas viagens, qual sua base religiosa, política, seu esporte preferido e lazer;

Crenças: cada pessoa vê o mundo segundo suas próprias "lentes". As crenças referem-se a tudo o que se acredita – é o modo de cada um observar o mundo;

Valores: é aquilo que se atribui alto grau de importância. As pessoas são diferentes, assim como seus valores. É importante dizer que estes atuam como uma espécie de bússola que orienta as tomadas de decisões. Minha sugestão é que se listem os principais e os hierarquize para saber como eles influenciam o cotidiano do líder em questão;

Comportamento padrão: há uma série de ferramentas validadas por universidades de renome para mapear o perfil do líder, que trazem quase 100% de segurança. A conclusão é que esse tipo de recurso fornece subsídios suficientes para tomadas mais assertivas de decisão do líder, aprofundando seu autoconhecimento.

2. Como você funciona? A segunda etapa do autoconhecimento traz um entendimento que compara dois fatores vitais para nossa sobrevivência: mente e cérebro. Vejamos um pouco da mente.

Comparando nossa mente a um *iceberg*, em que a parte visível, cerca de 5%, seria nosso consciente, nosso racional, formado basicamente pela memória de curto prazo. A parte que está submersa, 95% do *iceberg*, representa grosso modo, nosso inconsciente – nossas experiências, traumas, medos, crenças, memórias de longo prazo, emoções e sabotadores.

A questão aqui é entender que somos regidos quase que inteiramente pelo inconsciente, na maioria das vezes, de maneira automática. Isso impacta muito no resultado de tudo que fazemos. Logo, você é fruto de seu inconsciente, é vulnerável a ele.

"Você é a média das cinco pessoas com quem mais convive." Esta frase do escritor Jim Rohn apoia o conteúdo do módulo II intitulado "você com as pessoas", trazendo à tona o poder das conexões em benefício (ou não) do líder de alta *performance*. Sendo assim, como liderar, sem aprender a se relacionar e ver o poder de influência que uns têm sobre os outros?

Comportamentos nocivos podem impactar empresas inteiras, pois os hábitos influenciam os costumes de quem convive e, ao contrário, também. Tudo é compartilhado automaticamente de um para o outro. Quando menos se percebe, já se aderiu.

Uma rede saudável é aquela em que você escolhe se espelhar. Um líder de alta *performance* tem consciência disso e, assim, decide modelar (técnica de PNL para reprodução de estratégias de excelência) os melhores e inspira a todos, porque este líder aprende a usar o poder das conexões a seu favor.

Do que adianta saber quem você é, quais as pessoas que vão acompanhá-lo em sua trajetória, se nem sabe aonde quer chegar?

Essa resposta, trazemos no módulo III (último) do programa de liderança de alta *performance*, intitulado "você com a vida", que traz a reflexão.

Um líder sem propósito é como um barco sem direção. O propósito é a razão de ser do líder. É o grande motivo para a ação. Nas palestras, relembro que chegamos onde chegamos porque as pessoas, que aqui passaram, deixaram seus rastros. Ao descobrir seu propósito, o líder sente uma sensação indescritível de gratidão e alegria em contribuir. Deixa marcas fortes, inspira pessoas e vai ser lembrado pelo seu legado.

Quem não gostaria de seguir um líder assim?

Referências
GREGO, Mauricio. *6 erros que levaram a Nokia da glória à decadência*. Disponível em: <https://exame.abril.com.br/tecnologia/6-erros-que-levaram-a-nokia-da-gloria-a-decadencia>. Acesso em: 14 de ago. de 2018.
MORENO, Felipe. *7 empresas (gigantes) que morreram nos últimos anos por não inovar*. Disponível em: <https://conteudo.startse.com.br/nova-economia/corporate/felipe/7-empresas-gigantes-que-morreram-nos-ultimos-anos-por-nao-inovar>. Acesso em: 14 de ago. de 2018.
MORENO, Felipe. *Kodak: como ela foi de uma das empresas mais inovadoras até falência*. Disponível em:<https://conteudo.startse.com.br/nova-economia/tecnologia-inovacao/felipe/kodak-como-ela-foi-de-uma-das-empresas-mais-inovadoras-ate-falencia>. Acesso em: 14 de ago. de 2018.

2

Empreender, a maior lição de um câncer

Este capítulo nasceu depois da minha quase morte e, posteriormente, da minha busca em me sentir realizado e feliz nos meus negócios. Vem para destravar de vez a sua empresa e mais que isso, a sua vida, afinal, não podemos melhorar nossas empresas sem antes melhorarmos a nós mesmos. E para que haja uma mudança duradoura, a percepção é chave para construção de uma empresa e de uma vida mais feliz

Alex Araxá

Alex Araxá

Empresário no ramo de comunicação e *marketing*, no coletivo de criação Araxa.cc. Empreendedor e cofundador da *startup* Universidade do Digital. Mentor de empresários/negócios lucrativos. Palestrante de *marketing* digital e motivacional. Professor, pós-graduado e MBA em Mídias Digitais. Graduação em *design* gráfico, Unit – 2004. Escritor do livro *Lições pelo caminho* – dezembro 2017. *Coach* integral sistêmico pela FEBRACIS – 2017. Entusiasta pelo futuro e apaixonado por pessoas.

Contatos
E-mail: alex@araxa.cc
Facebook: araxa.cc
Whatsapp: (79) 99114-0008

Minha vida mudou depois de fazer exames de rotina. Estava tendo muitas dores de ouvido e, de repente, comecei sentir um entalo na garganta. Os médicos detectaram nódulos da tireoide, algo bem comum em algumas pessoas e, na ocasião, meu pai também estava com os mesmos sintomas.

Fomos juntos fazer os exames e os resultados culminaram na descoberta de que eu estava com um carcinoma papilífero, de grau avançado. Acoplado à tireoide, mais algumas dezenas de nódulos espalhados na região cervical. Naquele ponto da minha vida, eu tinha vencido muita coisa, tinha sido um cavalo de carga no trabalho e sinceramente, tinha um sentimento muito parecido com a maioria das pessoas.

Aquela certeza de que, conosco, algo desse tipo nunca irá acontecer, não era bem assim. A notícia caiu como uma bomba, e eu, que nunca fui alguém espiritualizado ou desenvolvido emocionalmente para coisas tão sérias, caí de joelhos. Naquele momento, retomei meu diálogo perdido com Deus e talvez a primeira pergunta tenha sido: por que eu?

Meu mundo girou de cabeça para baixo e o trabalho e minha empresa começaram a perder o sentido naquele momento, tudo aquilo que eu sempre lutei e construí, todo dinheiro que ganhei, todos os carros, nada daquilo fazia sentido para mim. Foi como se num piscar de olhos eu enxergasse que meu sucesso tinha custado minha saúde e a minha vida.

Foram tempos extremamente difíceis, inclusive, escrevi um outro livro chamado *Lições pelo caminho*, no qual eu relato os grandes aprendizados que me foram revelados na época. Aqui vou me ater às mudanças no empresário Alex Araxá, que teve a chance de retornar ao seu trabalho, depois de quase ter morrido e ter ficado numa U.T.I por vários dias.

Quando voltei ao meu mundo, atualizei meu *mindset* e, consequentemente, minha carreira empresarial. Busquei novas ferramentas, abri a mente para a inovação e o futuro. O resultado foi uma vida mais feliz, uma empresa mais lucrativa e pessoas satisfeitas ao meu redor. Aqui vão alguns passos que segui nessa direção, que agora compartilho com você:

Passo um: aprender a dizer não

Uma das principais mudanças que fiz em minha vida e que fez grande diferença, foi parar de dizer sim para tudo e para todos. Sempre fui muito proativo e assumia diversas funções ao mesmo tempo. Muitas vezes, esse comportamento era apenas com a falsa ilusão de ser mais querido ou mais aceito pelas pessoas ao meu redor.

Quando enxerguei que estava sendo bonzinho apenas para agradar, comecei a mudar e nunca mais voltei a ser como antes. Entenda que ser bom é bem diferente de ser bonzinho, acredito que assim como eu, você não queira fazer mal a nenhuma pessoa e que seja uma pessoa de bem, ponto. Por outro lado, ser bonzinho é ter um comportamento errôneo de querer agradar a todos, o tempo todo. Isso acaba com sua produtividade e não faz você ser mais querido por ninguém, acredite e comece já a avaliar o que você vai fazer apenas para agradar as pessoas a partir de agora.

Passo dois: saiba delegar

Assumir diversa funções ou achar que sua equipe não tem condição para executar suas tarefas é uma forma de perder sua produtividade. Essa sensação de que as pessoas não farão as tarefas como você faria é, na verdade, excesso de perfeccionismo e reflete um lado que pode estar atrapalhando sua empresa.

No mundo empresarial existe uma máxima, o feito é melhor que o perfeito, toda vez que buscamos a perfeição exagerada, isso nos atrasa. Pense por outro lado, o mundo mudou e hoje o mais forte não ganha do mais fraco e sim o mais rápido ganha do mais lento. Se você tiver que fazer a maioria das atividades de sua empresa por conta própria e não souber delegar para pessoas e gerenciar os resultados, talvez precise rever seus conceitos logo ou vai ficar para trás.

Imagine que, durante um voo, o piloto do avião passe pelos passageiros servindo café, isso geraria um pânico nos passageiros, correto? Em poucas palavras, você precisa estar focado no sucesso e não na execução.

Passo três: autorresponsabilidade

Somos os únicos responsáveis pelo que estamos passando em nossas vidas e empresas, quando colocamos a responsabilidade ou pior, a culpa pelos nossos resultados, estamos negando a nossa evolução. Pare e pense agora: em quem você tem colocado a responsabilidade dos seus resultados? Michel Temer? Na sua esposa? Nos seus colaboradores?

Se a sua empresa não está indo bem, assuma a responsabilidade e não se preocupe. O estado atual são apenas os resultados de hoje e podem ser mudados a medida em que você assume as rédeas e aplica as mudanças que quer fazer. Existem seis leis da autorresponsabilidade, cunhadas pelo Paulo Vieira, autor do *best-seller O poder da ação*. Copie, imprima e cole em diversos pontos da sua empresa:

Um: se é para criticar os outros, cale-se;
Dois: se é pra reclamar, dê sugestão;
Três: se é para buscar culpados, busque solução;
Quatro: se é para se fazer de vítima, prefira ser vencedor;
Cinco: se é para justificar seus erros, aprenda com eles;
Seis: se é para julgar as pessoas, julgue suas atitudes.

Quando assumimos a responsabilidade pelos nossos resultados, damos o primeiro passo para uma vida mais plena e feliz, afinal está tudo bem e cada um tem a vida que merece.

Passo quatro: autodesenvolvimento
A frase de Charles Jones abrirá este pilar. "Daqui a cinco anos você estará bem próximo de ser a mesma pessoa que é hoje, exceto por duas coisas: os livros que ler e as pessoas de quem se aproximar." Esta máxima foi realmente algo que fez diferença na minha vida pós câncer e pós U.T.I.

Agora me responda sinceramente, você gosta da sua profissão? Você realmente dá importância a sua vida financeira? Qual o seu grau de compromisso com essas áreas? Se sua resposta for alta, me responda novamente: qual o último livro que você leu nessas áreas? Qual o último curso ou aula, mesmo a distância, você fez na área?

Geralmente, na maioria dos casos, as pessoas ficam estagnadas em suas vidas, mesmo não gostando do que fazem. O fato é que nós nunca estamos parados, ou estamos evoluindo ou estamos regredindo, nada está parado, nem uma mesa a sua frente está parada. Então, essa sensação de que você está parado é falsa. Na verdade, você está regredindo.

No meu caso, eu busco me desenvolver todos os dias, ou seja, estudo todos os dias. Desenvolvi o hábito cotidiano de ler e faço isso há mais de seis anos, ou seja, fiz dezenas de cursos e mudei para melhor diversos aspectos da minha vida. Aliás, eu convido você a se desenvolver também. Você notará que a sua frequência mudará e naturalmente atrairá mais sucesso para sua vida.

Segundo Jim Rohn, "seu nível de sucesso raramente excederá seu nível de desenvolvimento pessoal, pois sucesso é algo que você atrai pela pessoa em que se torna." Lembre-se disso quando olhar para sua conta bancária e para os seus relacionamentos.

Tenho certeza de que você vai ter uma atitude diferente ao agir daqui por diante, da mesma forma que comemos, tomamos banho e devemos nos desenvolver todos os dias.

Passo cinco: busque consultoria em cada área

Se você é alguém proativo e impulsivo como eu, deve estar do outro lado pensando: "esse maluco está achando que eu tenho um rio de dinheiro, consultoria é algo muito caro, etc." Sim, você tem razão, consultoria é caro mesmo e inclusive é um dos nichos que mais crescem com a crise no Brasil, mas o fato é que antes de pensar no preço, precisa saber que você não é bom em tudo e ponto final.

Eu particularmente adoro ter ideias, pensar na estratégia, gerenciar meu time, mas odeio a parte administrativa e financeira. Depois de passar por uma consultoria, que inclusive apontou esse fato, eu melhorei essa área na minha empresa, trazendo alguém que pudesse gerenciar melhor do que eu mesmo. Não foi tarefa fácil, mas estou muito satisfeito com os meus resultados.

Voltando ao preço, eu diria que hoje existem várias fontes de estudo que podem ajudar na visão geral do seu negócio e podem apontar falhas e pontos de melhoria. Alguns exemplos são o SEBRAE e a ENDEAVOR. Enfim, se você procurar, tenho certeza de que até no YouTube achará dicas e modos de melhorar cada área do seu negócio.

A troca de informações com outros empresários, por meio de grupos de negócios, é outra forma de expandir a sua consciência e, quem sabe, melhorar áreas que sozinho você não conseguiria.

Passo seis: gestão de pessoas

Sinal de alerta ligado, o mundo muda em velocidade exponencial e a humanidade vive um momento ímpar. Nunca ouvi falar em tantas pessoas insatisfeitas em seus trabalhos e em suas vidas, talvez este seja o ponto que eu busquei mais mudanças na minha nova forma de empreender.

Hoje, com a flexibilização da CLT, as mudanças na forma de trabalhar ficaram mais fáceis de serem instaladas nas empresas. Para cada necessidade existem opções interessantes. Comece olhando o ambiente; será que as pessoas gostam de estar nele? Ou preferem *home office*? Isso ajudaria na redução de custos? Impactaria na produtividade? Sempre busco manter um ambiente agradável e confortável a ponto de todos quererem estar nele, sem pressão de horário ou coisas do tipo.

Felizmente, a nova geração *millenials* não gosta de se sentir presa a nada e a ninguém. Estamos vivendo a era das relações abertas, inclusive no trabalho. Repense a forma como isto está sendo gerido em sua empresa e teste, não ache nada, teste e veja se o formato se aplica ou não na sua instituição.

Outro ponto que tornei efetivo foi fazer a equipe participar das decisões da empresa de forma constante, eu chamaria de administração horizontal, quando as pessoas são inseridas no sistema em que trabalham, isso gera uma sensação de pertencimento que amplia, e muito, os resultados e o engajamento da equipe.

Passo sete: preocupe-se com a marca pessoal dos seus colaboradores
No mundo atual, as empresas estão passando pelo processo de humanização constante. Pessoas estão passando pelo processo de profissionalização e tudo está convergindo para um relacionamento mais quente com clientes e *prospects*. Do lado de lá, todos que têm interesse no seu produto ou empresa querem conhecer as suas práticas e processos.

O dia a dia dos seus colaboradores é interessante como forma de mostrar que todos estão satisfeitos e felizes. Treinar a sua equipe para isso é uma tarefa nova e de suma importância. Olhe ao redor e veja que diversas empresas criaram seus próprios departamentos criativos, para reduzir custos com as agências. Eles cuidam das redes sociais da empresa e fazem a cobertura dos eventos e relacionamento com clientes na rede.

Hoje, eu diria que isso é ponto crucial para todo tipo de negócio, é a máxima de um mundo conectado, no qual as pessoas e clientes querem se sentir parte de tudo que consomem.

Passo oito: faça mais do que o necessário
Pode chamar de *overdelivery*, se preferir. O fato é que esse termo, cunhado por Andrey Carnegie em sua filosofia a *Lei do Triunfo*, escrita por Napoleon Hill, faz milagres em qualquer tipo de negócio. Simplesmente pelo fato de que quando entregamos além do pedido, estamos ativando um gatilho mental muito usado no *marketing* atual, o gatilho da reciprocidade.

Quando pagamos por A e recebemos A + B, automaticamente nos enchemos de satisfação e, interiormente, começamos procurar formas de retribuir. A melhor forma de fazer isso, na maioria dos casos, é comprar mais da sua empresa. Se você vende produtos, pode de alguma forma gerar a sensação de *overdelivery*, entregando mais conforto ou um atendimento excepcional, para que o cliente se sinta lisonjeado e volte a comprar em breve. Empresas no mundo todo vêm obtendo sucesso com essa ferramenta. Estude-a e aplique o quanto antes na sua empresa.

Passo nove: elogio e gratidão

Estas duas maravilhas andam de mãos dadas pela vida. A gratidão amplia nossa percepção e o elogio funciona como um *start* para a atração de coisas boas. Estudos demonstram que crianças que crescem com elogio têm muito mais sucesso do que crianças que crescem com críticas. Por outro lado, o elogio também foi estudado em equipes e empresas.

Louzada, um cientista contemporâneo, chegou a uma equação que pode ser resumida da seguinte forma: para cada crítica a um colaborador, você deve fazer quatro elogios. Isso mesmo, em qualquer tipo de relacionamento, se o seu foco é melhorar o desempenho, elogie até 11 vezes para 1 crítica.

Esse é o limite que faz o desempenho decolar. Parece loucura, mas não é. Quando buscamos algo para elogiar em alguém, estamos alterando nosso estado de percepção e em todos os casos nos perguntamos se temos em nós o que estamos elogiando naquela pessoa. Estimule os seus colaboradores a se elogiarem, elogios sinceros podem elevar uma empresa para um patamar extraordinário.

Se algo neste capítulo fez sentido, peço sinceramente que não deixe essa informação parar em você. Conte para um amigo, passe adiante, ajude alguém com ela. Acredito que simples gestos como esse podem transformar, num passe de mágica, a vida de alguém. Mudanças acontecem rápido e cinco minutos de conversa podem mudar tudo.

Paz e amor para você e nos vemos em breve.

3

De John Deere até a Google

Um número crescente de usuários se utiliza diariamente das plataformas de busca e das mídias sociais, pesquisando assuntos de seu interesse. E nessa era digital, é cada vez maior o investimento das empresas na produção de conteúdos de qualidade, que servem de base para que construam um bom e estável relacionamento com os seus clientes. Este tipo de *marketing* já existe há mais de um século

Andrea Lins

Andrea Lins

Escritora, historiadora, formada pela Universidade do Estado de Santa Catarina, especialista em produção de conteúdo. Ampla vivência na Europa. Durante o período que morou no estrangeiro, escreveu artigos e fotografou para a *The Spiritist Society of Ireland*. Visitou vários países, dentre eles, Inglaterra, Escócia, Itália, Espanha, França, Grécia, Palestina, Israel e Turquia. Neste último, retornando por diversas vezes. Atuou como fotógrafa, a convite do proprietário da extinta Agência Turkey Voyage. Trabalha como produtora e revisora de conteúdo para *sites*, *blogs* e projetos. Como tradutora, fez trabalhos do inglês-português para empresa estrangeira; também fez versões de um informativo português-inglês para um grande *Shopping Center* brasileiro.

Contatos
E-mail: andrea.escritoraph@gmail.com
Facebook: Andrea Lins Escritora
Instagram: andrealins_escritora
Telefone: (48) 3246-5250

Eu nunca colocarei meu nome em um produto que não tenha nele o melhor que há em mim. (John Deere)

Qual a relevância em produzir conteúdos nos dias atuais?

Publicar conteúdos com qualidade na web é uma das melhores maneiras de uma empresa crescer e manter um público assíduo, o que indiretamente gera ganhos e notoriedade para uma corporação.

Quando você está focado em administrar uma empresa, um site ou blog, muitas vezes não encontra tempo, nem inspiração para se dedicar a esta excelente ferramenta de vendas. E é então, que a figura de um produtor de conteúdos pode ser uma alternativa eficaz para resolver essa questão. Afinal, nem todos nós temos afinidade com a arte de escrever.

Pesquisas apontam para o fato de que, essa avalanche de conteúdos compartilhados nas mídias sociais provocou nos consumidores, um impacto significativo tanto no comportamento, quanto na decisão de compra. Daí uma preocupação crescente das empresas, atrelada a um maior investimento financeiro na produção de conteúdo de qualidade para os consumidores.

Muito se fala (e se investe) hoje na produção de conteúdos. No caso da web, pode ser feita por diversos meios – textos, fotos, imagens, vídeos e infográficos. Porém, independente do meio escolhido, o conteúdo precisa ser de qualidade e ter um propósito definido, que vá ao encontro dos interesses e necessidades do público consumidor. E essa é uma ideia que começou há mais de um século.

O nascimento da produção de conteúdo no final do século XIX

Origem do *The Furrow* – Estados Unidos

Uma das primeiras produções de conteúdo já criadas e que faz sucesso ainda hoje, teve início na última década do século XIX. *The Furrow* começou sua história como "um jornal para o fazendeiro americano". A distribuição da revista cresceu rapidamente e hoje é publicada em 14 idiomas e lida em 115 países, sendo veiculada pela Deere & Company e suas subsidiárias, o que a torna a revista agrícola mais difundida no mundo.

Foi em Grand Detour, Illinois, que o ferreiro John Deere, ouvindo as preocupações dos agricultores quanto aos problemas em seus arados, iniciou suas atividades no cenário agrícola. Começou moldando uma placa de aço altamente polida e depois disso, inúmeros tipos de implementos agrícolas foram criados pela sua empresa.

A John Deere Company sempre teve como uma das principais preocupações conhecer seus funcionários e clientes, assim como suas necessidades. Nessa parceria de lealdade, que teve início no século XIX, as pessoas conheciam e confiavam na marca John Deere – como fazem até hoje. A empresa sempre acreditou que, conhecer o seu cliente, era a base principal para estabelecer a confiança entre os dois lados.

Em 1895, nove anos após a morte de John Deere, seu filho Charles apresentou aos fazendeiros americanos uma nova revista para agricultores, chamada The Furrow. Desde a criação, o objetivo era ser usada como uma ferramenta de *marketing*. Na época em que a revista passou a circular no país, não existia outra publicação semelhante para o homem do campo.

Aqui no Brasil, a revista ganhou o nome de "O Sulco". O objetivo do material é levar informações para o dia a dia de todas as pessoas ligadas a terra. O informativo traz temas relevantes e histórias reais sobre como os avanços tecnológicos podem facilitar a vida no campo, e com isso gerar o aumento de produtividade e lucratividade. É um conteúdo produzido com muita qualidade, pois esse sempre foi o objetivo do fundador da empresa.

The Furrow conquistou leitores mundo afora, e ainda nos dias de hoje, 45% deles leem toda a revista publicada. Isso serve para aumentar as vendas, pois 1/3 desses leitores compram a John Deere como resultado da leitura do Furrow. Das pessoas entrevistadas, 90% dizem que o Furrow é sua única fonte de informações sobre a indústria. É um modelo de *marketing* de conteúdo que já é sucesso há mais de um século.

Origem do Guia Michelin – França

Um século depois de estourar a Revolução Francesa, em maio de 1789, uma nova revolução estava prestes a acontecer naquele país. Desta vez, de forma totalmente pacífica.

Em um cenário onde a quantidade de veículos circulando pelo país na época, não chegava a três mil, os irmãos Andre e Edouard Michelin decidiram criar um guia que fosse capaz de distribuir um conteúdo relevante e com qualidade às pessoas. E como resultado, trouxesse o aumento das vendas do seu principal produto – pneus.

Em Clermont-Ferrand, no centro da França, no ano de 1889, os irmãos Michelin fundaram sua empresa, a Compagnie Générales des Établissements Michelin. Foram visionários com relação ao seu negócio, vislumbrando o crescimento da indústria automobilística. A ideia era ajudar os motoristas a planejarem viagens em seus carros – como resultado, aumentariam as vendas de veículos e consequentemente, as compras dos pneus fabricados por eles.

Os irmãos tiveram a ideia de produzir um pequeno guia com mapas, informações sobre como trocar um pneu, onde abastecer. E ainda, para o viajante em busca de descanso no final do dia, trazia uma lista de lugares onde comer ou passar a noite.

Por duas décadas, todo o conteúdo foi distribuído de graça. Até que um dia, Andre Michelin chegou numa loja de pneus e observou que seus guias estavam sendo usados para sustentar uma bancada de trabalho. Ele então, baseado no princípio de que "o homem só respeita verdadeiramente o que ele paga", decidiu que, a partir de 1920 um novo Guia Michelin seria lançado no mercado. Era vendido ao preço de sete francos. A nova versão trazia inclusa, uma lista de hotéis em Paris e de restaurantes, de acordo com categorias específicas.

Desde 1926, o guia francês passou a premiar estrelas por restaurantes finos. Ao longo do século XX, graças à sua maneira de abordar exclusiva e séria, os Guias Michelin tornaram-se *best-sellers*. Hoje, classificam mais de 40 mil estabelecimentos em três continentes. E a venda deste conteúdo produzido inicialmente para alavancar as vendas de pneus, continua até os dias atuais.

Novos tempos e uma mudança de paradigmas
Durante a década de 1960, surge nos Estados Unidos a rede mundial de computadores – Internet. O que de início era de uso restrito, em 1990 passou a ser acessado também pela população em geral. Naquele ano, o engenheiro inglês Tim Berners-Lee, desenvolveu a *World Wide Web*. Tal feito possibilitou o uso de uma interface gráfica e a criação de sites mais dinâmicos e visualmente interessantes. Desde aquele momento, a Internet cresce em um ritmo cada vez mais acelerado.

É mais que notório que com o crescimento das mídias sociais, nós consumidores, temos agora um fácil acesso a enormes quantidades de informações *online*, a qualquer hora do dia ou noite. Temos a chance de pesquisar, assim como interagir e compartilhar informações sobre todo tipo de coisa com outros usuários.

Este verdadeiro *boom* das mídias sociais, além de permitir uma interação entre os consumidores e usuários *online*, acabou consentindo também que as pessoas possam ter a liberdade de expressar suas próprias opiniões a quem desejar – e sabemos muito bem o efeito que uma boa propaganda "boca a boca" faz para o sucesso (ou não) de um produto.

Atualmente, milhões de pessoas acessam a Internet a todo o momento. E uma empresa que tem como meta se estabelecer e ser referência no mercado, precisa divulgar o seu produto de maneira coerente e responsável, ou seja, com qualidade, pois isso irá consolidar sua marca pessoal e consequentemente expandir seus negócios.

E neste mundo de constantes mudanças, com o advento da Internet, nascia um gigante mutante que se mantém de pé desde então, ocupando o primeiro lugar no topo do mundo virtual. Seu grande mérito talvez esteja atrelado à sua capacidade de constante inovação e reinvenção.

Da garagem para o mundo

Um século depois da primeira publicação da revista agrícola *The Furrow*, ocorria o encontro entre dois jovens estudantes na Universidade de Stanford – Califórnia, que futuramente revolucionaria para sempre o rumo da nossa história. Larry Page e Sergey Brin, que de início pareciam olhar para horizontes opostos, em 1996, firmaram uma parceria e o nascimento de uma forte amizade.

Os dois rapazes começaram trabalhando no próprio dormitório. Unindo suas ideias, criaram um mecanismo de pesquisa que fazia uso de links para definir a importância de páginas individuais na *World Wide Web*. De início, eles chamaram o dispositivo de pesquisa de BackRub – que mais tarde passou a ser denominado oficialmente de Google.

Segundo informações do próprio site, "O nome era uma brincadeira com a expressão matemática para o número 1, seguido de 100 zeros e refletia bem a missão de Larry e Sergey, de organizar as informações do mundo e torná-las universalmente acessíveis e úteis." Em outras palavras, tornar-se o maior produtor de conteúdos virtuais da Terra.

Não demorou muito para que os investidores do Vale do Silício fossem atraídos pela criação de Sergey e Larry, e no mês de agosto de 1998, o cofundador da Sun, Andy Bechtolsheim, financiou US$ 100 mil para os jovens, e a Google Inc. nasceu oficialmente.

Com o dinheiro, a pequena equipe saiu do dormitório para seu primeiro escritório: uma garagem no subúrbio de Menlo Park, Califórnia. O local era preenchido por computadores velhos, um tapete azul brilhante e uma mesa de pingue-pongue. E até hoje, a Google mantém a tradição de tudo bem colorido.

Não demorou muito para que saíssem da humilde garagem e mudassem para atual sede – o "Googleplex", em Mountain View, Califórnia.

Hoje o mecanismo de busca do Google nos permite acessar informações do e sobre o mundo inteiro, com apenas alguns cliques, em menos de uma fração de segundos. E indiretamente, tornou-se o maior produtor de conteúdos do planeta, sem ter essa como sendo sua função específica.

Meu caso de amor com as palavras

Foi durante meu processo de *coaching* com minha mentora Janaína Paes, que eu (na verdade, ela) resgatei da memória meu antigo sonho de ser escritora. A paixão por livros vem desde a minha infância, quando meu pai comprava coleções de contos infantis. Tanto amor e encantamento pela leitura, fez despertar em mim um sonho de também escrever minhas próprias criações.

Acredito que esse desejo de tornar-me escritora, aliado ao gosto por estudar e pesquisar sobre o passado e as antigas civilizações e viajar para terras distantes, tenham influenciado na minha formação acadêmica. Mas, o tempo foi passando, e o desejo de criança foi ficando de lado, até ser arquivado em um canto da memória.

Os anos foram decorrendo, a vida acontecendo, trabalho, concursos e várias tentativas (frustradas) de me encontrar profissionalmente. Levei muito tempo buscando algo que eu pudesse me dedicar pelo simples prazer de fazer – um propósito. Isso me fez procurar ajuda profissional para tentar resolver o meu caso.

Minhas sessões com a Jana foram vitais no processo de (re) descoberta e despertar dos meus talentos adormecidos.

Ainda recordo do dia em que a Jana me perguntou o que eu sentia satisfação em fazer. Naquele momento, tive que admitir que, pelo fato de gostar de muitas coisas, não conseguia me definir. Porém, num teste para descobrir meus talentos dominantes, o estudo e a pesquisa apareceram com destaque. E ali mesmo, em frente à Jana, eu me dei conta de que ambos se conectavam com minha antiga paixão – ser escritora!

E em meio às sessões, minha mentora sugeriu que eu poderia usar minha habilidade de escrever, para trabalhar com produção de conteúdo, podendo mesmo definir em quais áreas atuar – nas quais houvesse interação minha com o tema.

Esta redescoberta e os primeiros trabalhos deram-me a certeza de que eu havia finalmente (re)encontrado meu propósito e meu caminho profissional.

E aqui, por experiência, eu digo que, para produzir um conteúdo com qualidade, não basta apenas saber ou gostar de escrever. É preciso que haja certa afinidade entre as partes envolvidas – o produtor, o cliente e o tema em si.

Eu trouxe três exemplos de ideias que acabaram transformando suas histórias. Dois deles, sobre produção de conteúdo surgida quase um século antes do maior produtor de conteúdos atual – o Google. Em comum com essas histórias, está o fato de, logo de início, haver a preocupação em levar aos consumidores informações úteis e relevantes. E desde o começo, esse propósito revelou ser uma receita de sucesso, e rapidamente o público ganhou a confiança das pessoas. A revista The Furrow e o guia francês Le Guide Michelin estabeleceram desde o início, critérios de lealdade, qualidade e confiança com seu público. E a Google está aí servindo a todos nós, inclusive foi minha fonte de busca para elaboração deste capítulo.

"Uma boa produção de conteúdo eleva ainda mais uma marca pessoal, tornando-a ainda mais forte", palavras da minha mentora, Janaína Paes.

Referências
DUARTE, Clara. *O que é produção de conteúdo para web? Conheça uma explicação definitiva!* Disponível em: <https://comunidade.rockcontent.com/o-que-e-producao-de-conteudo-para-web/>. Acesso em: 31 de jul. de 2018.
GARDINER, Kate. *The Story Behind 'The Furrow', the World's Oldest Content Marketing.* Disponível em: <https://contently.com/strategist/2013/10/03/the-story-behind-the-furrow-2/>. Acesso em: 23 de jul. de 2018.
GOOGLE. *Our story.* Disponível em: <https://www.google.com/about/our-story/>. Acesso em: 30 de jul. de 2018.
JOHN DEERE. *Our history.* Disponível em: <https://www.deere.com/en/our-company/history/>. Acesso em: 23 de jul. de 2018.
MICHELIN. *History of the MICHELIN guide.* Disponível em: <https://guide.michelin.com/sg/history-of-the-michelin-guide-sg>. Acesso em: 24 de jul. de 2018.

4

i9 e aumente suas vendas

Num mercado em constante disrupção, não basta mais ter um bom produto ou serviço. Nossos clientes estão cada vez mais conectados e atrás de novidades. Foque sua atenção nos seus colaboradores, entenda seu cliente e como a inovação e a tecnologia podem mudar o seu negócio

Athos Branco

Athos Branco

Empresário, palestrante, analista de negócios, empreendedor, professor universitário e transformador de sonhos em resultados. CEO das empresas: SOFTECSUL / Brasil, SOFTECSUL Innovation / USA e METTA Instrutoria e Consultoria / Brasil com mais de 30 anos de experiência corporativa. Mentor e idealizador de diversos projetos de inovação como o TargetID, baseado na indústria 4.0 – projeto contemplado em editais de inovação do SESI, FIESC e SENAI – o ScannPrice, solução de *Marketing* de Relacionamento, que oferece estatísticas de comportamento e uma nova experiência em compras a clientes. Idealizador do DiveControl, único *software* para mergulhadores, desenvolvido no Brasil e já comercializado em mais de 25 países – projeto esse que tornou a SOFTECSUL finalista do Prêmio Talentos Empreendedores do SEBRAE, Grupo RBS e Grupo Gerdau, em 2005.

Contatos
Site: www.athosbranco.com.br
E-mail: athosbranco@gmail.com
LinkedIn: Athos Branco
Telefone: (48) 3246-5250

Todos nós usamos tecnologia a todo instante, mas, normalmente, quando nos referimos à tecnologia, pensamos em Internet, computadores, *tablets*, celulares e *Wi-Fi*. Mas, há mais de 2.500 anos, os gregos cunharam o termo Τεχνη λογια (τεχνη = técnica, arte, ofício e λογια = estudo) ou o conhecimento sobre as técnicas, os meios, instrumentos e métodos usados para se resolver problemas.

Uma das primeiras tecnologias que nossos ancestrais dominaram foi o controle sobre o fogo. Segundo descobertas de um grupo de pesquisadores da Universidade de Tel Aviv, em Israel, junto a especialistas do Instituto Weizmann, encontrou-se o registro arqueológico mais antigo do uso do fogo pelo homem pré-histórico, como aquecimento e método de cozinhar.

Apesar de a prática estar mais associada ao homem moderno, a descoberta dos novos vestígios remete há 300 mil anos e, sem essa tecnologia, não estaríamos aqui hoje, sentados em boas cadeiras, com boas roupas, comida na geladeira e equipamentos tecnológicos nos bolsos.

Nós podemos passar horas falando dessa evolução e como nós, seres humanos, estamos criando tecnologia no mundo, desde a agricultura, há 9 mil anos A.C., as primeiras fundições de cobre, há 8 mil anos A.C., passando pelas primeiras máquinas de calcular de Pascal (1642), os primeiros carros de Henry Ford (1876), o primeiro voo de Santos Dumont (1906) ao ENIAC (1946), um dos primeiros computadores. Mas a grande revolução da tecnologia, como a conhecemos, tem início a partir de 1981, com a chegada do primeiro *personal computer*, o IBM – PC.

São nestes últimos dez anos que estamos vivenciando, realmente, essa mudança. Estamos sendo bombardeados, constantemente, com novos produtos, novos equipamentos e serviços. O que hoje é novo, amanhã estará ultrapassado – numa velocidade muito acima do que estávamos acostumados.

Vivemos, hoje, a era da disrupção, em que uma inovação disruptiva ocorre quando um produto ou serviço cria um novo mercado e desestabiliza os concorrentes que antes o dominavam.

Com todas essas mudanças e disrupções que estamos vivendo, a pergunta atual é: "Ainda conhecemos o perfil de nossos clientes?". Sabemos quem são eles, como se comportam e como tomam decisão de compra?

As gerações Y e Z já somam 41% do poder de compra da população, enquanto a geração X corresponde a 32% e os *baby boomers* ficam com 27% dessa fatia de mercado. Então, como estamos anunciando e vendendo nossos produtos e serviços?

Para complicar, as gerações Y e Z estão influenciando a forma de comprar das gerações X e *baby boomers*, que estão agindo como os mais jovens. Isso cria um problema para os "marqueteiros", que precisam se comunicar e vender para todos os perfis de clientes.

Um exemplo dessa quebra no perfil dos clientes são a D. Lilia e a D. Neuza (propaganda do Itaú). Elas mesmas dizem: "Somos tecnológicas!". Usam aplicativos para comprar comida, chamar Uber e uma série de outras coisas do dia a dia. Elas aprenderam isso com suas netas e netos, ou seja, gerações influenciando gerações e isso é fantástico, pois a simplicidade e a humanização da tecnologia estão permitindo essa revolução.

Precisamos estar atentos, pois as mudanças já começaram...

Quando falamos de tecnologia e inovação para vender mais, estamos falando de *marketing* digital, *e-commerce*, *e-mail marketing*, *marketplace*, *inbound marketing*, captura de *leads*, *marketing* de relacionamento, *beacons*, realidade aumentada, inteligência artificial, aplicativos exclusivos e outros tantos recursos digitais que acabam, muitas vezes, complicando nossa tomada de decisão sobre onde e como investir em tecnologia nas nossas empresas.

Mas não se preocupe, nem se afobe tentando aplicar todos esses recursos ao mesmo tempo. Muitas vezes, uma ou duas destas ferramentas, quando bem aplicadas, farão toda a diferença. Lembre-se sempre de que menos é mais, foque em processos e recursos que possam gerar resultados.

Um primeiro ponto a se avaliar é como seus clientes o encontram na Internet. Realizamos hoje, no Google, mais de quatro bilhões de consultas por dia, sendo 20% via voz, por meio de dispositivos móveis. Com todas essas buscas diárias, os seus clientes estão encontrando sua empresa, seus produtos e serviços? Para vender, precisamos aplicar verba em propaganda, mas nosso pensamento linear e analógico deve lembrar, primeiro, de TV, rádio e jornal, certo?

Só no Brasil, o Facebook tem mais de 102 milhões de contas ativas e, dessas, 90% são acessadas todo dia! Com isso, a audiência do Facebook aqui no Brasil já é maior do que todas as emissoras de TV abertas e fechadas juntas.

Com esses dados, acredito que você já pode avaliar e repensar onde devem ser focadas as suas próximas campanhas de *marketing*, correto?

Em 2015, o comércio eletrônico no mundo já havia ultrapassado a marca de um trilhão de dólares em vendas, e já existem indicadores que vamos chegar a cinco trilhões em 2021. Estamos deixando de comprar produtos em lojas físicas, optando por *sites* de comércio eletrônico. Em breve, aqueles estabelecimentos serão transformados em lojas de experimentação, onde você vai apenas para conhecer e experimentar o produto. A compra será *online*, no *e-commerce* da loja.

Outro detalhe... Se a sua loja for transformada num local de experiência, por favor, não utilize mais camisetas com a frase "Posso ajudar?", até porque, normalmente, as pessoas que estão com essas camisetas não parecem querer ajudar ninguém. Se for usar, mude a frase para "Eu posso te ajudar!". Seja proativo com seus clientes, isso fará toda a diferença.

Em pesquisa realizada sobre a simpatia de vendedores, o Brasil ficou em penúltimo lugar. Procure, então, pensar o seguinte: "Seu cliente não vem em primeiro lugar, é o colaborador que vem primeiro. Se você cuida bem do seu empregado, ele cuidará bem dos seus clientes!" (Richard Branson).

Em nossa empresa, não pensamos mais no B2B, B2C ou B2B2C. Nosso foco é no H2H (*human* to *human*), afinal empresas são feitas de pessoas. Compramos delas, vendemos para elas e, por mais que possamos usar de toda tecnologia disponível para aumentar e melhorar nossas vendas, as pessoas ainda devem vir em primeiro lugar.

Pensando nisso, hoje, a Google tem soluções como o *Cloud Vision API*, que permite analisar as feições dos clientes saindo das lojas. Com isso, podemos avaliar o grau de satisfação deles, dando informações de gestão e *marketing* em tempo real. Outro exemplo ocorre com serviços como tele*marketing*. A Google já é capaz de "ouvir" o áudio da conversa do atendente com o cliente e, em tempo real, transformar o diálogo em texto, analisar palavras-chave e classificar o atendimento de forma instantânea!

Estamos cercados por coletores de dados que nos avaliam e nos induzem às compras, com base em nossos dados comportamentais. Já estamos sendo atendidos por vendedores virtuais que sabem, em segundos, nossas vontades, desejos e preferências e isso não é nenhuma ficção científica. É realidade e está funcionando super bem.

Aplicativos *mobile* como o *ScannPrice*, desenvolvido por nós, traz aos consumidores uma nova experiência em compras. Com recursos como *beacons* e notificações, conseguimos atrair clientes para as lojas e, assim, aumentar o *ticket* médio de nossos usuários, além de dar informações comportamentais dos clientes nas lojas e fora delas.

Com tudo isso, estamos vivenciando um *tsunami* provocado por toda essa tecnologia e inovação digital. A chegada de empresas e serviços como Amazon, Uber, Truckpad, Airbnb, Enjoei e Waze, provocaram uma profunda disrupção em seus segmentos de mercado e inúmeros estabelecimentos que não se adaptaram, fecharam as portas.

Estamos num momento de rápidas e profundas transformações. Segundo a UNESCO, 49% dos empregos de hoje vão desaparecer até 2030 e 80% dos produtos atuais serão diferentes ou sumirão nos próximos 30 anos.

E você? Está preparado para esse fenômeno ou vai aproveitar para surfar essa "nova onda"?

Está claro que todos nós temos um grande desafio pela frente. Precisamos de transformação individual e corporativa. É preciso transformar empresas mamutes (pesadas, lineares, analógicas e lentas), em empresas camaleões (leves, mais rápidas, capazes de transformação e adaptação ao novo mercado), mas, principalmente, aptas para mudanças, mesmo que radicais, pois a questão não é ficar pensando o que farei se o *tsunami* chegar, mas sim o que estou fazendo para quando o tsunami chegar (se já não chegou!).

Nossa empresa completa, em novembro, 25 anos de atividade e mais de 19 anos de experiência com sistemas de automação comercial. Mesmo com toda essa bagagem, com todo o portfólio de clientes e o conforto que isso nos proporcionou, decidimos quebrar o nosso quadrado.

Desde 2014, estamos participamos de diversos cursos e mentorias que nos permitiram pensar "fora da caixa" e nos abriram a visão para oportunidades que estavam batendo à nossa porta.

Em três anos, desenvolvemos soluções como o *ScannPrice, TargetID* e o *ColetorPro*.

Isso aconteceu porque, simplesmente, decidimos mudar, sair do quadrado, inovar e transformar conhecimento em soluções capazes de sanar a dor de nossos clientes, gerar benefícios e criar surpresas positivas.

As empresas precisam (e, muitas vezes, nem sabem que necessitam) de funcionários com um perfil intraempreendedor, ou seja, colaboradores capazes de sugerir e implantar melhorias nos processos, no atendimento ao cliente e na forma como as equipes trabalham.

Tenho certeza de que em sua empresa muitas coisas podem ser melhoradas. Então, não espere que seu chefe lhe peça sugestões, dê a ele o seu melhor, conte suas expectativas, seus sonhos, suas ideias.

Como você pode, então, criar possibilidades contínuas, de reais mudanças, capazes de melhorar sua qualidade de vida, suas vendas e os processos de atendimento aos clientes na empresa em que você trabalha?

Descobri que a solução é simples e está baseada em três regras:

1. Descubra como você pode resolver os problemas de seus clientes. Que dores você é capaz de sanar? Entenda o que está causando problema, despesas, ineficiência nos processos e crie soluções.

2. Identificados os problemas e as soluções adequadas para resolvê-los, busque, agora, benefícios que podem melhorar ou manter as soluções encontradas. Isso significa aperfeiçoar processos, rotinas e condições de trabalho.

3. Com os problemas e benefícios identificados e aplicados, busque detalhes que possam surpreender seus clientes, seus colegas e seus chefes. O fator surpresa cria um vínculo de admiração e respeito, capaz de sensibilizar até os mais céticos.

Avaliando as três regras acima, o que você vende hoje? Um produto, um serviço...? E se você vendesse experiência?

Em 2015, eu estava em Fort Lauderdale – Flórida – EUA e fui até uma loja da Starbucks Coffee. No caixa, pedi à atendente um *mocha* branco. Ela perguntou meu nome para escrevê-lo no copo (o que já é uma sacada de *marketing* fantástica), então eu falei: "Athos". Ela não entendeu e disse: "*Sorry?*" eu respondi soletrando: "Athos, A T H O S".

Quando ela estava terminando de escrever meu nome, parou e me olhou e com um sorriso no rosto disse: "a *musketeer!*". Sorri e, na hora, me senti no romance do francês Alexandre Dumas, na França de Luís XIII, com capa e espada em punho. E pra aumentar ainda mais o efeito límbico que ela já havia provocado em mim, ela pediu ao menino que iria fazer meu café o seguinte: "Faz com carinho, pois é para um mosqueteiro".

Hoje, quando saio para tomar café, havendo várias cafeterias e a pior Starbucks do mundo, adivinha onde eu vou tomar café? Entendeu o que significa vender "experiência"? Você precisa muito mais do que um bom produto ou um bom serviço para impactar a mente dos seus clientes e ficar marcado na memória deles. Você deve ser proativo e fazer o algo a mais, trazendo essa entrega de experiência. Isso é *branding*! "As pessoas não compram 'o que' você faz, elas compram 'o porquê' você faz o que faz." (Simon Sinek)

Sou um "cara de tecnologia", respiro *bits* e *bytes*, trabalho com isso, ajudo clientes a implantarem soluções de inovação, mas toda modernização disponível no mundo ainda é apenas um meio. O fator humano ainda é o melhor recurso tecnológico que você e sua empresa devem usar.

Eu não vim ao mundo a passeio... e creio que você também quer mais resultados, mais sucesso, mais oportunidades. Acredite, isso só depende de você, da sua determinação, dos seus objetivos e da sua força de vontade.

Por isso, crie metas para sua vida que sejam relevantes para você. Mantenha o foco no que faz e não deixe nada atrapalhar seus objetivos. Sim, corra riscos, afinal, o maior risco é você não estar aqui amanhã... Então, finque os pés no chão, dê passos firmes, mas mantenha sua cabeça nas nuvens.

Agradeço a David Fadel, a Janaína Paes e toda equipe da Fadel Palestrantes pelo convite tão carinhoso e gentil para participar deste projeto. Obrigado a todos que, de uma forma ou outra, formaram minha consciência e muito obrigado a você que está lendo estas linhas.

De coração... Muito obrigado!

5

Da saúde à produtividade: a saúde como fonte de bem-estar pessoal e excelência profissional

A produtividade no trabalho e a qualidade de vida são grandemente influenciadas pela condição de saúde da pessoa. Assim, a meta é promover a saúde, especialmente na empresa, para o bem-estar pessoal dos funcionários e para que a capacidade profissional seja manifestada segundo os melhores padrões de qualidade e excelência

Belmiro d'Arce

Belmiro d'Arce

É palestrante, médico, pediatra e homeopata, formado pela Faculdade de Medicina da Universidade Federal de Pernambuco. Residência médica e especialização pela Sociedade Brasileira de Pediatria, Associação Médica Homeopática Brasileira e Conselho Federal de Medicina. Em Presidente Prudente, SP, dirige a Clínica de Vida Saudável e é professor da Unesp. Foi diretor dos departamentos de pediatria e berçário da Santa Casa; vice-presidente da Sociedade de Medicina; secretário da Unimed; presidente da APAE; entre outros. Publicou mais de 300 artigos sobre promoção de saúde, no Jornal *O Imparcial*, de Presidente Prudente. Como médico, orienta e motiva o aumento de hábitos saudáveis para prevenção, cura, bem-estar pessoal e profissional. Em suas palestras, promove o bem-estar dos funcionários, contribui para que o investimento da empresa em saúde aumente a produtividade e consciência social; reduza os acidentes de trabalho e absenteísmo e diminua perdas e gastos financeiros.

Contatos
YouTube: Belmiro d'Arce
Facebook: Belmiro d'Arce
Telefone: (48) 3246-5250

A saúde como bem valioso

Tenho uma excelente notícia para você: existe uma condição capaz de otimizar decisivamente sua *performance* profissional e sua qualidade de vida. Assim, é muito provável que você possa produzir e viver mais e melhor.

A chave está na condição de saúde, por sua elevada capacidade de influenciar todas as ações humanas negativamente, quando ocorrem as doenças, e positivamente, quando se apresenta em bom estado, podendo contribuir decisivamente para que sua vida e suas realizações pessoais e profissionais alcancem elevado grau de qualidade e excelência. Assim, para trabalhar bem e viver melhor, o segredo é se manter sadio.

"Como conseguir isso? Já fiz muitas consultas, exames, tenho tomado muitos remédios, mas continuo com meus problemas de saúde."

É simples, cuide-se bem e não agrida seu corpo; atenda suas necessidades básicas, as coisas e condições que precisa para funcionar bem, ser resistente e não adoecer.

Uma realidade ruim

A saúde, apesar de essencial e amplamente desejada, se apresenta numa realidade triste, com muitas e muitas pessoas doentes, sofrendo e morrendo precocemente. É importante notar que essa realidade ruim acontece apesar de todo desenvolvimento da tecnologia e da ciência, da disponibilidade de consultas médicas, exames laboratoriais sofisticados e medicamentos modernos que, no entanto, se mostram insuficientes para garantir a saúde da população.

Os serviços de saúde vivem superlotados, é grande o número de pessoas fazendo uso de remédios em longo prazo. O número de farmácias cresce em todas as cidades e os gastos financeiros com doenças são cada vez mais insuportáveis para todos. Pessoas, famílias, empresas, planos de saúde e governos. Essa não deve ser a sua realidade, a saúde deve ser alcançada e fazer parte de sua vida.

"Então, se não é com remédios, como cuidar do corpo?" Pois é, tomar remédios é o caminho mais fácil, mais explorado, que parece mais moderno, mas é preciso ver os resultados, se a cura está acontecendo.

"Doutor, quanto mais remédios tomo, pior fico. A rinite ataca, não consigo respirar direito; é difícil trabalhar, atender os clientes..."

Essa é uma realidade que se repete na vida de muitos. Mas, alegre-se e saiba que ser saudável está em suas mãos, pois você pode fazer por sua saúde muito mais do que os médicos e os remédios.

A saúde na empresa

A saúde precisa ser promovida e ensinada de maneira ampla, determinada e permanente, visto que sua conquista é, acima de tudo, uma questão de educação. Porém, quem vai aderir a essa ideia? Quem pode se interessar em fazer com que a saúde seja uma realidade na vida das pessoas?

Sou entusiasta da ideia da participação da empresa nesse processo, afinal, seus valores e missões, envolvimento direto no tema, acesso permanente aos funcionários, poder de influência e abarcamento financeiro importante, é uma das instituições que reúne as melhores condições para promover a saúde.

Existem outras razões, como a influência direta sobre todos os setores da empresa. Isto inclui o funcionamento, organização, clima, manutenção de seus talentos profissionais, qualidade do atendimento, fidelização de clientes, produtividade, lucros financeiros. Enfim, negativa ou positivamente, a saúde sempre influencia a empresa, assim, claro, é melhor fazer com que sua influência seja grandemente positiva, como verdadeiramente pode ser.

A saúde que tanto queremos

Por dez anos, os primeiros de minha prática médica, prescrever remédios era a ação que eu mais empregava e a qual mais depositava minha expectativa de promover a saúde das pessoas. Mas, decepcionado com os maus resultados, busquei e encontrei novos e melhores caminhos, ao compreender sobre a verdadeira constituição humana, as causas das doenças e como curá-las, de maneira simples e definitiva.

O fato é que mais de 90% das causas das doenças estão relacionadas com a maneira inadequada que o homem cuida do seu corpo. Esse equívoco disseminado, perverso e fatal, acontece, principalmente, por falta de conhecimento das pessoas.

Na verdade, a saúde está amplamente disponível e pode ser conquistada por todos que tenham acesso aos ensinamentos e, devidamente motivados, se disponham fazer sua parte. Todas as doenças, do resfriado ao câncer, são, primariamente, causadas por um estilo de vida que agride o organismo e não atende suas necessidades básicas.

Para ter saúde, aprenda e faça sua parte de cuidar bem do seu corpo.
"Como, doutor?"

É simples, dê as coisas e condições que seu corpo precisa para funcionar bem e ser resistente, capaz de suportar as agressões naturais da vida, sem adoecer. Para isso, aprenda e siga as leis da saúde e não sua própria vontade, seus prazeres e costumes. Mas, não se desespere! Outros e melhores prazeres, agora saudáveis, estarão disponíveis, topa?

"Doutor, estou tão cansado de remédios e viver doente, que estou disposto a fazer o que for preciso para me livrar de tudo isso."

Pois bem, os seus hábitos irão definir sua saúde e como esta irá influenciar suas aptidões de vida, tais como força, destreza, capacidade de trabalho, pensamentos, emoções, sentimentos, criatividade, confiança, sociabilidade, enfim, tudo que você viverá e tudo que precisa para trabalhar e ser excepcional.

Assim, deseje a saúde, esforce-se e seja determinado em alcançá-la. Cuide bem do corpo, segundo as leis da saúde; atenda suas necessidades básicas, físicas, emocionais e espirituais. Dê ao seu corpo o que é bom e evite o que é ruim.

"Doutor, afinal, que necessidades básicas são essas?"

Eu disse que são simples e você vai ver que realmente são. O assunto é amplo e abrange as áreas física, emocional e espiritual da constituição humana. Vou citar algumas práticas; procure conhecê-las melhor:

1. Beba bastante água, o suficiente para que a urina seja bastante, sem cheiro e clara, quase como água;

2. Coma comida de verdade e faça dos vegetais (verduras, legumes e frutas) a base de sua alimentação (70% do que você come), as fontes dos nutrientes, da matéria-prima que o corpo precisa;

3. Faça exercícios físicos regularmente: aeróbicos, musculação e alongamento;

4. Descanse o corpo e a mente: respire profundo; desacelere e simplifique a vida. Tenha distrações, alegre-se;

5. Exercite o amor e adote o propósito de servir os outros;

6. Tenha fé em Deus e conte com Ele para dirigir sua vida em todas as circunstâncias;

7. Coma pouco, de duas a três vezes ao dia;

8. Evite os piores inimigos da saúde e da vida: açúcar, em todas as suas formas; refrigerantes e bebidas adoçadas e industrializadas; leite de vaca; alimentos industrializados; margarina e óleos de soja, milho, canola, algodão, etc. (use manteiga, azeite de oliva, óleo de coco); excesso de alimentos animais; carnes processadas.

Não existe recompensa maior do que ouvir o relato das pessoas que aprenderam e adotaram um estilo de vida novo e passaram a cuidar bem do próprio corpo.

"Doutor, eu não podia imaginar que práticas tão simples fossem capazes de devolver minha saúde e despertar todo meu potencial para trabalhar e produzir com mais competência e alegria. Sou outra pessoa."

Infelizmente, por desconhecimento, as empresas têm sido induzidas ao erro de promover a saúde dos funcionários, por meio de consultas médicas, exames laboratoriais e remédios. Os resultados mostram que essas ações não são suficientes, além do seu elevado custo financeiro. Acontece que a cura e a saúde não acontecem enquanto o corpo não for bem atendido em suas necessidades básicas e liberto das agressões que sofre.

Quando a saúde falta

O filósofo grego, Herophillus, 300 a.C., definiu assim a importância da saúde: "quando falta a saúde, a arte não se manifesta, a sabedoria não se revela, a força não luta, a inteligência é inaplicável e a riqueza é inútil".

As doenças mantêm suas influências limitantes sobre a vida das pessoas e o desenvolvimento das empresas. Outro dia, um funcionário me disse: " doutor, fica difícil trabalhar, atender clientes, conversar, ter paciência, ânimo, se a cabeça vive doendo, com crises frequentes de enxaqueca. E não é por falta de consultas, exames e remédios, porque vivo nos médicos e acho que já estou intoxicado de tanto remédio que, ultimamente, nem mais alivia as crises."

Outro funcionário relatou: "a vontade é permanecer em casa; o corpo pede cama, a mente pede sossego; não dá para ficar ouvindo as conversas dos clientes, colegas de trabalho, as cobranças do chefe...".

Essas situações acontecem com frequência e caracterizam a população profissional que trabalha doente, o chamado presenteísmo, quando o funcionário está na empresa, doente, prejudicado em sua capacidade de produzir, criar, inovar, relacionar-se.

É comum que doenças de repetição prejudiquem os profissionais e dificultem suas conquistas dentro da empresa. Esta, por sua vez, é grandemente afetada pelos problemas de saúde de sua equipe, comprometendo sua produtividade, a qualidade do atendimento, sua imagem e seus resultados financeiros. Tudo fruto das ocorrências aumentadas de absenteísmo, presenteísmo, acidentes de trabalho, produtividade pessoal abaixo da capacidade plena, problemas de relacionamento, o clima entre colegas, com clientes, superiores e subalternos.

Um empresário me disse: "Se as empresas tivessem noção real dos prejuízos financeiros e perdas provocados pelas doenças, investiriam mais e sistematicamente na promoção da saúde de seus funcionários".

Acontece que, apesar de significativos, os gastos e perdas que as doenças provocam, não são diretamente mensurados, sendo, portanto, subestimados. Da mesma forma como são os ganhos resultantes da promoção da saúde. Na verdade, recursos financeiros aplicados em saúde são investimentos amplamente recuperados em valores financeiros, sociais e humanos.

O trabalho e a saúde da mulher

A mulher, em suas peculiaridades, se apresenta muito exposta aos problemas de saúde em função de sua realidade de trabalho, com repercussão, especialmente em sua qualidade de vida, contudo, também, em sua produtividade profissional.

A boa notícia é que as condições, que mais frequentemente lhe perturbam, podem ser facilmente resolvidas quando adequadamente abordadas em suas causas. Não devem ser problema maior para as mulheres as ocorrências de distúrbios menstruais, cólicas, eliminações excessivas, TPM, leucorreias, dores de cabeça e enxaquecas, estados depressivos, sensibilidade emocional, entre outros problemas.

É possível e necessário preparar a mulher para desempenhar seus papéis como profissional, mãe, esposa, dona de casa e cidadã, dando-lhe condições para viabilizar suas conquistas pessoais.

É grande meu entusiasmo e alegria pela descoberta, confirmada por meus estudos, vivências pessoais e profissionais, ao longo de mais de 40 anos, de que a saúde, como um bem valioso, está disponível e pode ser plenamente alcançada por todos.

A saúde e a empresa

É muito dispendioso que a empresa usufrua pela metade o poder de trabalho de seus funcionários, menos do que poderia, se estes se apresentassem em melhores condições de saúde.

No tempo que se fala em empresa 4.0, é preciso que as pessoas sejam elas mesmas, 4.0. Para isso, ao lado de treinamentos, especializações e atualizações, a saúde precisa estar disponível para que a excelência pessoal 4.0, componha o padrão de qualidade da instituição.

Não basta a empresa proporcionar consultas médicas, exames e medicamentos, como se estivesse fazendo o melhor. Na verdade, essas ações, apesar de financeiramente caras, não são suficientes para promover a saúde. São necessárias em algumas situações, mas a cura só acontece quando o corpo é adequadamente cuidado.

Essa é a condição que deve ser prioritariamente ensinada, de maneira continuada, decisiva, em SIPATs e outras programações, bem definidas e que podem ser bem e facilmente executadas, com relativo baixo custo financeiro, considerando sua importância e repercussão para a economia da empresa.

Alegro-me em poder contribuir, significativamente, por meio de palestras, cursos, treinamentos, escritos e vídeos levados aos funcionários nas empresas, e publicados nas mídias sociais, para que mais e mais pessoas aprendam como viver de forma sadia. Afinal, não é justo que, por falta de conhecimento, elas adoeçam, padeçam, produzam abaixo de sua capacidade plena, e morram mais cedo do que deveriam.

Assim, verdadeiramente comprometido em promover seu bem-estar pessoal e otimizar sua produtividade no trabalho, desejo, mais do que informar, motivar sua decisão de conquistar a saúde, para que, em sua longa jornada, você possa ser e fazer sempre o melhor de tudo que se propuser.

Eu vivo um grande presente em minha vida. Para mim, minha disposição e meu senso de renúncia sempre me permitem aprender e mudar quando necessário, ainda que contrariamente aos meus costumes e desejos, têm sido bênçãos muito especiais de Deus, com reflexos maravilhosos para minha saúde e para minha vida pessoal e profissional. Essas e maiores bênçãos eu desejo a você.

6

Bom dia, acorde, conecte-se e vença!

O mundo em que vivemos está repleto de ótimas ideias que navegam sem rumo, nas mentes de bilhões de pessoas. Porém, a maior parte não é aproveitada, porque seus autores não acreditam nelas e acabam desistindo de executá-las no primeiro obstáculo que aparece. Ainda bem que uma boa parcela de nós coloca em prática o que acredita que fará do nosso mundo um lugar melhor para todos, independentemente dos lucros

Beto Bom Dia

Beto Bom Dia

Palestrante motivacional e, desde 2010, traz o conceito da "bolinha verde" para desenvolver pessoas e equipes. Acredita que pessoas motivadas produzem mais, que as perdas diminuem, o atendimento melhora, os lucros aumentam e todos ganham. É formado em comunicação pelo Exército Brasileiro, na Escola de Sargentos das Armas. Bacharel em direito, pós-graduado em direito penal. Paraquedista civil, atuou durante 18 anos como empresário de rede de postos de combustíveis. Durante seis anos, vem realizando palestras e capacitação na Secretaria de Saúde de Lages, SC com objetivo de trazer um atendimento mais humanizado, integração e desenvolvimento de *performances* de equipes. Com dinâmicas marcantes e histórias motivadoras e inspiradoras, reforça a importância de atitudes positivas no ambiente corporativo para uma melhor qualidade e produtividade no trabalho, estimulando mudanças pessoais internas.

Contatos
Site: www.betobomdia.com.br
E-mail: contato@betobomdia.com.br
Facebook: Beto Bom Dia
Telefone: (49) 99122-5151

deias surgem a cada segundo, na mente de milhares de pessoas. Algumas descartáveis (aliás, a maior parte delas), por querer atingir interesse próprio, deixando de lado o coletivo. Outras, felizmente, alavancam mudanças e rompem paradigmas, deixando as pessoas perplexas e com o pensamento de: era uma ideia tão simples, por que não pensei nisso antes?

Com certeza já nos sentimos assim. Mas, onde são formadas todas as ideias? A resposta é simples, dentro do interior de cada pessoa. E, por que algumas foram colocadas em ação e outras não? Simples também. Uma ideia, por melhor que seja, sem a atitude de ser executada é só isso, uma ideia. Vejamos alguns exemplos que geraram resultados que transformaram a vida de muitas pessoas.

Se você tiver a oportunidade de escolher quem vai fazer parte de sua equipe, trabalhando ao seu lado por todo o período, qual das duas opções você escolheria?

A: aquele que acorda agradecendo pelo novo dia, que chega na empresa e dá bom dia, sorrindo para todos, que vive bem-humorado, que sempre tem uma palavra de motivação nos lábios e está sempre pronto a fazer o que precisa para a conclusão do trabalho.

B: aquele que acorda dizendo que o dia é uma droga, que não queria ir trabalhar e vai somente pelo salário que recebe, que vive mal-humorado, reclamando de tudo e de todos e quando pedem sua participação, fica murmurando.

Com certeza, você e eu escolheríamos a opção A, pois é gratificante e estimulante trabalhar e conviver com uma pessoa alegre, bem-humorada e motivada. Vivemos em um mundo que esteve estagnado por um bom tempo, tudo acontecia sempre da mesma forma e podíamos fazer uma previsão do futuro, pois o tempo passaria e o que estava previsto para acontecer, acontecia.

Mas, aproximadamente desde o ano 2000, este mesmo mundo vem passando por transformações constantes. E, em certos momentos, instantâneas, o que faz com que muitas pessoas não consigam acompanhar tais mudanças. Passamos a viver em um planeta onde o ter é mais importante do que o ser.

Conseguimos nos comunicar com o mundo todo, com várias pessoas ao mesmo tempo pelas redes sociais, porém não conseguimos mais conversar com quem está ao nosso lado no trabalho e até mesmo em casa, com nossos familiares. Na era da comunicação global, parece que estamos nos tornando incomunicáveis.

Para entender melhor algumas ideias que conectam e geram resultados transformadores, nomearemos a pessoa A do nosso exemplo, como sendo a bolinha verde e a pessoa B, bolinha vermelha. Quando se planta um limoeiro, sabe-se que colheremos limões. Quando se planta uma macieira, que colheremos maçãs.

Parece simples, mas para muitos não é. Pela manhã, acordam plantando limoeiros e querem, durante o dia (ao longo da vida), colher maçãs. Essas são as pessoas bolinhas vermelhas. Elas existem no mundo em enorme quantidade e é muito fácil encontrá-las. Já as que são bolinhas verdes, sabem e aprenderam que para colher maçãs é preciso plantar macieiras.

Pessoas bolinhas verdes são as que ajudam a transformar o mundo em um lugar melhor, mais humano e digno de se viver. Mas, onde elas estão? Creio que você é uma delas e tudo começa a partir da pessoa mais importante da sua vida, que é você mesmo.

Pare e reflita, por que o seu dia hoje está sendo bom? Pode citar ao menos três motivos? Se você começou sua lista por acordar e abrir os olhos, parabéns! Esse é o primeiro e grande motivo para que seu dia seja bom, pois muitos não puderam acordar e abrir os olhos no dia de hoje e não mais o farão (entendeu, né?), e você pôde. Só por esse fato, seu dia já tem que ser maravilhoso.

Outro motivo para seu dia estar sendo bom? Você acordou, abriu os olhos e enxergou. Caro leitor, milhões de pessoas gostariam de enxergar e não podem. Sem querer ser melancólico, mas lembrando que, acordar, abrir os olhos e ver, são pequenos detalhes. E são estes que fazem grandes diferenças na sua vida, na das pessoas ao seu redor e também na empresa da qual você faz parte.

Vamos a outro motivo para seu dia estar sendo bom: você tem um trabalho. Milhares de pessoas gostariam de estar ocupando sua vaga nesse exato momento.

É hora de rever seus pensamentos, pois aquilo que você mentaliza e verbaliza, tende a se materializar. Assim, ao acordar, comece a agradecer e a abençoar o novo dia recebido, pois assim o será.

Mas, o que tem a ver esses motivos com a bolinha verde e com ideias que conectam e resultados que transformam? Muito simples: bom humor, alegria, motivação, agradecimento, sorrir mais, dizer bom dia, obrigado, desculpa, por favor, você primeiro – são bolinhas verdes que estão dentro de cada um de nós e que somente eu e você podemos pegá-las e jogá-las para outras pessoas. (Lembre-se, plantar macieiras para colher maçãs), assim, para transformar os resultados, a primeira mudança precisa ocorrer dentro de cada pessoa.

Você e eu teremos vários problemas no decorrer do nosso dia, que poderão nos deixar tristes, cansados, desanimados, sem vontade inclusive de cantar uma canção. Somos humanos, passamos e passaremos por dificuldades, mas a boa notícia é que a solução para a resolução delas se encontra dentro de nós mesmos. Somos nós que temos que mudar nossos sentimentos internos, para que as situações externas mudem.

Observando algumas pessoas e seus comportamentos, é notório como as atitudes positivas e verdadeiras influenciam e impactam diretamente a elas em todos os níveis socioeconômicos e culturais.

Assim, posso citar o exemplo de um vendedor de paçoquinhas que conheci em Lages, SC, com ganho mensal quatro vezes maior que seu concorrente, vendendo o mesmo produto em uma sinaleira.

Qual o segredo para ganhar quatro vezes mais, vendendo no mesmo ponto? Nenhum, o vendedor usa uma linguagem simples e disponível a todos, que conecta com seus clientes, que gera resultados, transformando a vida das pessoas.

De forma amistosa e agradável, aquele vendedor aborda as pessoas, primeiramente dando um "bom dia", sempre com um sorriso sincero no rosto. Em seguida, oferece seu produto e termina a venda agradecendo e desejando uma ótima semana e que tudo vai dar certo. Difícil? Para muitos sim, não para ele, um grande jogador de bolinhas verdes.

Conversando com várias pessoas que compraram a paçoquinha do vendedor bem-humorado, nota-se rapidamente que, no mundo atual, onde todos estão preocupados em ter, ele se preocupa com o ser. Mundo onde tudo é para ontem, onde não se tem tempo para um sorriso, um abraço, uma conversa olho no olho.

Segundo relatos dos que compram a paçoquinha do vendedor, eles adquirem o produto, mas não somente para consumir. Disseram, inclusive, que não são muito chegados, mas compram e doam para alguém. Essas pessoas afirmam que se sentem muito bem com o sorriso, o bom dia e as palavras motivadoras do vendedor de paçocas, o que faz com que elas o procurem, para suprir uma necessidade interior, pois dizem não encontrar em casa ou no trabalho.

Na verdade, o produto final do vendedor é a sua cordialidade, suas palavras amáveis e incentivadoras, capazes de transformar o mundo de várias pessoas e que geram resultados positivos, tanto para quem compra, quanto para ele, que acaba fazendo grandes amizades e vendendo quatro vezes mais que o seu concorrente. Ideia simples, como deve ser o mundo e as nossas vidas.

Lembre-se, viemos a esse planeta sem nada e vamos sair dele sem nada. O que vai valer é o que fizemos de bom, as bolinhas verdes que jogamos para as pessoas enquanto estamos por aqui.

As ideias que transformam surgem constantemente e é importante que sejam ouvidas, discutidas e, se possível, implantadas.

Se olharmos ao nosso redor, vamos ter inúmeras ideias que poderiam ser inseridas e beneficiariam milhares de pessoas. Mas, por que não as colocamos em prática?

A maior parte de nós se acomoda e acha que nossas ideias não irão contribuir para a humanidade. Alguns creem que uma ideia só é boa se gerar retorno em dinheiro. Ideias que conectam, criando resultados que transformam, não podem e nem devem estar amarradas a retornos financeiros, mas direcionadas a beneficiar e serem utilizadas por várias pessoas.

Falando de ideias na área da saúde, podemos destacar a ação dos profissionais (médicos, enfermeiros, técnicos de enfermagem, etc.) das unidades de saúde e pronto atendimento que, preocupados com as pessoas, desenvolveram um método de acolhimento, conhecido como triagem.

Nesse processo, notou-se uma sensível melhora no quadro clínico dos pacientes, muitos até nem chegam a tomar medicamentos ou outro recurso auxiliar. A ideia principal era identificar e suprimir a carência deles. Verificou-se que 70% dos mesmos não estavam doentes fisicamente e sim emocionalmente.

O processo de acolhimento começa na recepção do paciente, sempre com um bom dia, um sorriso, uma frase de motivação como: faremos o nosso melhor por você. Logo em seguida, a pessoa passa pela triagem, onde é aferida sua pressão arterial, seu batimento cardíaco, temperatura, teste glicêmico.

Nesse momento, há o toque humano (a falta de um abraço, um aperto de mãos, um carinho físico, pode acelerar o quadro de depressão) e também há um constante diálogo com o profissional de enfermagem. Dali, ele vai para o atendimento com o médico. Este, agora dedica sua atenção ao paciente de forma a indagar sobre sua saúde física, mental, social e familiar (pois a origem do problema pode estar ali) e o examina fisicamente, tocando-o mais uma vez.

Essa ideia simples tem dado ótimos resultados. As pessoas atendidas passaram a ter mais confiança na equipe profissional, algumas até chegam a levar bolos para esses profissionais, como forma de agradecimento pela atenção que tiveram.

Medicamentos estão sendo trocados por participação em grupos de apoio, desenvolvendo técnicas de troca de experiências, abraços, danças, tricô, ginástica, etc. Diminuição no atendimento de pessoas que pensavam estar doentes fisicamente, proporcionando melhor atendimento àquelas que realmente estão enfermas.

Pequenas ideias, quando bem empregadas, geram resultados que transformam e até salvam vidas. Com pequeno ou quase nenhum investimento (quanto custa um abraço ou sorriso?), as pessoas podem ser e fazer outra pessoa feliz.

Se jogarmos nossas bolinhas verdes, elas ajudarão a transformar o mundo. Mas lembre-se, elas estão dentro de cada um de nós, e somos nós que temos que fazer a diferença. Devemos ser melhores pessoas dia após dia. Nós que temos que transformar o mundo em que vivemos, com resultados positivos e ideias que servirão de conexão para várias pessoas.

Não podemos pensar que estamos sozinhos e nem que tudo gira ao redor de nosso umbigo. Vivemos em comunidade e as melhores ideias são as melhores para o mundo. Não existem flores sem sementes, precisamos plantar e cultivar sempre para colher. Estamos carentes de abraços, sorrisos, palavras de afirmação positiva e encorajamento. Se não mudarmos, o mundo não muda.

A cada segundo surgem novas ideias. A palavra inovação é a mais usada atualmente, mas precisamos ter cuidado, pois essa revolução precisa ser e provocar resultados positivos. Toda nova ideia deve considerar que a mesma seja utilizada para melhorar a vida das pessoas.

Assim, ao falar em inovação, não precisa ser, fazer ou comprar coisas novas, mas, às vezes, transformar o que está parado ou o que é antigo, em algo novo.

Existem milhões de ideias que aguardam para ser implantadas. Cabe a cada um de nós, motivados em transformar o mundo em que vivemos em um melhor, tirá-las do papel, colocá-las em prática e ajustá-las à necessidade do ser humano.

Temos que acreditar em um mundo melhor, construído por pessoas que ousaram sonhar e principalmente realizar seus sonhos, pois como disse Martin Luther King Jr.: "A verdadeira medida de um homem não é como ele se comporta em momentos de conforto e conveniência, mas como ele se mantém em tempos de controvérsia e desafio".

Ideias que conectam são constantes desafios que nos tiram da nossa área de conforto e nos impulsionam a ir além, a fazer muitas vezes o que os outros chamam de impossível.

Lembre-se, para que tenhamos netos melhores, precisamos ter filhos melhores. E para deixarmos um mundo melhor para ambos, precisamos, hoje, fazer o nosso melhor.

Vamos juntos melhorar este mundo a partir de nós mesmos, sem esperar que o outro mude. Pessoas automotivadas mudam o mundo. Sejamos nós, também, a mudança que o mundo espera, pois se não mudarmos, o mundo não muda.

7

Experiências memoráveis

Ao começar minha vida profissional em restaurantes, não imaginava que me tornaria palestrante. A transição da liderança em cozinhas para salas de aula em universidades e depois para as palestras em empresas diversas foi prazerosa, pois pude contar com apoio de mentores incríveis, que acreditaram em minha capacidade e me auxiliaram na construção de meu caminho

Bruno Faro

Bruno Faro

Professor há dez anos, formado em gastronomia, pós-graduado em gestão de negócios e mestre em turismo e hotelaria, cuja pesquisa aborda o *marketing* de experiência. Com 15 anos de mercado, passou por cozinhas no Peru e EUA e chefiou outras no RJ e em BH. A dedicação pela gastronomia permitiu a extensa prática em pilares fundamentais para hotéis e restaurantes, como liderança, criatividade, inovação e atendimento. Ministra cursos e palestras sobre estes temas, alinhando-os às necessidades de outros âmbitos e presta consultorias no setor gastronômico. Devido ao seu trabalho em *marketing* de experiência, aplica questionários com clientes de diversas áreas, a fim de mensurar a que ponto são memoráveis e satisfatórias as experiências vividas por eles. Assim, fica claro às empresas quais dimensões da experiência são mais presentes e quais devem ser melhoradas, deixando o caminho para a fidelização dos clientes mais evidente.

Contatos
Site: www.brunofaro.com.br
E-mail: bruno@brunofaro.com.br
Facebook: Palestrante Bruno Faro

Vivemos em busca de um conceito incrível, que mude nosso rumo e nos traga resultados exponenciais. Ideias surgem o tempo todo, contudo a grande maioria não é disruptiva. Há dois anos, uma dessas concepções surgiu em minha mente, durante uma sessão de mentoria. Junto com meus mentores, nós a afinamos, até concluir o projeto hoje chamado de *InKitchen*.

A *InKitchen* promove eventos que combinam treinamentos e palestras alinhados a jantares em locais diferenciados. O primeiro evento foi no belíssimo restaurante Tai, em Itapema, SC. Executei um menu degustação de oito pratos com a equipe do estabelecimento, cada um simbolizando estratégias para criatividade e inovação. Antes de cada prato ser servido, eu ia ao salão e explicava o processo criativo por trás e como podíamos utilizá-lo no cotidiano empresarial.

Já havia feito inúmeras harmonizações de alimentos com as mais diferentes bebidas, mas nunca antes tinha visto ou elaborado uma entre comida e conhecimento. Nascia ali um novo caminho, graças às pessoas que conheci e os objetivos traçados.

Mas, o que me levou a buscar uma mentoria para minha carreira de palestrante? Meu pai dizia que era mais importante alguém que sabe, do que dez pessoas pesquisando.

Por isso, procurei a Fadel Palestrantes e conheci meus mentores, Janaína Paes e David Fadel. O trabalho deles comigo foi incrível, pois me ajudou a compreender quais eram minhas forças e como eu poderia contribuir para o mercado. Eles notaram que minhas afinidades profissionais apontavam para liderança, criatividade, inovação e atendimento.

Entretanto, é importante salientar que tudo em minha vida profissional girava em torno de uma pergunta que me assombrava desde que comecei a trabalhar no setor da gastronomia:

"Como medir as experiências de um cliente?"

Procurando respondê-la, construí meu caminho para me tornar *chef* de cozinha, professor universitário e palestrante.

Tenho sorte de ter uma família que estimulou minha criatividade e vontade de conhecer novidades. Meus pais gostavam de sair para jantar e me levar junto. Para surpresa deles, eu sempre queria provar coisas novas, sair da mesmice. Era muito curioso e gostava de me arriscar.

Quando eu era pequeno, meu pai, além de médico, teve dois restaurantes na minha cidade natal, Campinas-SP. A dinâmica destes locais me agradava. Os clientes entrando, sendo recepcionados e dirigidos à mesa, a entrega do menu, a escolha, a espera e a chegada dos pedidos, o consumo dos pratos, o serviço de bebidas, a interação com a equipe e, por fim, a despedida. Cada detalhe me encantava e ainda me encanta.

Minha mãe, artista plástica, estimulava minha autenticidade em tudo que eu fazia. Reforçava sempre algo que hoje dou muita importância. Dizia que para criarmos algo diferente, precisávamos conhecer as tradições. Ou seja, se você quer pintar algo novo, saiba as técnicas e trabalhos de pintores clássicos para usá-las com seu olhar ou distorcê-las em algo surpreendente.

Por isso, as regras estão aí para serem questionadas e quebradas, pois caso contrário, ainda viveríamos em cavernas sem *wi-fi*. Já estava claro que a criatividade me moveria em tudo que eu fizesse.

Também já respirava gastronomia, mas não me imaginava executando isso como meu trabalho. Contudo, com 15 anos, resolvi fazer um curso básico, porque sabia que faria faculdade fora, pois queria viver experiências longe do ninho. Não gostava de comida pronta e nem de *fast-food* e, sendo fã de comida caseira, tinha que aprender a me virar.

Gostei tanto do curso que resolvi fazer um estágio. Nos finais de semana, passei a cozinhar em um restaurante da cidade e me apaixonei não só pelos pratos feitos.

A liderança do *chef*, o trabalho em equipe e a preocupação com os desejos dos clientes me cativaram. Percebi o quão poderoso é conquistar alguém pela comida.

Comecei a entender ali que gastronomia era uma arte para todos os sentidos. O cliente primeiro vê o prato, sente os aromas, prova com o paladar, sente as texturas com o tato e os sons de qualquer alimento crocante. Gastronomia é cinestesia pura, é a arte da experiência holística.

Entretanto, a bendita pergunta ainda me perseguia. Como medir a experiência dos meus clientes? Busquei a resposta cursando uma pós-graduação em gestão de negócios no IBMEC do Rio de Janeiro. Ela me ajudou a compreender toda a parte de gestão, planejamento, *marketing* e administração de uma empresa, mas ainda não respondia a questão.

Da capital fluminense, fui chefiar uma casa em Angra dos Reis e foi ali que minha vida mudou drasticamente. Na época, eu já dava aulas em uma universidade de gastronomia.

No Rio, era docente de processo criativo na Unisuam. Como professor convidado, lecionava constantemente na cidade de Balneário Camboriú – SC na Univali. Ali, por oito anos, ministrando aulas de cozinha fria, latina, criatividade e inovação.

Descobri ao longo do tempo que tanto quanto chefiar cozinha, eu amo passar conhecimento e aprender com os alunos.

Naquele restaurante em Angra, tive um *insight* durante a fase de treinamentos. Notei que poderia dar um passo além das aulas em universidades. Percebi que poderia fazer a transição para palestrante e levar minha paixão por lecionar e aprender a outros níveis.

Nessa época, em uma viagem a Balneário Camboriú, conheci minha esposa e me mudei de cidade. No mesmo período, tive contato com a Fadel e, simultaneamente, me tornei professor na Faculdade Avantis e Unisociesc, Furb e Univille.

Um ano depois, surgiu uma oportunidade, que mesmo sem saber ainda, responderia minha pergunta cruel. Um dia, recebi por *e-mail* um convite para me inscrever no mestrado em turismo e hotelaria na Univali. Era uma boa oportunidade para evoluir no setor acadêmico, contudo não serviria somente para isso.

Desde o início do curso, busquei um tema que pudesse me dedicar com paixão e transformá-lo em produto de trabalho para palestras, *workshops* e cursos.

Logo no começo, me deparei com o *marketing* de experiência e percebi que ele poderia me ajudar a responder minha grande questão. Os "pais" da chamada economia da experiência são dois autores chamados Joseph Pine e Peter Gilmore que, em 1998, cunharam o termo. Eles descrevem a experimentação dos clientes no setor do turismo a partir de quatro dimensões teóricas: estética, escapismo, educação e entretenimento.

A estética envolve os elementos que fazem com que o indivíduo tome a decisão de entrar em um local e permanecer. Nessa experiência, os clientes gostam de estar no ambiente, sem afetar ou alterar a natureza do cenário que lhes é apresentado. Eles apreciam passivamente ou são influenciados pela maneira como o local de destino atrai seus sentidos, não importando o nível de autenticidade do ambiente.

A estética refere-se a uma apreciação de algum valor de consumo intrinsecamente, sem considerar qualquer outra finalidade prática. A experiência relacionada à beleza da natureza e às condições ambientais pode ser um tipo de valor estético. Ela pode ser fator determinante à qualidade percebida da experiência.

A segunda dimensão, chamada de escapismo, relaciona-se à capacidade de fazer com que o cliente fique imerso nas atividades que lhe são propostas, permitindo que ele se afaste de sua rotina diária e procure ativamente um prazer autocentrado. Ele é o protagonista.

As experiências de escapismo são altamente imersivas, exigindo participação ativa e é importante motivador para férias e viagens pessoais. Os clientes costumam perder a noção de tempo e até se imaginam em outro papel.

Quando vamos a restaurantes, também escapamos de nossas rotinas e, mesmo em lojas de produtos tangíveis, podemos, com a combinação de fatores ambientais, proporcionar momentos de escapismo. Esta dimensão costuma, inclusive, ser relacionada à vontade de revisitar o local.

A terceira dimensão é a educação, que por natureza é essencialmente ativa, pois aprender algo requer total participação do sujeito envolvido e é preciso que se decidam quais informações são desejáveis para o cliente absorver ou, ainda, quais habilidades se deseja que o mesmo exercite durante sua experiência.

Nem todas as empresas são naturalmente locais de aprendizagem, mas podem se tornar. Uma fábrica, por exemplo, pode fazer visitas guiadas, a fim de explicar sobre seu produto e aumentar a fidelidade dos visitantes com o mesmo.

Esta dimensão se apresenta muito forte em destinos culturais e em museus, mas deve ser trabalhada com criatividade para tornar a experiência de nossos clientes ainda mais completa. Em restaurantes, podemos aprender sobre vinhos e ingredientes e, em lojas, sobre a história dos materiais usados na fabricação dos produtos ou até mesmo sobre quem os produziu.

Por fim, a quarta dimensão é o entretenimento, que oferece uma das mais antigas formas de experiência e é um dos mais desenvolvidos e difundidos no ambiente de negócios atual. Este é um aspecto mais passivo do experimento, pois designa um estado de resposta aos elementos que lhe são apresentados.

Por consequência, a chave para o desenvolvimento adequado desta dimensão é potencializar a absorção positiva da experiência proporcionada, tornando-a mais divertida e apreciável. Este espaço está ligado ao hedonismo, ou seja, ao puro prazer momentâneo. Unido às outras dimensões, podemos gerar experiências verdadeiramente autênticas e inesquecíveis.

Apesar de tudo isso, não tinha minha resposta para a dúvida que há tempos me acompanhava.

Estas dimensões ainda eram teóricas e eu precisava de qualquer coisa prática. Necessitava descobrir como transformar algo intangível, como a experiência dos clientes, em alguma coisa mensurável. Então, me deparei com um artigo dos autores Haemoon Oh, Ann Marie Fiore e Miyoung Jeoung, de 2007, intitulado: *Mensurando conceitos da economia da experiência – Aplicações no turismo*.

Basicamente, os autores criaram um instrumento de pesquisa que mede a experiência vivida por clientes. Além das quatro dimensões de Pine e Gilmore, Oh, Fiore e Jeoung incluíram suas próprias: memória, satisfação, excitação e qualidade percebida.

Eles conseguiram desenvolver um questionário que respondia várias questões. Quais dimensões garantem uma experiência memorável? Quais influenciam na satisfação geral? Quão excitante era a experiência? Quais determinam a qualidade percebida? E ainda melhor, tudo adaptável a outras áreas.

Por fim, tinha a reposta para minha pergunta. Medir algo tão intangível era agora possível. Como todo instrumento aplicado pela academia, para ser bem validado, devemos vê-lo em muitas outras consultas. É assim que temos certeza que ele funciona.

Bom, o questionário deles já foi usado e adaptado em mais de 800 pesquisas, inclusive algumas minhas. Usei-o em artigos sobre o experimento de visitantes em museus, hotéis *resort* e na minha dissertação. Tinha em mãos uma ferramenta que poderia ser absolutamente útil para as empresas.

Além de mensurar as experiências dos clientes, minhas palestras e *workshops* no meio empresarial têm como objetivo trabalhar criatividade, inovação, liderança e atendimento.

Em relação à criatividade e inovação, trabalho estratégias para o autodesenvolvimento criativo, elaboração de um mapa de inspirações para o cotidiano, dinâmicas que estimulam a quebra dos paradigmas da criatividade e ferramentas para desenvolvimento de ideias em projetos como os métodos aplicados nos melhores restaurantes do mundo (os três estrelas Michellin), o *design thinking* e o método *canvas*.

Em liderança, trabalho a parte criativa e espiritual e como desenvolver entrevistas que detectam as características mais importantes de inteligência emocional em líderes e colaboradores, além, é claro, de trabalhar cada uma delas com os envolvidos.

Sem um ótimo atendimento, já é muito difícil aumentar as vendas. Por isso, procuro aplicar treinamentos em linguagem corporal, aliados aos conceitos do excelente auxílio de empresas mundialmente reconhecidas pelo atendimento de qualidade, como Disney, Zappos e restaurantes estrelados.

Caminhando sozinho, eu levaria muito mais tempo para perceber minhas qualidades e no que eu poderia auxiliar as empresas e colaboradores a evoluírem. Sem a mentoria, provavelmente estaria muitos passos atrás.

Meus mentores, desde o início respeitaram minhas características, sem me forçar um caminho, mas me ajudaram a enxergar, eu mesmo, aquele que eu teria prazer em percorrer. Por isso, sou extremamente grato a eles e hoje, mais do que nunca, amo tudo que eu faço.

Referências
HSIEH, Tony. *Delivering happiness: A path to profits, passion, and purpose.* Hachette UK, 2010.
APA OH, H.; FIORE, A. M.; JEOUNG, M. *Measuring Experience Economy Concepts: Tourism Applications.* Journal of Travel Research, v. 46, n. 2, p. 119–132, 2007.
PINE, B. J.; GILMORE, J. H. *The experience economy: work is theatre & every business a stage.* Harvard Business Press, 1999.
ZATORI, A.; SMITH, M.; PUCZKO, L. *Experience-involvement, memorability and authenticity: The service provider's effect on tourist experience.* Tourism Management, v 67, 111-126, 2018.

8

Siga o cheiro do pão

Neste capítulo, compartilho um pouco da minha história e como o fato de ter me perdido de mim mesmo por um tempo foi fundamental para que eu descobrisse uma vida com propósito. Uma vida com propósito diz respeito a utilizar o máximo de nossos talentos e capacidades em prol de algo maior e especial

Brunno Malheiros

Brunno Malheiros

Administrador de empresas graduado pela Universidade Federal do Ceará (2015). Empreteco pelo Sebrae – CE (2016). Padeiro *master* pela Levain Escola de Panificação – São Paulo (2017). Padeiro em formação na France Panificação – São Paulo (2018). Apaixonado pela panificação artesanal, empreendedorismo e inovação. Em preparação para estudar panificação na École de Boulangerie et Pâtisserie de Paris.

Contatos
E-mail: brunnomalheiros@gmail.com
Instagram: @brunnopadeiro
Facebook: Brunno Malheiros

> Só há um de você no mundo todo agora, e será assim sempre. Ninguém mais pode ser um você tão bom como você mesmo. (Robin Sharma)

Você pode ter se deparado com o título deste capítulo e ter pensado: "como assim, seguir o cheiro do pão, Brunno?" ou ter pensado, ainda, que o cheiro do pão te leva apenas à padaria perto de casa ou te faz lembrar aquele café da manhã em família, antes de mais uma jornada de trabalho.

Para mim, seguir o cheiro do pão foi e ainda é uma jornada de descobertas e, principalmente, me traz senso de propósito. Mas, como um simples aroma gostoso e característico de pão pode ter uma profundidade tão grande a ponto de alcançar a dimensão de propósito de vida?

Eu no mundo

Nasci em Fortaleza, no Ceará, e tenho 26 anos. Cresci em meio a diferentes formas de pensar e modelos mentais na minha família. De um lado, a família do meu pai, composta por pessoas que seguiram os caminhos tradicionais de formação e de carreira também. São médicos, advogados, engenheiros e toda essa galera que se destaca por buscar profissões tradicionais. Do outro lado, destacam-se nas gerações da família da minha mãe, comerciantes, empreendedores, empresários e artistas. Pessoas que exercem muito a criatividade, a comunicação e formas diferentes de fazer as coisas. Verdadeiros solucionadores de problemas!

Segui o sistema de educação tradicional e aprendi o essencial para toda e qualquer carreira convencional. Quando cheguei ao ensino médio, tracei o plano retilíneo e perfeito da minha vida: ser aprovado para cursar administração de empresas em uma universidade pública, montar uma empresa ou administrar o negócio da família, casar, ter filhos, construir uma boa casa e continuar esse fluxo comum, que muitas vezes observamos na sociedade, mas que não fazemos questão de questioná-lo por ser tão óbvio.

Fui aprovado na universidade pública e tive a alegria que qualquer jovem da minha geração gostaria de ter: ganhar o primeiro carro. Foi um momento único e especial (aproveito para honrar a vida do meu pai, que com muito esforço me deu esse privilégio). Até então, o plano estava sendo executado de maneira perfeita. Tudo fluía e não havia muitas preocupações.

Meu avô materno tem uma grande padaria em Fortaleza – a Casa Plaza – e esse fato me influenciou para que eu escolhesse cursar administração de empresas. Quando criança, tive o privilégio de poder circular em meio à fabricação dos mais variados e deliciosos pães que você possa imaginar. O que mais me fascinava era a transformação do processo produtivo: como a simples mistura de farinha, água, sal e fermento, pode produzir um alimento que está todos os dias em nossa mesa e ainda é considerado alimento sagrado em muitos países?! Isso me seduzia.

Os estágios da faculdade começaram, fui até meu avô e falei do meu desejo em estagiar na produção da padaria e ele concordou. Circulei por vários setores e exerci as mais diversas funções na padaria. O tempo passou, o estágio acabou e eu não cheguei até a produção! Notei que os meus planos não eram os mesmos do meu avô. Ele insistia para que eu ficasse em cargos administrativos, mas aquilo não fazia nenhum sentido para mim.

Não existe plano perfeito

Optei por sair da padaria e tentar novas experiências que não tiveram êxito. O tempo passava e percebi que o plano perfeito que eu havia traçado não estava acontecendo. Pior: eu me distanciava de mim mesmo.

Senti que precisava de ajuda, porque me sentia desesperado e perdido. Iniciei uma terapia para tentar compreender onde eu havia me perdido e como eu poderia sair desse buraco cheio de dúvidas e incertezas que havia entrado.

Em busca do meu eu mais profundo

Iniciei um trabalho de autoconhecimento, que viria a durar 2 anos. E durante esse período, tentei caminhos diferentes: fiz vestibular novamente e cursei primeiro engenharia mecânica, depois engenharia de produção e cheguei até a entrar em uma especialização, mas não concluí nada. Logo eu, que sempre gosto de ir até o fim, em tudo. A coisa foi ficando cada vez mais frustrante.

De fato, eu não sabia mais nem quem eu era em meio a tantas tentativas sem sucesso de achar qual era o meu propósito e o que teria significado para mim. Procurava muito mais que um trabalho ou uma profissão, buscava uma causa que fizesse sentido levantar todos os dias da cama com vontade de fazer acontecer, vontade de ganhar o mundo e que as pessoas fossem contagiadas por isso.

Com pouco tempo, senti que somos seres complexos e únicos. Temos visões de mundo diferentes, comportamentos distintos diante de situações semelhantes, temos criações diferentes e somos o resultado de todas as vivências e experiências que possuímos. E, dessa forma, é impossível nos encaixarmos nos padrões e modelos que deram certo para pessoas absolutamente diferentes de nós.

Como cristão, acredito que Deus criou cada um de nós com dons e habilidades únicas e que temos um papel a desempenhar que só cabe a nós.

Empreendedorismo não se aprende na escola

A vontade de empreender ainda continuava comigo, mas constatei que a educação tradicional não nos prepara. Dessa forma, precisei mudar por completo o meu modelo mental. Debrucei-me em leituras e cursos dos mais diversos "gurus" em assuntos como liderança, finanças, empreendedorismo, produtividade, *marketing* digital e propósito de vida. Fui me transformando e ajustando o foco.

Meu desespero foi diminuindo e minha mãe sugeriu que eu fizesse o seminário Empretec, do SEBRAE. O programa durou uma semana em total imersão. Cresci muito. No penúltimo dia de aula, saí do curso e passei numa padaria para pegar pão. Quando entrei e me deparei com aquele cheiro de pão, fiquei em êxtase por alguns segundos: aquele cheiro me transportava para memórias maravilhosas da produção de padaria que tanto amava.

No encerramento do curso, abri meu coração para um dos professores e relatei tudo o que estava acontecendo em minha vida. Falei sobre minhas dúvidas, anseios e também sobre a sensação que havia sentido no dia anterior, na padaria. O professor Fred olhou para mim com um olhar que me atravessava e disse de uma forma super simples: "Brunno, apenas siga o cheiro do pão". Fiquei surpreso e até um pouco confuso com o conselho e pedi que explicasse mais um pouco, mas ele insistiu em falar: "siga o cheiro do pão".

Só o questionamento nos faz evoluir

Fiquei com aquele alerta estranho martelando minha cabeça por um tempo e tentava adivinhar como colocar em prática tal conselho. Já tinha um tempo que eu espiava um curso de formação de padeiro, numa das melhores escolas do Brasil em panificação (Levain Escola de Panificação), mas para mim era uma coisa tão distante, tão louca, que não acreditava que era esse o caminho mesmo. As dúvidas eram muitas. Será que tenho jeito com isso? E se eu for e não gostar? Será que isso é uma fuga? Mas depois do conselho do professor, notei que se eu seguisse o cheiro do pão, ele me levaria a encarar todas essas incertezas.

Um fato que me ajudou a dar o passo de seguir para São Paulo e cursar a formação de padeiro, foi a oportunidade de passar uma semana em uma pequena, mas aconchegante e deliciosa padaria do interior do Ceará. Em Russas, na Disk Pão, fui recebido, com muito amor, para ter contato mais uma vez com o ambiente de produção de padaria, para ter mais segurança e seguir para São Paulo para permanecer um mês imerso no mundo do pão. Mas, por que não fui para a padaria da família? Bem, como estava em fase de testes, não queria confundir as emoções. Não queria que o ambiente familiar e toda a complexidade desses laços influenciassem na minha escolha. Foi um período ótimo em Russas e sou eternamente grato a todo o apoio que tive lá. Aquela semana me deu forças e ajustou ainda mais o meu foco e, principalmente, o nariz para seguir o cheiro do pão!

Agora vai!

Parti para São Paulo com muita ansiedade. O curso duraria quatro semanas e eu nunca havia passado tanto tempo longe de casa. As aulas começaram e, de início, me senti um pouco confuso com tanta novidade. Eram pessoas que vieram de áreas de trabalho bem diferentes, fichas técnicas cheias de cálculos, misturadas a noções de química para entender sobre fermentação e aquele monte de equipamentos que finalmente iria aprender a utilizar com técnica. Era muita informação. A caneta não parava quieta. Fotos a todo momento para ajudar a memorizar tanto conteúdo eram obrigatórias.

Da segunda semana em diante, tudo já fluía com mais facilidade e a minha felicidade era absurdamente grande. Sentia-me realizado fazendo tudo aquilo e via o tempo todo um filme passar na minha cabeça, mostrando todo o caminho que me levou até aquele momento. Ali, descobri na prática, a sensação de estar no fluxo, mergulhado e concentrado em meio a farinhas e fermentos, sem ver o tempo passar.

Resiliência, foco e fé: desistir, jamais

O mês passou voando. Infelizmente, queimei a mão esquerda com um caramelo de açúcar – queimadura de terceiro grau. Sofri bastante, mas Deus me sustentou e me ajudou a seguir firme e forte. E nem mesmo isso conseguiu me parar. Desistir não era uma opção. Formei-me padeiro, sabendo que ali era só o começo de uma grande jornada. Eu ainda tinha que aprender muito para me tornar um padeiro de fato. Finalmente saí da inércia e foi impressionante como as portas começaram a se abrir e muitas oportunidades foram surgindo. Definitivamente, tinha certeza de que agora eu estava no caminho certo.

Rafa Prado fala algo sobre dom, que eu estava cada vez mais constatando na prática e com o passar dos dias:

> Quando você consegue usar seu dom, tudo flui, porque a sua habilidade natural o coloca em um estado natural de criação, como uma criança que brinca e começa a criar mundos por horas... o verdadeiro segredo do sucesso está naquilo que faz a sua criatividade aflorar.

Ele também fala que a genialidade é o somatório de três fatores: habilidade inata, paixão e treino.

Treino é treino, jogo é jogo
Descobri minha habilidade e paixão. Só faltava treinar. E muito! É preciso ter persistência e paciência para desenvolver nossas habilidades inatas. Descobri-las é essencial, mas não o suficiente. Somente com a prática e a repetição podemos atingir o máximo de nosso potencial, caso contrário, estará no mesmo patamar daquele que nem mesmo encontrou a sua habilidade.

Encorajo você, leitor, a buscar a sua habilidade, o seu dom e o seu talento. Acredito que quando se está conectado com aquilo que você nasceu para ser e fazer, todo o caminho e os obstáculos que nele há se tornam uma trajetória de amadurecimento da sua genialidade e, com certeza, você terá energia extra para as batalhas que surgirão. Sem falar que muitos crescerão com você e isso é uma das melhores partes que tenho vivido.

Um trecho do livro do Professor Paulo Sérgio Buhrer me ajuda a passar o valor que existe nessa busca:

Todas as pessoas, lá no fundo da sua alma, querem se sentir importantes. Não é uma questão de dinheiro ou poder. Elas querem apenas sentir que pertencem a alguma coisa maior, que são vistas e admiradas, seja pelo par afetivo, filhos, chefes, colegas de trabalho. Elas não querem se sentir pequenas, inferiores. Elas querem poder voar, sair do casulo e mostrar a cara, mostrar do que são capazes. E isso acontece com maior facilidade quando encontram sua missão de vida, pessoal e profissional.

Busque e faça a diferença

Busque sua missão. Não desista. Nunca é tarde demais. O mundo precisa de pessoas dispostas a fazer diferente. Pessoas serão impactadas pela sua missão. Sejam amigos, familiares, chefes ou clientes, pessoas esperam por você. E não existe grau de importância de talentos e missões. Todos são fundamentais, pois são únicos. Esse é o grande barato da vida.

Martin Luther King Jr. diz que se um homem tem o dom de varrer ruas, deve varrê-las como Michelangelo pintava, como Beethoven compunha ou como Shakespeare escrevia. Deve varrê-las tão bem, que todas as hostes do céu e da terra pararão para dizer: "aqui viveu um grande varredor de ruas, que fez um bom trabalho".

Eu sinceramente não sei qual cheiro você deve seguir, mas tenho certeza de que um grande caminho te espera e as suas respostas estão mais próximas do que imagina. Gosto de um alerta do Maurício Benvenutti: "se o caminho é difícil, é provável que seu objetivo seja grande e desafiador. Se a jornada é moleza, possivelmente não alcançará nada muito significante".

Finalizo com uma passagem bíblica do livro de Provérbios 19:21 que diz:

> Muitos são os planos no coração do homem,
> mas o que prevalece é o propósito do Senhor.

Referências

BENVENUTTI, Maurício. *Incansáveis: como empreendedores de garagem engolem tradicionais corporações e criam oportunidades transformadoras.* São Paulo: Editora Gente, 2016.

BUHRER, Paulo Sérgio. *Mente de vencedor.* São Paulo: Literare Books International, 2017.

PRADO, Rafael. *100 graus: o ponto de ebulição do sucesso.* São Paulo: Editora Gente, 2016.

SHARMA, Robin S. *O líder sem status, uma parábola: liderando pessoas e influindo em organizações sem precisar de cargo, posição ou título.* Campinas: Verus, 2010.

9

Finanças corporativas: a comunicação por meio dos números da gestão ao resultado

Uma cilada pode dizimar os pequenos e médios empresários do Brasil: o crédito fácil, que estanca a sangria, ajuda a sair do vermelho, mas esconde multas e juros impraticáveis. A solução se resume ao eficiente tema "finanças corporativas", ainda visto como espinhoso e difícil. Chegou a hora de mudar esta perspectiva. Apresento uma forma simples de contemplar e praticar a estratégica gestão financeira

Douglas Rayzer

Douglas Rayzer

Contador, CRC 37008-O-SC. Especialista em Finanças, é Pós-Graduado em International Financial Reporting Standard. Possui MBA em Gestão Financeira, Auditoria e Controladoria. Incansável em sua busca acadêmica, também é Mestrando em Administração. O profissional já contabiliza quase uma década de prática e *cases* inspiradores nas áreas pública e privada. Sua marca pessoal é ensinar o rígido tema "finanças corporativas" de maneira simples, objetiva, com conteúdo e descontração. O caminho de migração para o setor de palestras foi natural, pois os empresários de vários segmentos, sobretudo os de pequeno e médio porte, passaram a procurá-lo, para que compartilhasse a sua estratégica especialidade, a gestão financeira, e inspirasse a equipe inteira, desde o porteiro ao presidente, sobre a importância de mudar os hábitos e comportamentos em favor de empresas saudáveis, livres das multas e dos juros cobrados pelo sistema bancário, que drenam as energias da empresa e dos gestores.

Contatos
E-mail: douglasrayzer@hotmail.com
Facebook: Douglas Rayzer
LinkedIn: Douglas Rayzer
Telefone: (49) 3544-1926
Telefone: (49) 99993-5178

Aprenda a simplificar o tema das finanças corporativas

> Ao empresário, duas opções: segurar com mãos firmes as rédeas das finanças corporativas ou a bomba-relógio da falência. A primeira vai salvar a empresa e a segunda, cedo ou tarde, há de estourar nas mãos de quem decidiu erroneamente.

Muitos empresários estão devendo cifras de quatro, cinco ou mais zeros aos bancos. A minha especialidade é mudar este cenário. Toda a força da minha marca pessoal se conecta ao empenho de ver um Brasil composto por pequenos e médios empresários, que aprenderam a discutir e praticar as finanças corporativas.

Sim, acredite, por cultura, boa parte do empresariado de pequeno e médio porte imagina que o tema é reservado para as grandes corporações, o que é um terrível engano. Espero, com o texto, mostrar que o assunto pertence a toda empresa e, ao mesmo tempo, a todo colaborador.

Como escapar do banqueiro

Eu sei que você não deseja ver a empresa sofrendo, por não lidar bem com o equilíbrio fiscal e financeiro. Então, vamos juntos. Vou relatar um *case* de impacto financeiro e você vai descobrir algo interessante: quando a coisa está feia, deve-se reverter a situação antes de jogar a bandeira e desistir.

Desesperado e sem encontrar qualquer solução, o cliente e empresário abriu o jogo comigo.

"Douglas, entre os juros compostos e a dívida real da empresa, o valor é de R$ 300 mil. A situação vem se arrastando e só tem piorado. Não tenho mais como fazer aportes!"

Solicitei que se acalmasse e prometi traçar um plano de recuperação e reestruturação. Ele confiou no elemento-chave de minha marca pessoal, a credibilidade. Juntos, viramos o jogo.

Sem perceber, o meu cliente estava refém das viciosas práticas cometidas pela maior parte dos pequenos e médios empresários. Como não existia qualquer planejamento, torrava os recebíveis ao curso do segundo semestre e, assim que o ano seguinte se iniciava, sua única alternativa se resumia a dar um pulo até o banco e negociar mais um empréstimo com o gerente.

Todo o plano de receitas e despesas foi revisado. Concluímos que, entre os meses de maio e junho, seu fluxo de receitas alcançava o melhor registro, enquanto os meses de janeiro e fevereiro representavam o auge das despesas.

Anote bem: todo empresário deve manter a periodicidade das receitas, em alinhamento com as despesas.

Durante o período de um ano, com ações variadas, foco e disciplina, tratamos a má conduta na gestão financeira, equilibramos as contas, liquidamos o câncer dos juros que assolavam a empresa e zeramos a sua dívida.

Com um cronograma financeiro para o segundo ano, o empresário, antes endividado, se transformou em investidor do ramo imobiliário; o que deixa uma inspiração importante aos empresários que defendem um CNPJ no Brasil.

O gerente do banco não é amigo, não tem o menor interesse na possibilidade de que o seu cliente liquide a dívida bancária e tampouco se esforçaria para traçar um plano que deixasse a empresa operando no azul. Seria, em tese, o papel de um gerente de relacionamento bancário e no fundo, a maioria até saberia ajudar.

O lucro advindo desses juros e multas representa uma tentação que impede o gerente de usar a imparcialidade. Ele foi treinado para agir assim. Isso quer dizer, em outras palavras, que o empresário precisa de profissionais externos, em vez de banqueiros espertos.

No cotidiano, se o cliente reclama do valor de meu cachê como palestrante do setor de finanças corporativas, eu costumo dizer que o valor da contratação de um especialista capaz de reconstruir a percepção financeira da empresa, aumentar o comprometimento dos colaboradores em relação às metas de redução de despesas e aumento de receitas, é infinitamente mais baixo, se comparado aos anos (e às vezes, décadas) de multas e juros pagos por desinformação, que enriquecem o banqueiro e empobrecem o cliente.

Pequenos resultados, os protagonistas das grandes mudanças

Gosto de demonstrar aos clientes o que é possível fazer a partir dos pequenos esforços e resultados. A estratégia tem um fundamento central e psicológico: convencer alguém a mudar radicalmente o estilo de enxergar as finanças, tanto pessoais como corporativas, é como persuadir um alcoólatra a parar de beber do dia para a noite. Aos poucos, começando devagar, a mudança vai ocorrendo de dentro para fora. Por exemplo, uma pessoa que tem ganhos mensais da ordem de R$ 4 mil e consegue economizar R$ 1 mil, alcança a impressionante economia de 25% dos seus esforços, que podem ser investidos para aumentar a renda. Foi o que fiz por outra empresa.

A cliente almejava resultados melhores e começamos a investir a pequena soma mensal de R$ 1 mil, advinda da própria receita. Em um ano, período ideal para medir e romper as oscilações a que todo mercado está sujeito, a cliente que antes tinha o hábito de buscar capital de terceiros, passou a investir recursos da própria empresa e transformou a sua academia de ginástica, na melhor do município.

O segredo? Trabalhar as pequenas somas da maneira certa, até que essa pessoa se apaixone pelo hábito de investir e abandone o vício de pedir aos bancos. Quem investe R$ 1 mil hoje, em breve passa a investir R$ 20 mil, pois o prazer de não depender dos bancos é muito maior. Inclusive, deixo uma boa notícia: você pode aguardar, em breve, o lançamento de meu livro solo, que vai aprofundar as questões deste artigo, apresentar o passo a passo operacional dessas conquistas e revelar os bastidores das finanças corporativas. Por enquanto, vamos em frente. O dinheiro da empresa não pode esperar...

O dentista que economizou R$ 30 mil reais

Faz toda a diferença trabalhar corretamente com o dinheiro e os impostos. No ensolarado dia 1º de março, cheguei ao dentista para uma consulta de rotina. Antes do procedimento, conversamos sobre assuntos diversos, até que o papo se encaminhou para a pauta daquele período, a declaração do Imposto de Renda. Em certo momento, perguntei:

— Você já fez um planejamento tributário e financeiro do seu consultório?

— Douglas, confesso que só cumpro o básico.

— Eu posso fazer para você. Quase sempre, surgem alternativas para economizar bastante, além de alcançar novos e positivos resultados.

O desafio foi aceito. No retorno da consulta, coloquei as novas informações em suas mãos, depois de me debruçar sobre o histórico tributário e financeiro do consultório. E perguntei:

— O que você melhoraria em seus processos, investimentos, em suas rotinas e em relação a todos os profissionais do consultório, se tivesse uma economia, dentro de um ano, da ordem de R$ 30 mil?

Ele arregalou os olhos e antes que respondesse, fiz sinal com a mão, para que escutasse o complemento de minha proposta.

— Por intermédio da economia diversificada, com orientação constante, uma base bem estruturada e sementes bem plantadas, você vai chegar e até ultrapassar esse número. Vamos colocar a mão na massa e treinar a equipe para que te ajudem?

— Quando começamos?

O dentista alcançou o resultado, a sua equipe percebeu a importância de pensar em cada real gasto em sua rotina e, a partir de então, todos passaram a trabalhar em favor dos resultados financeiros daquele consultório que, pela primeira vez, passou a investir em frentes estratégicas.

O segredo? Redução financeira e tributária. Como se faz isso? O ideal é a prevenção, por meio da conscientização; daí a necessidade de contratar um palestrante cuja marca pessoal esteja conectada à arte de lidar com os números corporativos. Se o controle já foi perdido, me chame.

O caminho é estruturar o que fiz pelo dentista e corrigir tudo, por meio de um detalhado plano de recuperação e saneamento financeiro. Avalie-se: as expressões "prevenir" e "corrigir" devem ser pautas da gestão, enquanto a expressão "desistir" não deve ser cogitada.

Não há sentido em desistir daquilo que se pode ajustar

Uma das minhas empresas presta consultoria a um empresário do setor metal mecânico. Quando cheguei lá, o jovem gestor estava desesperado.

— Douglas, herdei a empresa, tenho feito tudo o que posso, mas confesso que não estou aguentando. Tenho pensado em vender e parar com tudo isso. No dia 10, nunca temos caixa...

— Calma, vamos criar uma estratégia financeira. Precisamos investigar por que, logo nos primeiros dez dias do mês, que coincidem com a folha de pagamento e os tributos, a sua empresa não tem dinheiro. Como vocês fazem as vendas e quais são os prazos?

— Prestamos serviços durante 30 dias e, então, enviamos um boleto ao cliente, com o prazo de 30 dias. O segmento costuma trabalhar dessa forma.

Pensei por um instante e encaixei a solução.

— Você está fazendo um longo ciclo financeiro e espera 60 dias ou mais para receber, enquanto paga salários e impostos a cada 30 dias. É aí que está o problema. O caminho é fracionar o faturamento de sua empresa. Você poderia telefonar a cada cliente e solicitar autorização para enviar boletos semanais?

Ele topou e convencemos a sua equipe. Fizemos isso e a adesão foi total. Os clientes até agradeceram, pois puderam se programar melhor, com aportes curtos e pontuais. A partir daí, com recursos obtidos da semanal receita fracionada, a primeira economia foi bancária, já que ele não precisava mais usar os limites, pagar os juros e as multas.

Em seguida, criamos outros processos que estancaram a sangria da empresa, porém o principal deles você merece saber e multiplicar em sua empresa: demonstramos a cada colaborador o impacto anual de cada hora trabalhada, que passaram a se comprometer e produzir mais.

Ao término do ano, o jovem herdeiro e empresário fechou no azul, com excelente lucro. Em retribuição, gratificou financeiramente cada integrante da equipe. Ou seja, uma ideia conectou e transformou a história de todos.

O legado das finanças

Não é que falte dinheiro para contratar. Acontece que o empresário deve saber como empregar o dinheiro e o colaborador. Quanto aos tributos, nosso país é campeão na área. Entretanto, alguns não sabem o que, por que ou como pagar impostos da maneira justa e correta. Sem esse conhecimento, o desequilíbrio orçamentário pode se aproximar.

O empresário João chega ao fim do mês sem saber ao certo o que deverá pagar e sem a menor ideia de onde pretende chegar com o seu resultado financeiro. Para resumir o que é desequilíbrio orçamentário, eu diria que João é o nosso exemplo vivo.

Na condição de desconhecedor, João costuma acordar e conferir o que há para pagar naquele dia. Toda manhã é uma surpresa (frequentemente ingrata). João e vários empresários nem conseguem dormir direito por causa disso. O que todos eles precisam?

Se você respondeu "planejamento financeiro", parabéns!

A ausência de planejamento financeiro resulta em desequilíbrio orçamentário. A consequência seguinte é um ralo aberto, por onde escoa a saúde da empresa. Depois disso, vem a falência e sepulta uma grande ideia, um negócio promissor que deveria ter seguido outro caminho. Às vezes, a causa dessa equação tenebrosa é o excesso de sigilo.

Diferentemente das corporações mundiais, que compartilham boa parte do *know-how*, vários empresários de pequeno e médio porte ainda têm medo de expor informações. Centralizam tudo, não pedem ajuda e quando percebem, já é tarde. A bomba-relógio da falência foi armada.

"Eu tenho uma empresa que poderia até melhorar e crescer. Mas, se eu adquirir um novo sistema, podem descobrir como fazemos as coisas por aqui", me disse, uma vez, um cliente (felizmente, consegui fazê-lo mudar de ideia e sua empresa cresceu bastante).

É um argumento recorrente e mantém a empresa estagnada, enquanto o concorrente dá passos largos. Com muita sabedoria, o CEO da Space X, Elon Musk, defende que vivemos tempos em que se deve abrir as informações, e que o concorrente pode até desejar copiar você, mas não alcançará a sua essência. Musk foi cirúrgico. Exportando a perspectiva dele até o universo financeiro, ofereço uma reflexão:

"Deixar de oferecer informações financeiras da empresa aos profissionais de finanças, que podem ajudar a salvá-la, é o mesmo que ir ao médico com uma ferida aberta e se recusar a mostrá-la."

Simples assim. Esta é a lição definitiva sobre finanças corporativas: compartilhe os números com o especialista que deseja ver a sua empresa no auge. Ou, no futuro e por obrigatoriedade, precisará compartilhar com o banqueiro, para aprovar mais um empréstimo.

Não existe "o meu setor" e se as pessoas usam termos assim em sua empresa, tenha certeza de que cada setor passou a ser um organismo vivo, como se os departamentos, compras, vendas, *marketing*, financeiro e administrativo tivessem CNPJ's diferentes. O resultado desse abismo tem efeito direto sobre as finanças corporativas.

Peço que reflita sobre tudo isso. Deixei o suficiente para fazer você começar um processo de mudanças, que talvez já esteja aí, pululando em sua íntima lista de ações.

Vou validar a última das lições, com o desejo de que memorize bem: em vez de improvisar com as finanças da empresa, aprenda a profissionalizar cada etapa. Convide-me e irei até você, compartilhar tudo o que sei, para que a sua empresa possa ser o que ela merece: a expressão jurídica de sua marca pessoal.

10

Como textualizar as qualidades de uma marca pessoal

No ambiente acadêmico você aprende muita coisa. Mas alguém te ensinou como iniciar e concluir um texto qualquer, uma proposta comercial, o tão necessário currículo ou até mesmo um livro que eternize os seus passos pela Terra? Invisto tempo e energia para preencher essa lacuna e uso a excelência textual para transformar muitos sonhadores em escritores. Conheça o caminho simples, prazeroso e prático...

Edilson Menezes

Edilson Menezes

Consultor literário e treinador comportamental. Idealizador da revisão artística – metodologia premiada pela comunidade empresarial judaica – é responsável pelo lançamento de vários autores profissionais, desde a criação dos primeiros textos, até a noite de autógrafos. Foi um dos autores da obra *Treinamentos comportamentais*. Reuniu e coordenou dezenas de autores para os livros *Estratégias de alto impacto* e *O fim da era chefe*. Gravou o DVD profissional, *Os segredos para escrever um livro de sucesso*, filmado nos estúdios da KLA, sob a supervisão do presidente da empresa, Edílson Lopes. Contabiliza mais de 20 anos de experiência corporativa como vendedor e líder, o que lhe credencia a preencher parte da agenda, ministrando palestras e treinamentos corporativos. Assistido em diversas regiões do país, inspira as pessoas a usarem "a arte da escrita", sua marca pessoal, na venda de ideias, produtos, serviços e convicções.

Contatos
E-mail: edilson@arteesucesso.com.br
Facebook: edilson.menezes.733
Telefone: (11) 99507-2645

*Descobrir por que você começa um texto
e não consegue terminar é mais importante do que terminá-lo.*

Na primeira parte do conteúdo inédito que vou lhe entregar, uma pequena história que encontra eco em todas as regiões do Brasil. A experiência do protagonista servirá para inspirar você, que adoraria escrever mais e melhor. E na segunda, vamos trafegar por uma rota de soluções testadas e aprovadas.

Microcapítulo 1 - Pedrinho, o retrato literário do Brasil

Pedrinho tem nove anos. No período de volta às aulas, é convidado a escrever uma redação e compartilhar as suas férias. Adiante, na frente de toda a turminha, a professora dá o *feedback* e quando chega a vez de Pedrinho, ela não alivia.

— Eu disse para escrever ao menos sete linhas, Pedrinho. Você escreveu quatro e só disse que brincou com o seu gato. Não fez mais nada de interessante nesses tantos dias?

Pedrinho fica sem saber o que responder. Sente que havia muito a contar, mas é difícil colocar as sensações e as alegrias das férias no papel. Enquanto pensa nisso, precisa lidar com as risadas dos amigos.

Na faculdade, Pedrinho Miau (o evento da redação creditou-lhe esse apelido até o ensino médio) voltou a ser apenas Pedrinho, e teve o texto de sua monografia submetido à análise da banca. Foi aprovado, embora tenha investido noites e noites de sono para preparar aquele texto que parecia não ter fim.

Na busca pelo emprego dos sonhos, lá foi Pedrinho participar do processo seletivo de uma grande multinacional. A terceira etapa consistia em escrever uma redação, tema livre.

— Puts – pensou ele, voltando aos nove anos e aos tempos de Pedrinho Miau.

Indeciso, decidiu versar sobre o papel social das grandes empresas que geram empregos e oportunidades aos cidadãos de outros países. Não foi fácil. Rasgou o original duas vezes e recomeçou, até que conseguiu terminar, faltando um minuto para estourar o prazo. Entregou o texto e foi para casa, ouvindo a promessa de que a empresa faria contato.

Mais tarde, naquele mesmo dia, a gerente do setor contratante e a diretora de Recursos Humanos estavam reunidas para decidir se Pedrinho seria o novo colaborador. A diretora de RH estava com a palavra.

— Serei bem objetiva. O rapaz foi bem em quase todas as etapas. No entanto, a sua redação não demonstrou personalidade. Esperávamos um texto provocador, algo que mostrasse um pouco da ousadia que o seu setor exige.

— Poxa, uma pena. Não consigo entender por que essa rapaziada tem tanta dificuldade para escrever. Vamos continuar o processo. Em minha área, preciso de alguém que escreva muito bem. Boa parte da comunicação com os clientes ocorre por e-mail – concluiu a gerente do setor.

Longe dali, em casa, Pedrinho torcia para ser contratado, sem imaginar que o seu futuro não se daria naquela empresa. Algumas semanas se passaram e recebeu a notícia da reprovação.

Tenho certeza de que muita gente passou por caminhos semelhantes aos de Pedrinho, o que nos leva a três conclusões.

1. Aprendemos a escrever, como o protagonista ilustrou, diante de uma pessoa que usa jaleco e carrega um diário, onde será registrada a nossa "nota". Ou seja, o início do lúdico processo criativo é submetido ao crivo pragmático de uma determinante pessoa, que pode inspirar o ser humano a ter o prazer de criar, ou criticá-lo de uma maneira, talvez, inesquecível;

2. Na faculdade, nosso protagonista viu o domínio da arte textual ofuscado. Ao compor a monografia, o mais importante não foi impor a sua defesa, mas destacar a opinião alheia das autoridades que cercam o tema (razão pela qual, geração após geração, o pensamento contemporâneo deixa de vir à luz, pois a prioridade acadêmica é dar crédito a quem já pensou, e no lugar de gerar novos pensadores, geramos eternos multiplicadores). A experiência pode ser traumática. Conheço várias pessoas que relatam: "depois da monografia, nunca mais escrevi nada";

3. A empresa contratante de Pedrinho seria mais feliz, se pedisse que o candidato respondesse a um caso real, como a reclamação de um insatisfeito consumidor, por exemplo. Em vez disso, o mercado costuma solicitar uma "redação", que ajuda na avaliação psicológica do candidato, mas não permite avaliar sua postura diante de situações práticas (precisamos pensar, como contratantes, que o dia a dia exige eficiência e excelência textual, critérios que uma redaçãozinha de tema livre não resolve).

A marca pessoal de meu trabalho é a excelência textual. Sou contratado por referências nacionais em suas áreas de atuação, para textualizar de maneira palatável aquilo que fazem de melhor. Vou revelar, a você e aos meus possíveis concorrentes, os detalhes que fazem os livros e artigos de meus clientes despertarem o interesse da mídia e dos leitores. Prepare-se para desconstruir aquilo que aprendeu...

Microcapítulo 2 – Como iniciar e concluir um texto

Repare que ao usar o neologismo "microcapítulo", revelei um pequeno segredo: apresentar a organização das ideias de forma inédita. A solução que oferecerei nesse trecho se encaixa para artigos, sites, poemas e textos em geral, desde que não sejam comerciais (em seguida, vou mostrar uma solução para os negócios).

A maioria, antes de escrever o que pretende, tenta criar esquemas pragmáticos e formar "o esqueleto", o índice, o cronograma e o título. Aprendemos errado. Isso só funciona para textos técnicos e para explicar matérias como matemática ou física. Se o assunto é lúdico, a composição deve ser igualmente subjetiva. Proponho que faça aquilo que o coração e a mente mandam. Pintou a inspiração? Escreva. Não faz sentido? Escreva mesmo assim. Está longe do que planejou? Escreva mesmo assim. Posteriormente, você costura a colcha de retalhos e num caminho natural, o título surge e as conexões se instalam. Afinal, se construiu à luz da inteligência emocional, por meio do lado direito do cérebro, totalmente subjetivo e qualitativo. Na contramão, todo texto ruim é construído pelo lado esquerdo do cérebro, que é racional, objetivo, métrico, perfeito para criticar e incapaz de criar.

Ao agir assim, permitindo que as ideias fluam sem crítica ou juízo de valor, a preocupação anterior, no sentido de que todo texto deve ter início, meio e fim, há de dar lugar para a satisfação de ver essas três etapas surgindo com a mesma naturalidade que se usa para falar. Eis a arte de reprogramar o cérebro, até que crie com a emoção, e não com a razão.

O momento certo de chegar ao fim é aquele fugidio instante em que uma lágrima aflora, o coração trabalha com mais rapidez ou um arrepio se faz valer. Isso significa que a própria inteligência emocional se encarrega da finalização, lembrando que a maioria tenta – diga-se, em vão – criar um parâmetro de conclusão, o que é um ledo engano, já que a porção criativa do cérebro não sabe matematizar. Quer a solução definitiva?

Deixe o cérebro trabalhar de maneira livre, pois o lado criativo do cérebro não aceita rédeas.

Microcapítulo 3 – Como iniciar e concluir uma proposta comercial

Alegar que a empresa é diferenciada, que tem preço ou prazo melhor, aos olhos de quem compra, pode ser mera falácia. Bem além do clichê de dizer que " é diferente", a proposta precisa revelar esses pontos destoantes.

Eu gosto de criar uma proposta para cada cliente, segundo o que ele pretende trazer ao mercado. Se pensarmos em uma empresa que envia muitas cotações, esse modelo intimista não se encaixa, porque cada colaborador precisaria de muito tempo para compor cada proposta. Porém, seja a proposta intimista ou personalizada, dá para colocar nela um toque de DNA, a marca pessoal de quem vende o produto ou serviço.

Uma proposta básica relata benefícios, prazo de entrega, forma e condições de pagamento, informações técnicas e observações gerais. E se temos ciência de que isso tudo é elementar, devemos transcender. Por exemplo: apresentar o benefício de acordo com a perspectiva de quem compra, criar uma condição de pagamento que caiba no bolso de quem compra e assim por diante.

Uma proposta diferenciada pode ter início pela gratidão, com uma frase, a seu gosto, que seja mais ou menos assim:

Obrigado pela oportunidade de disputar o fornecimento desse produto!

Obrigado por nos incluir dentre os concorrentes desse serviço!

Em cada etapa, cabe um detalhe, uma frase, uma informação que mostre como você e a sua empresa, de fato, são diferenciados. E quer saber qual é a ação que "desvende" tudo isso?

Usar frases de efeito, pertencentes a outras pessoas, no rodapé da proposta. Antes da Internet, quando nem todos conheciam o pensamento de grandes autores, isso funcionava. Com a tecnologia, passou a ser um "tiro no pé". A frase de efeito é bem-vinda, desde que seja da autoria de quem vende o produto.

Reflita: você vende, por exemplo, um produto supérfluo e caríssimo. Por outro lado, estampa uma frase padronizada no rodapé das propostas, de autoria da Monja Coen, cujo pano de fundo é o desapego. Faz algum sentido? Se a sua resposta, como eu espero, é "não", você sabe como terminar a proposta: com um toque seu, com a marca pessoal que lhe credita unicidade e excelência.

Microcapítulo 4 – Como iniciar e concluir um currículo

Engana-se aquele que mistura as percepções de tamanho e qualidade. Empresários não contratam ninguém, apenas se responsabilizam pela contratação. Quem de fato contrata é uma pessoa que, a contar pela média nacional, não curte muito o exercício da leitura. Logo, o candidato a uma nova posição que tem o currículo de cinco páginas na rede social e imagina que esse volume o diferencia, nem imagina, mas dificilmente o possível contratante passa da primeira. As dicas textuais para a melhor construção são simples e importantíssimas:

Não omita ou minta. O contratante é especialista em descobrir coisas, ao contatar seus antigos empregadores;

Falar bem não é o mesmo que falar difícil e na mesma análise, escrever bem não significa usar termos rebuscados que nada dizem. Aí vai um exemplo:

> Ricardo Dias, especialista em estratégias de abordagem, conclusão e pós-vendas.
> Paulo Albuquerque, vendedor.
> *O segundo candidato tem mais chances de ser contratado.*

A conclusão ideal de um currículo se dá quando o contratante recebe a informação-chave, que lhe desperta a atenção. Por exemplo:

> Caso queiram me convidar para uma entrevista, estou disponível.
> Fui responsável pela construção de um *case* que mudou o segmento. Estou pronto para construir algo ainda mais impactante e grandioso.
> *O segundo candidato, sem pedir entrevista, tem grandes chances, enquanto o primeiro igualou a sua mensagem ao que se vê em milhares de currículos.*

Microcapítulo 5 – Como iniciar e concluir um livro

Bem parecida com a solução do microcapítulo 1, a construção de um livro deve ser livre, leve e solta. Qualquer livro construído à luz da técnica e da régua, por melhor que seja, tem um caminho: jazer, intocável e absoluto, sobre a prateleira.

O autor e o conteúdo defendido podem ser cartesianos e retos. Não há problema nisso. Em contraponto, sua construção deve fugir, ao máximo, do cartesianismo e da retidão, até encontrar a necessária leveza.

> No passado, sabe aquele professor de matemática, física ou química, que você adorava, embora fosse difícil entender a sua lição?
> No presente, sabe aquele autor que traz um conteúdo de extrema relevância, mas que você nunca consegue ler uma obra dele até o fim?
> *Sem perceber, esses personagens do passado e do presente usam a mesma estratégia: revelam o conteúdo do jeito que sabem, e se esquecem de pensar no "conforto de absorção" dos leitores.*

Isso talvez explique os incontáveis casos de autores dotados de inquestionável potencial, que se dedicam a escrever um livro, dominam o tema e mesmo assim, desistem pelo caminho: nem eles ficam felizes com o que escreveram até ali.

O segredo não se resume a uma solução. Posso citar as duas principais:

- Ouvir a voz da emoção, vasculhar a memória em busca das lembranças que resultarão no legado, tendo o leitor como destinatário do aprendizado.

Ou seja, livro não é diário terapêutico. A lembrança da narrativa pode até entristecer, um pouco, a quem escreve, mas precisa fazer feliz ou inspirar quem vai ler.

Todo livro tem o papel de doar felicidade ao leitor e esvaziar a tristeza do escritor.

- Obra construída para satisfazer o ego tem um caminho: eternizar-se na prateleira de quem a escreveu e dessa forma, cumprir o objetivo da criação. Tenho reparado, em boa parte dos textos que recebo para lapidar, (como consultor literário, ofereço também esse serviço aos autores profissionais) que alguns deles chegam carregados de pronomes, como "eu", "meu", "minha". O problema que se gera: impede o autor de olhar para o leitor e o faz olhar só para si, como se ele fosse a solução central do livro. Aí vai a lição definitiva: o aprendizado se concentra nas experiências, e aos olhos de uma obra para a posteridade, quem as vivenciou é apenas um personagem. Contudo, se esse personagem tentar ser maior do que a própria história, não haverá interesse dos leitores. Por exemplo: sem a saga do anel que gera uma grande guerra, Frodo seria só um bolseiro.

Agora que revelei o caminho da boa arte textual, reflita:

Empresários precisam de contadores. Palestrantes sérios precisam de mentores. Formadores de opinião precisam de pesquisas e professores. Assim por diante, a necessidade de contratar esses profissionais visa entregar o melhor produto ou serviço aos clientes. Correto?

Pensando nisso, para contar a história da sua vida ou da sua empresa, não seria mais prudente contratar um profissional, um consultor literário, que valorize a sua marca pessoal e apresente as ideias que conectam você aos clientes? Volte algumas páginas, vá até o contato e me chame. Virei correndo, ou melhor, escrevendo, em sua direção...

11

O poder das potencialidades

Já reparou que alguns colegas de sua empresa parecem se arrastar, ao sabor da rotina ou das circunstâncias? Já notou que alguns líderes são "apegados" ao profissional, a ponto de usarem expressões como "o meu vendedor" ou "o meu comprador"? Conheça os personagens Eduardo, Marcelo e Priscila. Juntos, ilustram o poder das potencialidades e preenchem, em definitivo, a lacuna deixada por essas perguntas

Helda Elaine

Helda Elaine

É administradora, especialista em Comportamento e Desenvolvimento Humano, *Marketing* e Comunicação, Mestre em Desenvolvimento Regional e Agronegócio. Foi comunicadora de rádio em renomadas emissoras. Em seguida, migrou para o corporativo, como gestora de *marketing*. Convidada pelo setor educacional, foi professora universitária e deixou um inesquecível legado de transformação. Hoje, é considerada a mulher mais recontratada do segmento de palestras, e conhecida no meio empresarial como a palestrante que entrega "algo a mais", que conecta razão e emoção, levando o público a enxergar, acreditar, agir e fazer acontecer. Na carreira literária, em aliança, é coautora da obra "*Mulher, desperte o poder que há em você*", pela Editora Novo Século. E, sob o selo da Editora Literare Books, é autora do livro "*O ser humano 10D*", uma abordagem metafórica que visa abranger as perspectivas e as escolhas do ser humano. Assim, dos palcos às páginas, tem agregado valor à evolução pessoal e profissional.

Contatos
Site: www.heldaelaine.com.br
E-mail: contato@heldaelaine.com.br
Facebook: Helda Elaine
LinkedIn: Helda Elaine

> Dentro do universo particular do ser humano, como se fosse o jogador reserva, a potencialidade está ao alcance de uma simples convocação.

Por um instante, proponho que deixe o dicionário de lado. Vamos sondar "o que é potencialidade" sob uma ótica mais subjetiva, poética e factual. Eis alguns exemplos:

✓ Poder de mudar uma empresa ou a própria vida;
✓ Força armazenada capaz de surpreender;
✓ Criatividade ainda não manifestada e ávida para nascer;
✓ Energia comprimida, ainda não usada e pronta para "ser estimulada";
✓ Habilidade ainda não utilizada, que talvez reserve o que há de melhor...
✓ Capacidade máxima à espera de uso.

É bem mais impactante pensar assim do que procurar simples sinônimos. Correto?

Pois bem. Vou oferecer um conteúdo inspirado numa das mais solicitadas palestras que costumo ministrar em pequenas, médias e grandes empresas, cujo tema é *"Líder descobridor de potencialidades"*. Como professora, o meu foco sempre foi encontrar as potencialidades, sem as quais todo aluno é mero "decorador de temas".

Cada pessoa é como se fosse uma caixinha repleta de potencialidades. Dentro da empresa, submetida aos comandos de uma boa liderança, é grande a chance de ter o máximo de seu potencial desvendado. E são assim os anjos que passam por nossa vida: incansáveis para vasculhar um talento nato.

Tive líderes nobres que enxergaram em mim talentos que nem eu havia observado, na ocasião. Aliás, em meu livro, *"O ser humano 10D"*, eu narro, por meio de exemplos da vida real, como identificar as potencialidades que temos, para gerar algo mais ao cliente e a cada pessoa que convive conosco.

Assim se formam as ideias que conectam e as histórias que transformam: alguém desperta um talento, a história se encarrega de trazer oportunidades para desenvolvê-lo e a vida, sempre sábia, transforma chances em legado.

Eu sou da região sul e, como a maior parte do país, por aqui adoramos futebol. Isso me leva a perguntar sobre algo que vemos com certa frequência:

Por que determinado técnico é demitido, vem o substituto, aproveita a mesma equipe e alcança resultados muito melhores?

Obviamente, a estratégia desse novo técnico permite uma análise com múltiplas percepções e ele pode tecer, de si para si, perguntas que farão toda a diferença:

Todos estão jogando na posição em que poderiam render mais ao time?

Quem está se sentindo preterido, sempre no banco?

Dentre a equipe, quem se acha insubstituível, estrelinha?

Quem desestabiliza a equipe, contaminando ou gerando intriga?

Observe as perguntas que um líder ou treinador de futebol precisa fazer para colocar a casa em ordem. Você vai perceber que todo bom líder deve repercutir, nas empresas, questões bem semelhantes.

Não é à toa que os líderes dos esportes são contratados para levar a sua filosofia de liderança ao corporativo. O que funciona em campo, também é funcional no escritório.

O segredo maior da liderança esportiva é colocar as pessoas na posição certa, de acordo com as suas potencialidades. Esse é o epicentro da assertividade e, a partir disso, toda a estratégia é traçada. O paradoxo é que, nas empresas, essa solução central está debaixo do nariz da liderança, mas muitos líderes ainda não conseguem enxergar.

No lugar de observar o ponto máximo da potencialidade, alguns líderes se apegam aos pontos negativos, aos "defeitos" do profissional. Para as empresas que não mudarem esse cenário, será difícil, senão impossível, crescer e manter-se no mercado.

Observar e despertar a potencialidade individual resulta em economia de tempo. É claro que as metas, cedo ou tarde, são alcançadas, mas a um procrastinador preço. De outro modo, com o máximo das potencialidades em ação, em curto prazo a meta antes dita impossível é cumprida com rapidez.

Veja o caso de Eduardo, meu sobrinho. Formando em Agronomia pela Universidade Estadual do Oeste do Paraná, foi contratado como estagiário, por uma renomada empresa do agronegócio, para atuar em uma de suas unidades no Estado do Mato Grosso. O anseio de Eduardo, até então, era trabalhar na área laboratorial e dedicar-se às pesquisas. Eduardo vinha fazendo um trabalho exemplar (não aos meus olhos, suspeitos, de tia, mas segundo as próprias palavras de sua liderança). A vaga que Eduardo preencheu estava aberta há algum tempo. A empresa encontrava dificuldades para contratar alguém que preenchesse os critérios.

Alguns dias após iniciar o estágio, Marcelo, líder do setor, chamou Eduardo para uma conversa e disse:

— Eduardo, estamos muito contentes com você, no laboratório. Acertamos na contratação, mas reparei que você também é muito bom em comunicação e relacionamento. Sugiro que experimente o trabalho em campo, no desenvolvimento de mercado. Eu vou lhe recomendar ao gerente responsável. Como você está vivenciando um estágio e ainda é bem jovem, o momento é ideal para se testar e experimentar algo diferente daquilo que você já provou ser muito bom. Vou ficar feliz se você testar essa área e concluir que eu estou errado. Nesse caso, o nosso setor vai te receber de volta. Mas também aceitarei, com felicidade, se você descobrir que a sua área, de fato, é comunicação e relacionamento.

Observe, leitor(a), a nobreza de comportamento de Marcelo e seu genuíno *feeling*. Naturalmente, é mais difícil contratar colaboradores para a área de pesquisas do que encontrar profissionais do setor comercial. A despeito disso, o líder de Eduardo se propôs a abrir mão de seu talentoso colaborador, para que esse pudesse ter a sua potencialidade trabalhada.

Marcelo teve a ideia de conectar o rapaz ao setor vizinho e, com isso, mostrou ao jovem Eduardo que a sua história poderia ser transformada. Ou seja, fez exatamente o que propõe a obra que está diante de seus olhos: ideias que conectam, histórias que transformam.

Cabe uma indagação:

No mercado, quantos líderes se dispõem ao desprendimento de uma contratação assertiva, para que esse contratado vá experimentar a sua máxima potencialidade?

O exemplo nos indica uma forte tendência. Se antes, a demanda de identificar as potencialidades pertencia aos líderes de Recursos Humanos, chegamos ao momento em que essa demanda passa a ser de todos os setores, pois empresas modernas precisam de potencialidades e não de estereótipos.

Antigamente, por exemplo, João iniciava na área comercial e, com o tempo, "aprendia o serviço", até se tornar o "João de Vendas". Esse tempo está chegando ao fim. Com a necessidade de identificar os melhores *players*, as empresas estão procurando líderes como Marcelo, capazes de pensar com uma contemplação macro a respeito das potencialidades de cada colaborador.

Mas, e quanto aos gestores?

Como conduzir o gestor ao encontro de suas potencialidades

Todo bom gestor tem o papel natural de descobrir as potencialidades de seus líderes. E todo bom líder, como fez Marcelo em relação a Eduardo, deve se encarregar de descobrir as potencialidades de seus liderados. Enquanto isso acontece, o gestor não tem ninguém que olhe por ele.

É aí que está o segredo maior: o bom gestor e o bom líder deveriam fazer isso, mas raramente o fazem. Logo, numa hierarquia vertical, se o gestor não desperta o máximo potencial de seu líder e se esse não faz o mesmo com o colaborador, ninguém vai enxergar, no topo da pirâmide, o gestor.

É uma questão de gratidão. Vou exemplificar, pois o tema não é nada fácil...

Como líder no segmento educacional, os alunos me procuravam para dar *feedbacks* tão ricos, que me permitiam vasculhar o autoconhecimento e despertar para novas potencialidades, em prol desses mesmos alunos que interagiam comigo.

Quando eu trabalhava como líder na área de *marketing* e comunicação de um grupo de empresas do ramo alimentício, ao ver minhas potencialidades, o presidente começou a solicitar que eu fizesse palestras aos seus líderes e colaboradores. Inclusive, certa vez, me presenteou com um livro sobre vendas, e escreveu no exemplar: "para você que tem potencialidades para treinar equipes em todo o Brasil". E hoje é o que eu faço; ele acertou em cheio.

O que se pode entender, portanto, é que o tema tem funcionamento cíclico. Ou seja, todo exercício de liderança, independentemente do setor, depende do *feedback* que circula de uma função a outra; do aluno ao professor, do líder ao liderado, do colaborador ao presidente da empresa.

Nada pior do que uma empresa silenciosa, em que todos sabem quais são as qualidades e os pontos a melhorar de cada um, mas ninguém diz nada.

Nada pior do que um colega que diz ao outro:

— Pedro é o melhor vendedor da empresa, mas acho que ele poderia rever o seu comportamento agressivo!

De boca em boca, de fofoca em fofoca, todos falam sobre o comportamento inadequado de Pedro, sendo que transformar essa "agressividade" numa "potencial excelência", pode ser muito simples: talvez Pedro nem saiba que é rude.

A solução para a empresa do exemplificado Pedro é a comunicação e o *feedback*, elementos que, além de iniciarem o ciclo que permitirá ao gestor encontrar as próprias potencialidades, geram dois pontos muito positivos:

1. A descoberta de potencialidades;
2. A transformação de *gaps* comportamentais em potencialidades.

A raiz das potencialidades

Antes de tentar saber quais são as potencialidades da pessoa, é importante identificar as suas. Vale reforçar essa necessidade, pois todo ser humano carrega a tendência de ser conselheiro e terapeuta do outro, embora jamais se questione.

As potencialidades, então, vão muito além do "eu". Note que muito empresário tem a habilidade de verificar quão potencialmente forte é o concorrente, embora se recuse a testar a força das potencialidades que a sua empresa possui; o que explicaria, em tese e na prática, o motivo pelo qual esses empresários avessos a investigar as raízes de sua empresa evitam ingressar em programas conectados à informação; como palestras, *worskhops* e treinamentos.

Quase sempre, nessas ocasiões, as potencialidades da empresa e dos profissionais são descobertas, a um preço que nem sempre o empresário está disposto a pagar: lavar a roupa suja, entender onde tem falhado e assumir que ainda comanda a sua empresa como se estivesse no Século XX.

Toda empresa precisa identificar, não superficialmente, ali no rasinho, mas nas profundezas do oceano de sua história, onde estão as falhas. Em seguida, quem a lidera deve saber quais são as potencialidades. E para isso, a onda cíclica que comentei é crucial.

O empresário pode pagar milhões por uma consultoria que prevê especialistas de ternos bem cortados, que chegarão a uma constatação elementar: a gestão deve conhecer o ápice de suas potencialidades e, em seguida, pulverizar essa cultura, até que todos trabalhem com o máximo potencial possível.

A mais poderosa potencialidade: excelência em atendimento

Num dia chuvoso, voltava de um evento e parei no posto, a fim de abastecer o veículo. Encostei o carro e segui até o caixa, para proceder o pagamento. Chegando lá, entre os produtos expostos, vi uma pastilha limpadora de para-brisa. Curiosa, peguei uma, apontei para a moça que me atendia, li em seu crachá o seu nome, e perguntei:

— Como funciona essa pastilha, Priscila?

— É uma pastilha de dupla função. A primeira, limpar o para-brisa e retirar aquelas manchas dos insetos. A segunda, ajudar a lubrificar a palheta, aumentando a vida útil do limpador.

— Nossa, que legal. Acho que preciso de uma dessas. – respondi, e Priscila me surpreendeu:

— Se a senhora quiser, incluo na compra do combustível. Como estou vendo que o pessoal da pista está ocupado, eu mesma vou até lá e a coloco no reservatório.

Surpresa pelo imenso potencial de excelência da moça, aceitei, paguei e a vi seguir até o meu carro, para colocar a pastilha no reservatório de água.

Conversando com Priscila, ela me contou que, antes de ser promovida ao caixa, trabalhou na pista. E finalizou, com um ar sorridente:

— Com o tempo chuvoso, todo motorista deveria colocar essa pastilha, afinal ajuda até a desembaçar o vidro. Mas, o pessoal da pista se esquece de oferecer. Então, eu fico aqui e lá; cobro o escanteio e venho para a cabeçada.

Eu agradeci e me despedi de Priscila, feliz por ter conhecido alguém que explorava a sua potencialidade de atendimento e vendas. Ao sair de lá, procurei algum canal na Internet para acessar e elogiar a postura de Priscila. Foi aí que me deparei com uma realidade: a rede de postos que empregava Priscila não se encaixava àquela necessidade cíclica que comentei: não havia espaço para *feedback*.

Levando o exemplo de Priscila até o ambiente corporativo, quantas vezes nos deparamos com a ação nobre de um colaborador, repleta de potencialidade, elogiamos ali, na hora, no calor da ação que nos tocou, e deixamos por isso mesmo?

Poucos refletem que essa ação, desde que valorizada, poderia despertar um talento natural capaz de mudar os rumos da empresa. Isto é, em vez de levar ao líder a queixa sobre isso ou aquilo que o colega faz de errado, por que não levar as ações nobres?

Se eu não contasse o exemplo de Priscila, tamanha excelência ficaria restrita àqueles poucos metros quadrados, onde eu digitava a senha de meu cartão.

Para me despedir, vou oferecer duas ações simples e profundas, para que a sua empresa e a sua casa sejam sinônimos de potencialidade:

1. Encontre e estimule as potencialidades dos familiares e de cada colaborador da empresa, inclusive as suas;

2. Descreva essas potencialidades, pois o que está no coração é passível de ser descrito. Trace um plano para usá-las no alcance dos objetivos e metas, tanto pessoais como organizacionais.

No fim, você vai descobrir que fazer "algo a mais" pela vida pessoal e pelos esforços da carreira depende de uma ação central: identificar e usar as potencialidades ainda não utilizadas.

12

Relacionamento em favor da venda

Como vender suas ideias e seu produto, na era do *smartphone*? Disrupção, Internet, aplicativos, conexão, informação e globalização. O que tudo isso tem a ver com a comunicação e como interfere nas técnicas de vendas? Conheça uma a fórmula para vender com máximo engajamento e geração de lucro, fortalecendo parceria e relacionamento, por intermédio do uso assertivo de uma ferramenta muito popular

Igor Cerqueira

Igor Cerqueira

Vendedor, palestrante e escritor. Exerce a profissão de representante comercial há muitos anos. Está sempre atualizado a respeito do que acontece no mercado, vive diariamente as experiências de um vendedor. Formado em administração, com prática administrativa e atuação em grandes empresas, apresenta uma visão global de negócio, em que o vendedor não se preocupa apenas com seu volume de vendas, mas na geração de lucro para seu cliente, à empresa que representa e para si mesmo. Muito além de técnicas para vender, acredita que a venda, sem relacionamento, não gera experiência. Apoiado em seu *case* pessoal, aborda o modelo disruptivo de relacionamento em vendas, baseado nesta nova era, que muitas pessoas utilizam um *smartphone* para se comunicar. Sustentando que com a mudança na forma de se relacionar, muda-se também a forma de atender e vender, inspirando vendedores a se adaptarem a este novo modelo comercial para fechamento de negócios.

Contatos
Site: www.igorcerqueira.com.br
Facebook: www.igorcerqueira.com.br/facebook
Instagram: www.igorcerqueira.com.br/instagram
YouTube: www.igorcerqueira.com.br/youtube
Telefone: (47) 99761-2911 (WhatsApp)

É sobre vendas que iremos tratar neste tema. Mas, antes que você decida prosseguir para o capítulo seguinte, por achar que este é um assunto meio chato, espere um pouco!

Talvez você não goste muito de vendas, mas quero lhe dar uma boa notícia: este capítulo é sobre relacionamento e comunicação, não necessariamente sobre vendas. Melhorou?

Nem todos são simpáticos à arte de convencer pessoas a comprar algo, mas quem não gostaria de saber lidar bem com elas e se comunicar melhor, não é mesmo?

Talvez, quando você pense em vendas, imagine alguém com lábia, chato, insistente, mentiroso e outras figuras.

Bom, eu sou vendedor. Assumi esta profissão há alguns anos, após me formar na faculdade e ter diversas experiências profissionais com papéis e documentos, até que migrei para a área comercial.

Algumas experiências foram ruins, inclusive nas vendas, ainda que me esforçasse aplicando diversas técnicas que aprendi.

Mas, uma descoberta me fez virar a chave e obter sucesso com vendas. E não tem a ver exatamente com saber vender, muito menos com manipular a vontade de outras pessoas, trabalhar por mais horas diárias, nem mesmo ser mais insistente com o cliente.

Eu ingressei num ramo onde os produtos, preços, marcas e serviços são extremamente parecidos. Fui vender alimentos: carne, frango, queijos, etc.

Alguns desses itens são considerados *commodities*, logo, o cliente irá se fixar facilmente ao preço praticado. Centavos fazem diferença, especialmente em volumes consideráveis, comprados por supermercados e grandes restaurantes.

Aqui não funciona o que eu aprendi sobre vender valor, não preço, pois você também se alimenta e faz compras e tenho certeza de que entre produtos iguais, com preços diferentes, não banca o bobo, pagando mais caro a troco de nada.

Eu estava abrindo praça para uma distribuidora pequena, trabalhando pela primeira vez com isso, no meio de empresas gigantes e vendedores com quase uma década de experiência e a minha não tinha o melhor preço.

Só havia um caminho: ganhar a confiança do cliente, fazendo e ofertando tudo que ele esperava de meu trabalho, produto e muito mais.

Pra isso era necessário atender rapidamente, me preocupar com seu sucesso, dar atenção, ouvir, solucionar problemas, sugerir, conversar, ser simpático. Ou seja, explorar o relacionamento.

E eu consegui isso, porque descobri que, acima de todas as técnicas de vendas que eu havia aprendido, o mais importante é como você trata as pessoas, se preocupa e se comunica com elas.

Trabalhar com vendas fez de mim um homem melhor, ensinou a me expressar e me preocupar com a necessidade de outro ser humano.

Vender não tem a ver com um produto. Pessoas compram (e vendem) ideias de outras, pois somos seres que influenciamos e somos influenciados. O produto é apenas um elo para nos unir em torno de uma necessidade.

Vendas, comunicação e relacionamento em mudança constante

Todos são vendedores e compradores na vida, mas alguns utilizam esta habilidade natural de forma profissional. Representam um produto, marca ou empresa, concretizam negócios, afiam suas habilidades de argumentação, para convencer outra pessoa a tomar uma determinada decisão em torno dos interesses que lhe representam naquele negócio.

Você deve concordar comigo que a forma de se relacionar hoje em dia não é a mesma de poucos anos atrás. Internet, inovação, armazenamento de dados e globalização tornam, por vezes, trabalhoso lidar com outras pessoas que também estão tentando se adaptar a tudo isso.

Pessoas de todas as idades acompanham diariamente as mudanças tecnológicas que transformam os produtos de nova geração de hoje, nos obsoletos de amanhã – como ocorreu com o LP, que deu vez ao CD e que hoje perde espaço para as plataformas de *streaming* de música.

O mundo digital não acabou com o mundo físico, mas de certa forma o bagunçou. Pessoas se comunicam velozmente com outras que estão do outro lado do planeta, com o auxílio de um aparelho que cabe na palma da mão, enquanto parecem estar totalmente ausentes, junto da pessoa ao seu lado.

Ao passarmos o dedo pela tela de um *smartphone* – hoje tão presente na vida de todos – olhamos aplicativos onde encontramos quase todos que conhecemos pessoalmente e muitos outros que nunca veremos, mas chamamos de amigos. E lá estamos procurando o quê?

Estamos procurando pessoas, contatos e relacionamento.

Nossa busca social, carência de contato e calor humano acabou ganhando um novo formato com a difusão das redes sociais. Algo que também veio a afetar o mundo dos negócios.

Vendas 4.0

O *Uber* ganhou o espaço dos táxis não apenas por ser mais barato ou não pagar tantos impostos. O atendimento e experiência do cliente, com certeza, é fundamental, mas a maior assertividade está em tornar viral um aplicativo que acompanha o atual melhor amigo do homem: o *smartphone*.

Smartphone com memória e tecnologia cada vez mais impressionantes, com uma série de funções que lhe fazem até esquecer que ele serve para fazer e receber ligações.

Você, empresário, vendedor, líder, gerente, deve ter um. É provável que seu cliente também.

Talvez você tenha a sensação que está difícil encontrar seu cliente hoje em dia. Quando o visita, não está. Também ele nunca mais foi até você para comprar, não responde os *e-mails* que você envia, em meio a tantos outros que recebe, não atende suas ligações por algum motivo.

Será que parou de comprar? Será que está insatisfeito com alguma coisa? É a crise? Algum concorrente o fisgou? O que acontece?

As pessoas continuam a circular, mas priorizam certas movimentações e daí não sobra tempo pra lhe fazer uma visita ou lhe dar atenção (perdão, mas é verdade, não se ofenda).

Tempo é uma boa desculpa, mas é provável que muitos passem algumas horas do dia em contato com aquilo que substituiu o *tamagochi* (bichinho virtual) que tiveram na infância: o *smartphone*.

Se, de repente, você aparece ali no aparelho dele ao longo do dia, é mais fácil obter resposta, não acha? E pode fazer uso de uma ferramenta que já existe instalada no "amigo" do seu cliente.

Quando li o livro *Marketing 4.0*, do mestre do *marketing*, Philip Kotler, que já antes nos brindara com as tendências mais assertivas do *marketing*

(1.0 foco no produto, 2.0 foco no consumidor e 3.0 foco nos valores do ser humano), muitas ideias me brotaram na mente.

Passei a estudar a interação de mercado *on* e *off-line*, no físico e no digital, baseado no relacionamento com o cliente, de forma consciente e estratégica, fornecendo ferramentas para que equipes de vendas tenham excelentes resultados no cenário atual do mundo dos negócios.

Percebo então a importância do contato e a melhor forma de abordar o cliente por um recurso que congrega 20% das sete bilhões de pessoas no planeta.

Um aplicativo de mensagem que dinamiza a comunicação pelo número de telefone de tamanha importância, que tem apenas dez anos de existência e temos a impressão que ele sempre fez parte da nossa vida.

O *WhatsApp* só autoriza um número cadastrado por aparelho telefônico, por isso ele é tão pessoal, pois só permite que cada pessoa tenha apenas um.

Assim, o contato ganha ainda mais importância e as pessoas evitam ainda mais trocar o número telefônico.

Se você salvar o número do seu cliente em seu *smartphone* e entrar no aplicativo, já consegue fazer contato com ele e vender!

Como vender no *WhatsApp*?

Mencionei antes que minha forma de venda é praticamente toda relacional. Ou o cliente se apega ao relacionamento, ou se apega ao preço.

Com o tempo, formei uma carteira de clientes forte e um bom faturamento, fruto de quase uma década de trabalho. Tornei-me hábil e confiável em tratar com eles.

Mas também comecei a não os encontrar, passando a ter de realizar contato pelo *WhatsApp*. Muitos passaram, por si mesmos, a me procurar pela praticidade de poder fazer as compras no horário em que ficasse melhor para eles.

Comecei a receber inúmeras cotações onde o foco era somente o preço do produto, sem espaço para muita argumentação de venda.

Tive que aprender a trabalhar assim, para continuar conversando e persuadindo meus clientes da vantagem que lhes oferecia em comprar comigo e não com a concorrência.

Aprendi a tomar cuidado com o que escrevo ou gravo em áudio, pois tudo fica registrado e serve para qualquer cobrança de promessas feitas e não cumpridas, entendimento errado que gera conflito e até demandas judiciais.

Aquela "chorada" que se faz para o cliente, tive de adaptar num áudio ou texto, de forma sutil e eficaz para que o mesmo não levasse só para o lado racional do preço da mercadoria e considerasse a parceria do serviço que eu lhe entrego. Afinal, a necessidade de compra é racional, mas qualquer conteúdo de venda que você procure, irá te ensinar a tocar no emocional, pois ali está a decisão de compra.

Pelo *WhatsApp*, aprendi que alguns clientes têm, mas usam pouco a ferramenta, então me serve como uma comunicação extra com eles, mas não posso deixar de visitá-los ou ligar.

Tive que observar quais dos meus clientes eram mais visuais e se comunicariam por imagens ou gráficos, o que me inviabiliza enviar mensagens longas de texto, pois, como brinco em minhas palestras, o cérebro deles converte .txt em .jpg e eles não conseguem captar detalhes da informação.

Há ainda outros que são auditivos e querem detalhes da informação, seja de forma escrita ou, preferencialmente, em áudio.

Descobri os sinestésicos, que são um grande desafio, pois ao vivo são os mais fáceis de serem atingidos na venda, por serem sensíveis ao tato, olfato e paladar. Mas, no *WhatsApp* a saída é fazê-los sentir a sensação e benefício que meu produto causará com a compra, por meio do sexto sentido, na via emocional.

Percebi a bela ferramenta de *marketing* que tinha em minhas mãos, a fim de divulgar diariamente não só meu produto aos meus contatos, mas também minhas palestras e as ideias nas quais acredito e vendo, pela ferramenta do status, que imita o *stories* do *Instagram* e do *Facebook*.

Sem falar nas listas de transmissão, que automatizam um pouco o processo e me permitem divulgar conteúdo e promoções àqueles que são meus contatos e têm meu número salvo em seus *smartphones*.

Eu não tiro pedidos por *WhatsApp*, eu vendo. Tanto quando eu procuro o cliente de forma premeditada, como quando ele me procura.

O resultado disso é que minha venda cresceu 90% nos últimos quatro anos, ao invés de diminuir. Mesmo sendo focada no relacionamento com pessoas que há muito tempo não vejo e outras que se passarem por mim nas ruas de minha pequena cidade, não serei capaz de reconhecer.

Hoje, mesmo visitando clientes e trabalhando mais do que antes, com menor custo de deslocamento e menos tempo na rua, minha venda no *WhatsApp* corresponde a 75% do total.

Minha jornada de trabalho é regrada dentro das sete da manhã às sete da noite, quando pego o celular, embora algumas vezes possa estar numa mesa de praça de alimentação no *shopping* ou sentado no sofá de minha casa, em frente à TV.

Ganho por comissão e vendo mais. Ganho mais e dou meu melhor para ter uma boa condição de vida com minha família, servindo meus clientes para que supram suas necessidades, enquanto crio com eles vínculos que os permitam ter algum reconhecimento pelo meu atendimento, ao menos em forma de compra semanal.

A venda está em tudo

A função do digital é fazer você estar presente com seu cliente, mesmo quando ausente fisicamente.

Vender no *WhatsApp* recompensa o vendedor, pois multiplica sua produtividade, à medida que o permite atender mais clientes, inclusive ao mesmo tempo.

Também compensa para a empresa que tem um produto e uma ideia a colocar à disposição de outros e quer espalhar ao máximo de pessoas este benefício.

É uma conveniência extra ao próprio cliente, pois cria uma comodidade, quando este se concentra em fazer algo mais importante, enquanto conclui uma negociação que lhe suprirá uma necessidade.

Se você que está lendo este livro, não é do mundo dos negócios, considere seus clientes as pessoas que têm um contato maior.

Use o toque digital, seja no *WhatsApp* ou outra ferramenta para aproximar quem está longe e o deixe de lado quando puder estar perto das pessoas.

Nunca deixe de vender suas ideias, sua imagem, seus desejos, anseios e seu serviço a quem quer que seja, pois só assim será possível deixarmos a nossa marca positiva no mundo e nas pessoas, após nossa passagem por suas vidas, tanto presencial, quanto digitalmente.

Referência
KOTLER, Philip. *Marketing 4.0. Do tradicional ao digital.* Sextante, 2017.

13

A força da conexão e o poder da transformação

Neste capítulo eu tenho a felicidade de ajudar o(a) leitor(a) a examinar o conteúdo dos seus pensamentos, criar novas ideias e despertar o prazer de se relacionar com pessoas que tenham o foco em gerar conexões e propósitos definidos, em busca de resultados extraordinários. Sinta-se à vontade e faça uma grande viagem com esta excelente leitura!

João Vidal

João Vidal

Coach, consultor empresarial e palestrante especialista nas áreas de vendas internas, externas, televendas e liderança de vendas. É autor do livro *Vender é a arte de crer*; coautor de outros sete livros com o foco em *coaching*, liderança, vendas, consultoria, imagem pessoal, alta *performance*, pequenas e médias empresas. Em 30 anos de experiência, já levou o seu trabalho a muitas empresas dos segmentos da indústria, varejo, atacadistas e órgãos como Sebrae –MG, ACMinas e faculdades conceituadas. O seu trabalho é personalizado dentro das reais necessidades de cada empresa, alcançando muito sucesso por meio do seu método C. C. R. C. R, criado e aplicado por ele em equipe ou individualmente. É colunista e colaborador em alguns meios da comunicação corporativa.

Contatos
Site: www.joaovidal.com
E-mail: palestras@joaovidal.com.br
Facebook: João Afonso Vidal
Telefone: (31) 98686-0093
Telefone: (31) 3275-0192

É maravilhoso quando sabemos que mesmo sendo livres para pensar, sentir, visualizar, verbalizar e agir, não alcançamos muita coisa sozinhos, porque desde o princípio dos tempos, o verdadeiro sucesso nunca foi alcançado sozinho.

Tanto o ser humano, quanto os animais, todos dependem das conexões para alcançar grandes resultados, deixarem seus legados e entrarem para a história.

Até mesmo quando assistimos à competição de um atleta, o *show* de um artista, o trabalho do homem no campo, o relacionamento das famílias, a apresentação de um palestrante, podemos perceber que nada se faz sozinho, porque tudo está interligado. As pessoas e ações se completam o tempo todo, gerando resultados de baixa ou alta *performance*, dependendo da qualidade das ideias e comprometimento de cada pessoa.

Em mais de 25 anos compartilhando minha expertise em consultorias e palestras nas áreas de liderança e vendas nas empresas, aprendi muito e somei na vida de milhares de pessoas. São estas experiências adquiridas ao longo destes anos que quero compartilhar com você e mostrar a força da conexão e o poder da transformação.

Já aconteceu comigo e provavelmente com você também; ler uma história que se passou antes do seu nascimento. Aprender grandes lições, ter muitas áreas da sua vida transformadas ao ponto de se sentir motivado e comprometido a compartilhar com outras pessoas e ver outras vidas transformadas. Não é verdade?

Eu me lembro que tinha muitas ideias, colocava-as no papel, criava muitos sonhos e me alimentava daquela empolgação, vivendo mais no mundo das expectativas do que na realidade. Na verdade, muitos sonhos tinham grandes chances de darem certo, mas perdia as minhas batalhas para um inimigo que me atormentava, e que com certeza aterroriza a mente e a vida de muita gente.

Eu sabia que tinha um grande potencial que poderia ser compartilhado e todos ganhariam com ele, mas quando era o momento da ação, eu tremia e não conseguia sair daquele labirinto mental. Eu era muito inseguro e isso criava uma barreira invisível entre os meus sonhos e o poder das minhas ações, que estavam presas dentro de mim. Elas gritavam para serem libertas das algemas do medo de me relacionar com mais pessoas, me conectar com elas, expor as minhas ideias, aprender e somar na vida delas também.

Posso te afirmar que estas limitações impostas por nós mesmos, e muitas vezes de forma inconsciente, têm privado milhões de pessoas de serem melhores como seres humanos e profissionais. Além de abortar muitos sonhos que poderiam ser a chave de grandes transformações.

Como estão as suas histórias? Você tem contado elas apenas para você?

Como estão as suas conexões? Elas têm mantido você onde está ou levado a grandes realizações? Pense nisto!

Deus nos deu a capacidade de criarmos ideias, transformar nossas vidas, ajudar muitas pessoas e até mesmo revolucionar o mundo em muitos aspectos, mas para que tudo isto aconteça, precisamos perder o medo de nos sentirmos ridículos, acreditar que podemos, abrirmos a nossa mente e coração para atrairmos pessoas que possam fazer a diferença em nossas vidas e termos prazer em ser a diferença na vida delas também.

As nossas ideias precisam ser filtradas, alinhadas com o bem que desejamos a nós, aos outros e especialmente conectadas com pessoas que tenham o mesmo propósito, independente se elas estão no mesmo nível ou bem acima do nosso no momento. O que vai fazer grandes transformações, aprender com as histórias dos outros e compartilhar a sua história também, porque, por mais simples que você possa pensar que ela seja, certamente irá tocar o coração de alguém que esteja nesta sintonia e gerar grandes resultados.

Tenha prazer em gerar ótimas conexões, criar ótimas histórias e ser um agente transformador de vidas, com a certeza de que o caminho da felicidade passa pelo prazer de ajudar os outros a serem felizes também.

Você quer crescer? Invista tempo e energia para se tornar cada vez melhor no que você faz a cada dia!

Você quer que a vida te receba de braços abertos? Tenha prazer em ajudar os outros a serem cada vez melhores naquilo que eles fazem!

Você quer que a sua carreira, produtos e serviços alcancem valores diferenciados e se tornem referência para as demais pessoas e o mercado? Seja especialista em criar conexões de forma seletiva e que estas estejam alinhadas com os seus objetivos!

Aceite a ideia de que ninguém acerta ou terá 100% de aprovação em tudo, mas lembre-se de que as conexões seletivas são chaves que te abrirão portas para o sucesso em todas as áreas da vida.

Quando temos um propósito de ser referência positiva naquilo que vivemos e fazemos, precisamos ter a mente aberta e o prazer em buscar novos conhecimentos para nos alinharmos com as novas propostas e oportunidades de crescimento.

Tudo que fazemos podemos melhorar, crescer e promover crescimento de forma direta e indireta para pessoas e empresas de perto e distantes de nós.

Viver é uma nobre missão de conquistar, preservar, multiplicar e compartilhar com os outros e para que isto aconteça, precisamos nos conectar.

As ideias podem ser as melhores, porém se não forem conectadas com outras pessoas que tenham o mesmo propósito, elas não terão vida, nem muito valor e não prosperam.

Ideias geram sonhos que se tornam desejos, que podem ser verbalizadas, levadas a planejamentos e gerarem atitudes transformadoras, mas para que tudo isto aconteça, precisamos nos conectar. Sem conexões, não tem solução!

Já ocorreu com você de ver pessoas que têm excelentes produtos e serviços, mas não conseguem sucesso naquilo que fazem?

Eu já vi isto acontecer com muitas pessoas e empresas e, inúmeras vezes, pagarem um preço muito alto pelo seu fracasso, e o pior, acreditar que foi a má sorte ou situação do mercado, mas nunca quiseram assumir que não se conectam ou se conectam mal.

Você pode até estar pensando em que sentido seria esta má conexão, muito bem, eu não estou falando de sair por aí com uma lupa na mão, caçando quem é perfeito para se conectar. Eu estou falando da valorização do seu conteúdo, sua história já construída, a construir com qualidade e com quem você irá navegar junto com as suas ideias, somando-se a outras ideias que se transformam em ideais que geram vida e valor para si e para a vida de outras pessoas também.

Ao longo da minha vida eu tenho visto muitas pessoas que têm habilidades extraordinárias em gerar conexões, compartilhar ideias, transformando-as em ideais, unindo pessoas e gerando conexões com grandes forças, alcançando resultados inimagináveis para pessoas que são fechadas dentro do seu próprio mundo de inseguranças e resultados negativos.

E você, o que tem feito com as suas ideias?

Tanto o fracasso, quanto o sucesso, dependem da qualidade das nossas ideias e níveis dos nossos relacionamentos.

Existe uma máxima que diz que somos a média das cinco pessoas com as quais convivemos. Eu já pude perceber o quanto é verdadeira esta frase e o quanto precisamos prestar muita atenção nas pessoas, pensamentos, sentimentos, palavras, atitudes e energias com as quais convivemos.

É claro que não somos eternos aqui nesta terra, mas o tempo que nos é permitido ficar por aqui, devemos ter a missão e prazer de desfrutar do melhor e somar na construção de um mundo melhor para todos que estão e chegarão depois de nós neste maravilhoso planeta chamado Terra.

Partindo do princípio da ação, reação, causa e efeito, independente da sua religião, profissão, posição social, cultural e econômica, você sempre estará de forma consciente ou inconsciente, condicionado aos níveis das suas ideias, conexões e resultados gerados em sua vida. Pense nisto com carinho, porque nada acontece por acaso!

Na minha caminhada, trabalhando, somando no crescimento das pessoas e empresas, eu pude perceber algo em comum na vida daqueles vendedores, gerentes, empresários, consultores, palestrantes e líderes vencedores. Estes profissionais têm muita facilidade para ter ideias, estudar sobre elas, gerar conexões poderosíssimas, conquistando amigos, clientes, parceiros de negócios, seguidores e fidelizando a sua marca na mente e nos corações.

Talvez não seja o seu caso, mas pense agora com muita calma e carinho sobre quantas ideias maravilhosas que poderiam ter se tornado um excelente projeto, alcançado muito sucesso, mas não foram levadas tão a sério, deixando apenas um vazio e frustrações por falta de apoio e viabilidade de realizações.

É gigantesco o número de pessoas frustradas por não realizarem os seus sonhos! Por que isto acontece?

Muitas pessoas pensam que os seus sonhos não se realizam porque não foi a vontade de Deus, falta de sorte, de dinheiro, de tempo, indicação, motivação e tantas coisas mais que se pode imaginar como fuga e não querer olhar de frente para o verdadeiro problema que se chama falta de conexão.

Mude a sua rotina, mude os seus pensamentos, sentimentos, palavras e atitudes, aprenda a se conectar, gere relacionamentos sadios e inteligentes que o seu mundo será bem melhor e o sucesso será uma realidade em sua vida.

Quem tem pensamentos, sentimentos, visão e atitudes pequenas, não tem jeito, as consequências e resultados só poderão ser pequenos e o mundo desta pessoa passa a ser com poucas oportunidades, escassez, apertado e infeliz.

Como tem sido a sua rotina?

Quais são as suas ideias?

Você é fechado(a) a novas ideias e conexões?

Os seus resultados são positivos ou negativos? Pense nisto!

No ano de 2008 eu lancei o meu livro *Vender é a arte de crer*, com o foco no público da área de vendas e me surpreendi com a repercussão positiva em diversos segmentos, por causa desta frase que escrevi:

O seu sucesso é do tamanho dos seus pensamentos!

Eu fico muito feliz quando chego em muitas empresas e vejo esta frase escrita ou alguém pronunciando como forma de alimentar a sua motivação e criar um clima de união, criatividade e prosperidade dentro e fora do ambiente de trabalho. É muito gratificante saber que os nossos pensamentos, sentimentos, palavras e atitudes geram diariamente conexões com pessoas em diversas partes do mundo e promovem o crescimento em muitas áreas da vida daqueles que têm acesso ao seu conteúdo.

A grande pergunta é:

Como criar ideais, gerar forças e alcançar o poder da transformação?

E então?

Talvez você possa estar se perguntando ou até mesmo conhecer alguém que já fez esta pergunta que te incomodou por não ter a resposta certa, não é verdade?

Eu não tenho a intenção de me posicionar como o senhor das ideias, mas quero compartilhar algumas dicas que podem fazer a grande diferença na sua vida a partir de agora.

1. Não perca tempo com pessoas negativas, programas de televisão ou qualquer outra coisa que venha sabotar a sua energia e ideias produtivas;

2. Reserve diariamente um tempo para você fazer uma verdadeira limpeza na sua mente e coração, tirando todos os pensamentos e sentimentos negativos, porque eles certamente te fecharão muitas portas e trarão dores como resultados;

3. Após a sua limpeza interior, reserve outro tempo para criar ideias, sentimentos felizes e produtivos. No início pode até parecer difícil, mas em pouco tempo você passará a ter um sentimento de leveza, prazer, criatividade, felicidade e produtividade;

4. Comece a prestar atenção nas pessoas de sucesso e crie um plano de ação para se aproximar delas com o desejo sincero de aprender, se doar e somar na vida delas também;

5. Busque novos conhecimentos, tenha um método, disciplina e perseverança com o seu propósito de ideias, conexões e resultados extraordinários.

Espero ter somado um pouco na sua vida e ficarei muito feliz em saber o quanto você está feliz e crescendo nas diversas áreas da sua vida.

Receba aqui o meu abraço e até um próximo encontro!

Atenciosamente, seu amigo,
João Vidal

14

Viva o novo líder!

Em tempos difíceis, funcionários ineficientes podem ser até dispensados de suas empresas, mas a liderança sempre permanecerá. Para ser um líder, é importante um constante aprimoramento, que só é possível com interesse, treinamento, perseverança e objetivo de vida. A evolução precisa ser encarada como uma necessidade

José Carlos Póli

José Carlos Póli

Graduado em administração de empresas. Especializado em *marketing*, planejamento estratégico e qualidade total pela FAE. MBA em gestão de pessoas pela FGV. Possui diversos cursos de aperfeiçoamento, entre eles: *marketing best* pela ESPM. *Programs Management Disney Style* pela Disney University, Flórida/USA. *Marketing* para o Século XXI pela Universidade de Lisboa/Portugal. Atua no mercado nacional desde 1990, com foco em treinamento empresarial, nas áreas de desenvolvimento gerencial e de equipes, motivação, excelência no atendimento e gestão de vendas.

Contatos
E-mail: policonsultoria@onda.com.br
Facebook: Palestrante Póli
Telefone: (44) 99856-9991

Ah, os faraós do Egito e os nobres da Idade Média é que eram felizes. Naquela época, liderar era fácil. Qualquer problema com a equipe, era resolvido a golpe de espada. Seus comandados insatisfeitos eram cortados – literalmente.

Quando tinham de invadir um novo mercado ou país, rapidamente aniquilavam a concorrência. A única vantagem dos dias de hoje, se resume ao direito do líder errar. Um dirigente daquela época, raramente, sobrevivia ao erro, diferente de hoje;

Veja o tamanho da encrenca: mercado globalizado, metas a cumprir, prazos, conchavos, descontos, informatização, secretárias chatas, redes sociais, trânsito caótico. Nessas horas surge o líder que faz a diferença na empresa. Aquele que é mais do que gerente ou encarregado. Lidera de forma correta, com entusiasmo, estímulos práticos, exemplos positivos de comportamento e personalidade contagiante.

Não só o espírito de negócio mudou, mas tudo o que está acontecendo no campo econômico e social, suas tendências demandam novos estilos de liderança e trabalho de equipe. Não se pode simplesmente investir em fórmulas antigas, ainda que bem-sucedidas, quando uma nova ordem de valores toma conta dos negócios e das negociações.

Se o contexto não é mais o mesmo, o líder também não. Antes, liderança significava uma forma de dominação baseada no prestígio pessoal e aceita pelos dirigidos. Hoje, o negócio é muito mais complexo.

Os novos líderes

Os novos líderes terão boa formação acadêmica, domínio de informática, redes sociais e de pelo menos dois idiomas, visão de macroeconomia dos negócios e um verdadeiro comportamento de líder.

Saberão delegar tarefas e ouvir críticas. Serão afirmativos da defesa de suas ideias, além de flexíveis. Estarão sempre à frente dos acontecimentos.

Nesse mundo altamente competitivo, o novo líder participa cada vez mais do cotidiano empresarial, atualizando-se com as novas tecnologias que surgem frequentemente. Entender as tendências no mundo de hoje é fundamental!

O líder encontra novos problemas e oportunidades que exigem diferentes maneiras de pensar e enxergar. É necessário resolver problemas com criatividade e iniciativa, além de estar conectado a todas as novas exigências do mercado.

Aqueles que ficarem se queixando a respeito das mudanças das coisas necessitam rever urgentemente suas premissas. Ou usam sua capacidade criativa para descobrir novas respostas, soluções e ideias, ou estarão em situações mais delicadas.

As características do novo líder:

Carisma: inclui fé, respeito e confiança nas pessoas. Deve observar o que os outros precisam para trabalhar melhor. Possui um grande sentido de missão.

Estímulo intelectual: estimula as pessoas a utilizarem o lado racional, pensando nos problemas de maneira diferente. Força os outros a repensarem conceitos, antes, tidos como inatacáveis.

Coragem: sempre defende suas ideias. Não cede à pressão de outros. Faz o que é melhor para a empresa e, principalmente, para sua equipe, mesmo que isso signifique prejuízo pessoal.

Confiança: acompanha os processos. Assume a responsabilidade dos seus atos e erros. Toma a iniciativa, independentemente da função.

Flexibilidade: acompanha as mudanças de cenário, sem perder o desempenho. Quando tem várias coisas para fazer, tem facilidade de priorizar e cuidar de um problema de cada vez.

Integridade: faz o que é moral e eticamente certo. Não abusa dos privilégios do cargo. É um modelo para os demais.

Julgamento: procura avaliar cada situação de maneira objetiva. Trata de dados de forma racional e realista. Usa informações e experiências anteriores para ajudá-lo nas decisões.

Respeito: considera as opiniões alheias, não importando seu cargo ou sua posição;

Consideração individual: é o técnico, professor e psicólogo de quem precisa. Sabe ouvir.

O novo líder demonstra interesse pela sua equipe

Estimulando o diálogo verdadeiro. Veja as perguntas que podem ajudar a dar um novo sentido à comunicação entre o líder e o subordinado.

- Quais as necessidades que você tem aqui que nós não conhecemos?
- Se você pudesse mudar alguma coisa na empresa, o que mudaria?
- O que preciso fazer para ser um líder melhor?

- Como a empresa e eu podemos dar mais assistência a você?
- Você gosta do que faz aqui, por que não me diz quais são suas metas para os próximos 12 meses?
- Como tem sido o *feedback* das suas colocações e queixas?
- Quais obstáculos você encontra para melhorar sua *performance*?

Mitos sobre liderança

O líder inspirado usa o distanciamento para tirar dos subordinados um melhor desempenho. Isso não é ser maquiavélico, é saber instintivamente que seu time caminhará mais depressa, se a liderança estiver à frente.

Muitas teorias sobre formação de líderes acabam se transformando em verdades absolutas. Desconfie delas. Nem tudo o que existe, faz sentido na prática. Conheça os grandes mitos sobre liderança, que estão na boca e na mente de muita gente:

1. Qualquer um pode se tornar um líder. Muitos executivos têm autoconhecimento ou autenticidade necessária para exercer a liderança. Esses requisitos são apenas parte da equação. Para ser um líder, a pessoa precisa querer.

2. Quem chega ao topo é um líder. Outra ilusão é acreditar que toda pessoa em um cargo de liderança é líder. Existem pessoas que chegam ao topo, por traquejo político e não pela verdadeira qualificação.

3. Todo líder é mestre. Há conceitos de que todo bom líder deve ser um mestre. A tese parte de um princípio de que, uma única pessoa teria o poder de motivar os outros e transmitir técnicas.

Ser um líder ou liderado?

Não há quem, em sã consciência, responda que quer ser apenas liderado. É válido, e fundamental para o processo de aprendizagem passar por essa etapa, mas no fundo o que muitos querem é ter a capacidade de liderar, inspirar e encorajar equipes. Ser um referencial de credibilidade, com senso de direção.

A boa notícia é que é possível aprender a liderar. Estudos mostram que apenas 10% dos líderes nasceram líderes. Estes são chamados de natos.

Outra pequena parcela, menor ainda, é resultado de períodos de crises. Mas, a maior fatia é formada por líderes que aprendem com outros.

A liderança é uma exigência inquestionável para o sucesso. Os líderes criam e articulam uma visão que proporciona uma direção comum para unir as pessoas que irão trabalhar juntas. Ajuda em todos os níveis da organização.

No nível do diretor executivo, a visão do líder define a direção que a empresa inteira vai tomar. Já em uma equipe de trabalho, é possível abordar um problema enfrentado, liderando sua implementação.

Os líderes buscam ativamente a participação dos outros membros, para dar-lhes autonomia ao tomar decisões e atitudes. Eles começam ouvindo para entender. Precisam estar prontos para partilhar conhecimentos e estarem abertos a mudanças. Precisam acreditar que os outros entendem seu próprio trabalho. Em seguida, precisam facilitar a comunicação aberta em todos os níveis para o desenvolvimento da confiança.

Quando o líder vê uma forma de abordar um problema enfrentado pela equipe, compartilha com os outros membros da equipe o que identificou, levando-os a participar.

Junto, a equipe trabalha para transformar a visão em um objetivo factível. É preciso acreditar e mostrar com usas ações, que todos ganham com o trabalho em equipe. Agindo segundo o que é pregado, a liderança evolui. Porém, muitos não conseguem abandonar antigos hábitos e fazer isso.

A equipe olha para a pessoa que está guiando, para avaliar suas atitudes e testar o que é dito. Portanto, cuidado, pois as inconsistências colocarão sua equipe na direção errada.

Todos temos oportunidades de liderar nossas equipes de trabalho, dando exemplos que contribuam no trabalho conjunto. Que exemplo você está dando?

A verdadeira liderança

"Não existem maus soldados, existem maus comandantes."
Napoleão Bonaparte

Você se considera uma pessoa que tem certa liderança sobre os outros ou prefere ser liderada? Caso seja um líder, que tipo de liderança você exige? E se for liderado, que tipos de líderes você conhece?

Não podemos afirmar que estamos somente na posição de líderes ou liderados, mas sim que estamos em constante mudança. Algumas pessoas dizem que o verdadeiro líder já nasce feito, e que não adianta investir naqueles que não nasceram com tal atributo.

No entanto, um bom líder sabe ser liderado. Robert Wong, diretor geral de uma das maiores empresas de recrutamento de executivos do mundo, classifica os líderes em quatro grupos:

1. Os que mandam e querem ser obedecidos, são os líderes medíocres.
2. Os que explicam quantas vezes sejam necessárias, até que o seu comandado entenda, são os bons líderes.

3. Aqueles que determinam ordens aos liderados, por meio de seus próprios atos, são os grandes líderes.

4. Os que, pela sua autoridade inspiram os seus liderados, são os líderes supremos.

Em qualquer posição que você esteja, lembre-se de que o que importa não é mandar e ser obedecido ou temido, mas ser, acima de tudo, querido e respeitado.

Uma das características do verdadeiro líder é a autoridade, não o autoritarismo ou despotismo, que deseja ver suas ordens cumpridas sem questionamentos, mas a autoridade moral que encoraja.

O falso líder grita antes que alguém questione a sua liderança. Por falta de argumentos, ele bate na mesa e se impõe pela força, espalhando temor e ódio entre seus subordinados.

O verdadeiro líder sabe que é e não precisa impor isso a ninguém. Por essa razão, ele é calmo, seguro e confiante. Quando chega, sua presença acalma e asserena os ânimos. Seus liderados o consideram alguém que inspira segurança.

Jesus foi e continua sendo o exemplo máximo de liderança. Ele exerceu e exerce, até hoje, um tipo de liderança que reúne o bom, o grande líder e o líder supremo.

Explicava aos seus discípulos os ensinamentos de que era portador, como um bom professor que deseja que seus educandos cresçam. Demonstrava, pelos próprios atos, o que seus seguidores precisavam fazer para chegar onde Ele chegou. Inspirava e inspira àqueles que, resolutos, tomavam e tomam sua cruz para segui-lo.

Tenha empatia, mas seja exigente

O verdadeiro líder não precisa de treinamento especial para convencer a equipe de sua preocupação. Tem uma empatia intensa com as pessoas e demonstra um interesse profundo no trabalho de todos.

Ele comanda por meio de uma tática peculiar a que se dá o nome de empatia exigente, que significa dar a pessoa àquilo que ela precisa – e não o que ela quer. Na dose certa, a empatia exigente é um misto de respeito pelo indivíduo e pela missão a realizar.

Como inovar num mercado tão competitivo?

Com criatividade. Pensando diferente. Atualmente, é a criatividade que determina a diferença entre as pessoas e empresas, determina o resultado do trabalho e o sucesso.

Em uma época de tantas mudanças e transformações, uma coisa permanece: todos querem o sucesso pessoal e profissional. O sucesso não é uma loteria nem uma montanha que você pode escalar.

Sucesso é um direito que você tem. Trabalhe para isso. Desenvolva novos hábitos. Diferencie-se. Pense diferente. Exerça o seu potencial criativo. O novo líder questiona tudo.

Questione a maneira como você realiza seu trabalho. O fato de exercer seu trabalho da mesma maneira há muito tempo, não garante que esta seja a melhor maneira. Sempre é possível fazer mais eficientemente, mais rápido, melhor e mais economicamente. Fazer mais com menos, faz a diferença!

Desenvolva sua imaginação, sua sensibilidade e seu intelecto. Olhe as mesmas informações que tinha sob um novo ângulo. Este novo e diferente ângulo vai ajudá-lo a ter novas ideias.

Comunique-se perfeitamente e, obviamente, olhe sempre para o futuro. Isto é pensar diferente: ver as coisas sob prismas que ninguém vê. Esse é o diferencial que deve ser cultivado!

15

A era da experiência: como transformar clientes em fãs

Neste capítulo, compartilho com você minhas descobertas sobre como proporcionar uma excelente experiência ao cliente, com atitudes simples e uma cultura focada em encantamento, desde a gestão até a operação. Conheça histórias de gente de verdade, que gosta de atender de forma genuína. Marcar a vida das pessoas é a melhor forma de transformar clientes em fãs

Kelly Malheiros

Kelly Malheiros

Sócia-diretora da KM Partners, empresa de educação corporativa com 20 anos de atuação. É cofundadora da Escola de Varejo com Método Klappen, que já tem turmas no Ceará, Paraíba, Rio Grande do Norte, Santa Catarina e São Paulo e possui resultados comprovados, como melhoria do clima organizacional, redução de rotatividade, absenteísmo e aumento de faturamento. Tem formação em biopsicologia no Instituto Visão Futuro, é agente de responsabilidade social pela Teia da Vida, possui formação em varejo internacional em Atlanta (EUA). Certificada pelo Instituto Richard Barrett de valores humanos, Empreteca (SEBRAE) e HOGAN. *Coach* e mentora de executivos, tem mais de 200 mil alunos treinados em todo o Brasil. É uma das maiores palestrantes do Brasil, especialista em desenvolvimento de pessoas para o varejo. Tem clientes importantes nos segmentos de turismo, varejo, indústria, comércio e saúde. Acredita que só a educação vai transformar pessoas e empresas.

Contatos
E-mail: kelly@kmpartners.com.br
Instagram: @Kelly_Malheiros
(48) 3246-5250

> Toda viagem, seja curta ou longa,
> para perto ou para longe,
> é sempre para dentro da gente.
> (Eliane Brum, jornalista e documentarista)

Havia nevado em Curitiba. Um frio insuportável. Eu tinha chegado no hotel já bem tarde e me enfiei debaixo das cobertas. Na verdade, vesti umas quatro blusas, uma calça de lã, dois pares de meias e um cobertor bem grosso. Fiquei ali, paradinha, à espera de um milagre. Eu vim do Ceará, minha gente! E aquele frio "não era de Deus", risos. Já estava bem quentinha quando ouvi um *toc-toc* na porta do quarto.

Mas, espere! Eu não havia pedido nada. Eu estava com frio. Eu não queria levantar. Eu não queria ser incomodada.

Toc-toc.

A mãozinha do outro lado da porta insistia!

Levantei rápido e fui correndo atender àquele chamado. Dei de cara com uma moça, bem arrumada, com um mega sorriso no rosto (sorrisão, mesmo). Nas mãos, uma bandeja de prata. Em cima da bandeja, do lado direito, uma porção de morangos frescos, bem vermelhos e grandes. Do lado esquerdo, em uma panelinha bem bonita, um *fondue* de chocolate fumegante.

Eu olhei para aquela cena e, sem esperar que ela abrisse a boca (na esperança de despachá-la logo e voltar para a minha caminha), disse:

— Querida, eu não pedi nada.

Aquela pessoa olhou para mim, aumentou o tamanho do sorriso e falou:

— Eu sei, senhora. Isto aqui é apenas um paparico para a senhora não esquecer o quão importante és para o nosso hotel!

Naquele momento me rendi àquela profissional e disse:

— Dá aqui essa bandeja, minha querida!

Fiquei pensando: será que ela tinha um roteiro? Será que ela sabia exatamente o que dizer quando uma cliente como eu abrisse a porta, chateada com o incômodo? Será que ela havia sido treinada para isso? Ou será que ela era uma vocacionada, aquela pessoa que nasceu para servir, sorrir e não se importa com o mau humor de nenhum cliente?

Descobri depois que esta rede de hotéis tinha um lema: "Ir além. Não aceitamos menos que isso". Muitas empresas possuem lemas que prometem tudo e mais alguma coisa: "o cliente em primeiro lugar", "aqui você tem razão", "a gente quer ver você feliz", entre outros. A pergunta é: elas entregam aquilo que prometem?

No caso do hotel, minha experiência foi acima do esperado. Muito acima, mesmo. E observe: isto aconteceu em 2013 e eu ainda me lembro como se fosse hoje! Isto se chama experiência do cliente e é sobre isso que quero falar com você!

Como tudo começou

Meu interesse pelo tema "atendimento a clientes" começou há muito anos: meu pai é proprietário de uma grande padaria em Fortaleza, no Ceará. É um baiano radicado em São Paulo, que casou com uma paulistana que adorava cozinhar coisas muito gostosas. Eu nasci em cima da padaria que eles tinham, em São Bernardo do Campo – SP, no ano de mil novecentos e alguma coisa (não preciso revelar a idade, né?). Os anos se passaram, mudamos para Fortaleza e em 1988, nossa família abriu a Casa Plaza, uma das 100 melhores padarias do Brasil. Trabalhávamos lá, eu, meus irmãos e meus pais. Meu pai sempre disse que se inspirou em duas lojas para montar a Plaza: o Empório Santa Luzia, em São Paulo, e a Stew Leonard´s, nos Estados Unidos. A inspiração veio por conta do excelente atendimento destas duas empresas. Meu pai sempre foi um empreendedor que gostava de assistir palestras e adorava assistir vídeos motivacionais. Um dia, comprou um vídeo chamado *O sucesso é ser feliz*, do Roberto Shinyashiki. Assistimos e no final ele disse: "A gente sempre tem que escutar estas coisas. Só que é o seguinte, nada cai do céu. Não adianta nada a gente ficar escutando isso e não arregaçar as mangas, agir. Não tem depois. O negócio é fazer agora. Então, vamos fazer já!".

No pain, no gain (sem esforço não há resultado!)

Comecei a trabalhar como operadora de caixa, depois fui atendente, vendedora de coxinhas, salgadinhos e tudo do balcão da padaria. Até escrever: "parabéns, papai" em bolo eu escrevi. Todo filho de varejista é *bombril* (mil e uma utilidades) e comigo não foi diferente. Mas, eu tinha 17 anos e não entendia bem sobre a importância de se atender bem um cliente. Um dia, cheguei para o meu pai e pedi a ele para trabalhar no escritório, já que lá tudo parecia menos trabalhoso.

Meu pai sempre foi bem sábio. Para desconstruir esta ideia de que "o trabalho no escritório é mais leve", me colocou para trabalhar como tesoureira, fazendo fundos de caixa para as operadoras. Depois trabalhei na escrituração fiscal, contas a pagar, contas a receber e conciliação bancária. O tempo foi passando e comecei a achar aquele trabalho extremamente rotineiro. Voltei para a loja e desenvolvi projetos no *marketing* e recursos humanos. De repente, descobri que eu gostava muito da área de treinamento e que eu também tinha muita habilidade com clientes.

Em 1999, saí da empresa e montei com meu sócio, a KM Partners, uma empresa com foco em educação corporativa. Sempre acreditei que só a educação pode transformar pessoas e empresas e este sempre foi o nosso propósito. O início foi difícil como em qualquer negócio que começa do zero, sem dinheiro e sem clientes! Mas, eu tinha muita força de trabalho e a convicção de que as pessoas precisavam compreender que clientes são a razão de qualquer negócio e não um fardo a ser carregado. E foi aí que comecei a descobrir qual a fórmula infalível para se encantar clientes.

Tudo começa na liderança

Eu sempre dizia nos treinamentos:

— Para atender bem o cliente, você deve sorrir, ser simpático, disponível e ter iniciativa. Cuide do seu *marketing* pessoal, esteja sempre com o uniforme limpo e arrumado, as unhas aparadas, a barba bem cortada e o cabelo bem penteado. Seja entusiasmado e sempre encante o cliente. Seja educado, diga sempre bom dia, por favor e obrigado.

Para meu espanto, sempre tinha alguém que levantava a mão e perguntava:

— Professora, vai ter este treinamento para o meu gerente?

— Mas, por quê? – eu indagava.

E a pessoa respondia:

—Professora, meu gerente não faz *naaaada* disso que a senhora falou. Tem dia que ele diz bom dia, tem dia que não. Tem dia que ele anda tão mal arrumado, que nem parece gerente. A gente vem para cá, sai motivado e cheio de ideia, mas quando chega lá, ele diz que nada disso é importante. Ele se esconde do cliente e sempre está de mau humor. Como é que a gente pode se inspirar numa pessoa assim, hein?

Este tipo de relato me fazia refletir. Comecei a perceber que, por melhor que fosse o treinamento, não adiantaria absolutamente nada treinar o time operacional, se não houvesse uma profunda mudança na maneira de pensar e agir da liderança. Senti uma grande necessidade em me capacitar e aprender mais sobre desenvolvimento de lideranças e comecei a fazer diversos cursos de varejo, gestão de pessoas, negócios e *neuromarketing*. E quanto mais eu aprendia, mais a frase de Gandhi fazia sentido pra mim: "seja a mudança que você quer ser no mundo".

Nos Estados Unidos, participamos de um curso de formação internacional em gerência de varejo: éramos 75 participantes provenientes de 13 países do mundo inteiro. A primeira pergunta do professor foi:

— Qual o principal desafio da gestão no varejo?

95% dos participantes responderam:

— A gestão de pessoas!

Este é, sem dúvida, o principal fator crítico de sucesso para que seu negócio possa viver a era da experiência ao cliente em plenitude. Não sei se você é um dono de loja, um colaborador, uma pessoa que está disponível para o mercado de trabalho, um empreendedor, gerente ou encarregado. Independente da posição ou cargo que você ocupa, o seu modelo mental é que vai determinar o tipo de experiência que o seu cliente vai ter!

O exemplo é tudo

Eu fazia o trecho Campina Grande, na Paraíba, até Patos, no mesmo Estado. No meio do caminho, bateu aquela fome. Fazia 40°, por volta de 13h em Soledad. Paramos o carro em frente à uma churrascaria e contamos com a ajuda de um senhor que ficava "guardando" os carros. Desci do carro e percebi que do outro lado da estrada havia uma outra churrascaria: Churrascaria Cariri. Olhei para o senhor e perguntei:

— Por favor, qual a melhor churrascaria? O senhor sabe? Esta (e apontei para a churrascaria do lado direito) ou aquela ali (do outro lado da estrada)?

Rapidamente ele respondeu:

— Senhora, vá na churrascaria Cariri. É só atravessar a rua, eu garanto. Ele falou com tanta convicção, que cruzei a estrada e entrei no estabelecimento. Um lugar simples, com uma comida muito saborosa.

Terminei a refeição e logo vieram me perguntar se eu queria um cafezinho passado na hora ou uma rapadura doce como sobremesa. Vi muita gente entrando e saindo, tudo muito limpo, um atendimento cortês e pessoas bem disponíveis. De repente, chega um amigo meu e comenta:

— Professora, a senhora gostou daqui?

— Gostei muito. Comida deliciosa e um atendimento maravilhoso!

— Pois é, esta empresa é familiar. A cozinheira é a esposa do dono. Aquelas duas moças ali que estão atendendo são filhas do dono. O rapaz que está no caixa é filho do dono. E o guardador de carros lá fora é o dono!

Fiquei chocada por cinco segundos. Levantei rapidamente e fui conversar com aquele homem que tinha me dado a garantia que eu não me arrependeria em almoçar ali.

— Olá...como vai? Como é o seu nome?

— Luciano.

— Senhor Luciano, soube que o senhor é o dono da churrascaria. Isto é verdade? – não podia esconder minha surpresa.

— Sim. Sou dono da churrascaria, do ponto do lado e do mercadinho atrás da churrascaria.

— E por que o senhor fica aqui no meio da estrada, neste calor? Fiquei sabendo que o senhor fica aqui durante toda a tarde...

— Minha filha, eu sou é muito inteligente. Se eu não fico aqui, de um lado e do outro da estrada, as pessoas que estacionam vão para a concorrência. Estou aqui para garantir que isso não aconteça. Veja a senhora: parou do lado de cá da estrada. Só foi para o outro lado, porque eu estava aqui para dizer que lá é que era bom.

— Mas, senhor Luciano, por que o senhor não coloca alguém da família para fazer isso?

— Porque eu quero dar o exemplo. Se eu faço, eles vão saber que precisam fazer também.

— Senhor Luciano, posso tirar uma foto?

— Mas vai para a Internet? – me olhou com cara de dúvida.

— Sim!

— Ahhh, então, "doutora", tira a foto na frente da fachada. Para fazer a propaganda, né?

Quanta sabedoria em uma pessoa só. Estratégia, foco, determinação, preocupação com o cliente, liderança, trabalho em equipe, tudo sem mágica, nem fórmulas mágicas. Eu sempre digo que transformar um cliente em fã é fazer com disciplina as coisas simples. E o senhor Luciano fazia isso com maestria. Ele é aquela pessoa com mentalidade de crescimento: gosta de aprender, adora receber *feedbacks*, acredita que o esforço traz resultado, abraça desafios, é persistente, aprende com os erros e inspira-se em pessoas que fazem acontecer. Tenho duas perguntas para você:

1. Quantos "Lucianos" você tem em sua empresa?
2. E você? Tem mente de Luciano? Superar a expectativa do cliente, transformá-lo em fã e tê-lo como embaixador da sua marca, começa por esta análise: qual o tipo de mentalidade predominante em você e em sua equipe?

A pedra de três toneladas que funciona.

Também é preciso definir os princípios inegociáveis que vão gerir a cultura de atendimento da empresa. A Stew Leonard´s é uma companhia reconhecida mundialmente por superar as expectativas dos clientes. Uma vez contaram que uma cliente pediu para ser enterrada com uma sacola da marca. Uma rede varejista que se inspirou no modelo Disney para marcar a vida das pessoas que compram lá. São vaquinhas que cantam, um trenzinho que passa apitando na loja inteira, uma exposição agressiva e abundante, tudo super limpo, organizado, colaboradores mega felizes e atenciosos. Na porta, uma pedra com três toneladas dá o recado:

Nossos princípios:
Regra número 1: o cliente tem sempre razão.
Regra número 2: se ele não tiver razão, volte para a regra número 1.

Fico emocionada cada vez que penso que tive a oportunidade de visitar esta loja e, sobretudo, conversar com o sucessor do fundador. Foi mágico! Aprendi duas lições para a era da experiência:

1. Pessoas gostam de ser bem tratadas. Faça o possível para tornar o tempo que as pessoas passam em seu negócio algo agradável. E isto vale – de novo – para as coisas simples, como um banheiro limpo e servir uma água. Outro dia fui em uma loja e pedi para ir ao toalete. O gerente me falou: "Professora, vou levá-la ao banheiro da diretoria, porque o do cliente tá meio ruim...".

2. Clientes gostam de pessoas felizes. Ser feliz não é gargalhar. A felicidade transborda em empatia, preocupação, disponibilidade, atenção e cuidado. Vivemos sendo atendidos por pessoas que estão com raiva da vida que escolheram para si e descontam tudo no cliente.

Por fim, quero deixar uma mensagem a você: marque a vida das pessoas, é isto que vai conquistar seu cliente, todos os dias do ano. Não ligue para quem não é como você. Einstein dizia: "Grandes almas sempre vão encontrar oposição de mentes medíocres".

Muita vida para você!

16

A maçã, uma metafórica ponte transformacional

Eu era uma jovem mulher, pedagoga, negra, com restritas opções financeiras, massacrada por um chefe tirano, mas nunca fui coitadinha. Tornei-me pedagoga executiva, conquistei cargos e salários distantes da média nacional. Nunca permiti que sexo e raça fossem empecilhos em minhas conquistas e, por fim, transformei o cenário limitante que o dinheiro, um dia, me impôs. Vou te contar tudo em detalhes...

Kely Pereira

Kely Pereira

Executiva do setor educacional, diretora acadêmica da Pós-graduação da Faculdade de Ciências Médicas e superintendente educacional da Faculdade FELUMA, ambas em Minas Gerais. Atingiu um posto corporativo raramente conquistado pelas pedagogas e já soma quase três décadas de experiência, com 18 anos dedicados ao ensino superior e dez anos à experiência em gestão sênior. Sua liderança transformacional tem mobilizado líderes, inspirado pessoas e empresas a pensarem de maneira inovadora, desafiando o talento adormecido e apoiando grandes mudanças. Ministra palestras, consultorias e treinamentos. Dentre as estratégias que usa para formar equipes compostas por exímios e engajados profissionais, destaque para a consideração individual, o estímulo intelectual, a motivação e a inspiração. Com a natural habilidade de replicar *cases*, a sua contribuição mercadológica transcendeu a educação e a saúde, setores de seu domínio, e alcançou diversos segmentos.

Contatos
E-mail: kely@kelypereira.com
Facebook: kely.pereira.33
Telefone: (31) 99303-2249

Em um ambiente dominado pela força de trabalho masculina, cheguei, como toda boa mineira, de mansinho. Fui comendo pelas beiradas, conquistando um espaço que dificilmente, nós pedagogas, alcançávamos até ali: a liderança comercial, organizacional e estratégica de uma renomada instituição de ensino superior de saúde.

Explorando o passado, ainda é possível ouvir o eco daquelas palavras: Todo pedagogo ganha mal!

Foi uma das frases que mais escutei durante a fase de estudante. Inconformada, interpretei a "informação" como uma espécie de crença massiva. Jamais entrou em minha cabeça a ideia de que profissionais criativos, agregadores e transformadores estariam condenados a receber abaixo daquilo que entregavam à sociedade.

Então, de mansinho, tracei o meu plano, com uma ideia latente: não apenas quebraria essa crendice, como inspiraria outros profissionais na busca por sua transformadora maçã, fruto cuja metáfora me inspira desde criança.

A maçã simboliza as grandes transformações e as maiores ideias da humanidade. Logo, cada ser é uma macieira em potencial, repleta de possibilidades.

Realizar é algo da nossa natureza e toda realização começa com um sonho. No exato instante em que se acredita que irá acontecer e se deseja com todas as forças, nasce um desejo que arde na alma e, mesmo que não se saiba o caminho, é possível sentir que vai se realizar. Finalmente, despertados por esse irrefreável desejo, passamos a trabalhar em favor da concretização.

Para inspirar você a realizar os próprios sonhos, acabei de oferecer o caminho emocional que trilhei. Foi um rumo testado e aprovado. E vou provar, agora, como de fato funciona: eu havia passado no vestibular para o curso de pedagogia.

"Você não vai ter dinheiro, sucesso e realização!", muitos disseram.

Calei-me ao senso crítico alheio e resolvi ser pedagoga. Na primeira semana de aula, tive uma palestra magna com o reitor e, em seu discurso, ele disse que a cada 300 alunos que se formam no ensino médio, 50 são aprovados no vestibular, dos quais, 30 terminam o curso superior. Dentre esses 30, dois serão bem-sucedidos.

Algo dentro de mim brilhou. Eu afirmei, sonhei e desejei com todas as minhas forças que seria um desses dois bem-sucedidos. Naquele exato momento eu tinha um objetivo, mas a condição financeira da época não me permitiu terminar o curso. Tentei outros vestibulares e até outros cursos, mas algo em mim dizia que a pedagogia era o caminho e que, um dia, eu retornaria.

Casei-me e tive um filho. O vento de sete anos soprou as circunstâncias, até que o desejo de ser pedagoga voltou, de forma avassaladora. Então, em 2001, retornei à faculdade de pedagogia. Os desafios continuavam e o boleto chegava, impiedoso. Já trabalhava em uma boa empresa, mas surgiu uma oportunidade de estágio na área pedagógica. O salário mensal se resumia a R$ 124.

Se eu não entrar na área agora, não terei outra oportunidade. – pensei.

Larguei um emprego bem remunerado para me tornar estagiária.

"Uma verdadeira loucura", diziam, de boa intenção, os que se importavam comigo.

Decidi que além de ser uma entre as duas pedagogas de sucesso, seria assessora pedagógica na faculdade em que ingressei. Três meses de estágio depois, fui convidada a estagiar na área de educação a distância. A bolsa passou de R$ 124 para R$ 401. Sim, eu sei, não era uma larga diferença, mas era alguma coisa. E eu pensei: se eu entrar na empresa que desejo, com o tempo e a determinação que tenho, vou crescer.

Participava de tudo o que podia. Uma amiga até dizia que eu era boba, por fazer muito além do meu trabalho. Ao término do curso, em dezembro de 2003, a colação de grau seria em março do ano seguinte, passei a atuar como uma das primeiras *designers* instrucionais do mercado. E dá-lhe comemoração; de estagiária a contratada, para atuar na área dos sonhos, a pedagogia. Faltava só o cargo dos sonhos. O próximo pensamento estava pronto: agora que entrei, o próximo passo é me tornar assessora pedagógica.

Percebi que, para isso, precisaria de um curso de pós-graduação, e o iniciei no mesmo mês da colação de grau. Passados seis meses, surgiu uma vaga de assessora pedagógica e resolvi participar. Passei nos testes, mas não fui a escolhida para o cargo. Três meses adiante, outra vaga idêntica. Tentei novamente e até descrevi para minha mãe como seria o anúncio da promoção. Novamente, não fui selecionada.

Como a minha vida se concentra em Belo Horizonte, viajei até São Paulo, para um curso, como um prêmio de consolação. Estava chateada por não ter sido a escolhida.

Quando retornei da viagem, a pró-reitora me chamou para uma reunião. Aconteceu exatamente como eu havia informado para minha mãe, que seria a promoção: oficialmente, eu assumiria o tão almejado cargo de assessora pedagógica da pós-graduação. Prevaleceu a minha marca pessoal: a resiliência. Mas quem disse que a vida é fácil?

Chefes e líderes

Toda chefia difícil tem o papel de veneno e remédio. Observe que não usei o termo "liderança" e sim "chefia". Muitos reclamam como é ruim a experiência de ter um chefe tirano, implacável. Sem dúvida, não é fácil. E posso falar com muita propriedade.

Vivenciei na pele, no coração e na alma tudo aquilo que, no futuro, se classificaria como assédio moral. Porém, o meu chefe tirano demonstrava uma competência impressionante. Em vez de uma ação mais extrema, preferi aprender com ele e pensei: vou absorver tudo o que este chefe sabe fazer de melhor e vou me blindar de tudo o que ele faz de pior.

Entre humilhações e exigências descabidas, convivemos por aproximadamente um ano. Emocionalmente, o impacto do período pareceu dez anos ou mais.

Com o sonho de ser assessora pedagógica realizado, iniciei as atividades do cargo, imaginando desafios como lidar com os alunos, professores, coordenadores de curso e metodologia. Doce ilusão...

Antes disso, o meu maior desafio foi lidar com a chefia. O paradoxo é que a experiência foi fundamental para que eu conquistasse o inédito posicionamento de carreira em que me encontro.

Cheguei a trabalhar até dezesseis horas por dia. Não raro, o chefe rasgava trabalhos em que eu investira horas, diante de meu rosto. Dizia que as estagiárias não eram cabeças pensantes, que eu jamais seria líder, que eu não me comunicava bem, que não sabia priorizar o trabalho, não dominava a gestão do tempo e que a minha única qualidade era "ser prestativa."

Dizem que quem bate esquece, mas quem apanha não. Durante um bom tempo, me lembrei desses acontecimentos de uma forma muito dolorosa. Mas, construí uma nova história com todas essas vivências. Meu chefe dizia que, se em um ano eu não estivesse pronta, seria desligada da instituição.

Com tudo o que vivenciei, carregava algumas certezas que me davam extraordinária força:

- Sempre aparecia uma mão amiga para me ajudar, e aproveito para revelar minha eterna gratidão a todos os anjos daquele período;

- Aprendia em velocidade astronômica, apesar do preço emocionalmente caro, mas fiz a escolha e ninguém me tiraria o conhecimento adquirido;

- Eu não era e jamais fui vítima. Estava ali por escolha, determinada a trabalhar em prol de minha liderança transformacional.

Por muito tempo, fiquei com a autoestima abalada. E decidida a vencer, comecei a reforçar a autoliderança, a entender que não somos obrigados a nada e que temos escolhas. Jamais nutri sentimentos negativos, mas decidi que eu seria uma líder diferenciada, em vez de chefe; e que contribuiria em favor do crescimento das pessoas que trabalhassem comigo.

Vou ser líder e como tal, terei resultados ainda melhores do que teria um chefe inflexível, foi o pensamento base que norteou minha carreira.

Para ampliar o desafio, a vida trouxe outra surpresa. Uma renomada instituição de ensino na área da saúde, me ofereceu uma oportunidade como coordenadora pedagógica para o ensino a distância. Para quem imaginava, antes, que a assessoria pedagógica era o limite, o meu mundo ganhava mais amplitude.

Algumas pessoas, que no passado criticaram e julgaram minhas escolhas, perguntaram:

Aonde você quer chegar agora?

"Agora eu quero ser ministra da educação". – eu respondia, enquanto voltava a acreditar na minha maçã das infinitas possibilidades.

Com 11 anos de dedicação a essa instituição, cresci muito, até alcançar o posto de diretora acadêmica da pós-graduação e superintendente educacional. Após tudo o que enfrentei, a inspiração que pretendo deixar no artigo é simples, porém nada fácil de se praticar:

Como seria a vida educacional e corporativa se, no lugar de apenas criticar as ações do chefe carrasco, encolhendo-se como vítima, aprendêssemos tudo o que ele tem de melhor?

Não estou justificando e tampouco aprovando a conduta dos chefes severos, apenas convido você a aprender com eles algo de positivo e produtivo. Afinal, todo ser humano carrega qualidades profissionais apreciáveis.

Na experiência que relatei e sob o ponto de vista social, eu poderia ter me escondido atrás da confortável posição de mulher, negra, com restritas oportunidades financeiras e injustiçada pelo chefe malvado. Preferi vencer qualquer estereótipo e crescer como executiva.

É assim que devem pensar aqueles que pretendem construir uma carreira sólida na área educacional-corporativa: jamais faça parte das pequenas ou grandes massas que se acoitadam, que alegam não ter chance na vida ou na carreira. Venha para o "lado de cá", onde estamos construindo um Brasil de líderes exponenciais, em que não importa sexo, raça, idade ou condição social. No fim, o que de fato importa para crescer é aquilo que você faz e ninguém mais conseguiria fazer.

Enquanto escrevo este artigo, lidero, junto com o diretor geral, uma equipe de dezenas de profissionais diretos e centenas de indiretos. Sou responsável por 35 cursos com 42 turmas em andamento, além de cursos em 17 hospitais parceiros e 225 cursos cadastrados no e-Mec. Ou seja, uma das maiores Instituições de pós-graduação da saúde é liderada por uma pedagoga. Fomos responsáveis ainda pelo projeto que visava diminuir a mortalidade materno e infantil, no Estado de Minas Gerais, que contou com a formação de 7 mil pessoas.

Provei ao mercado, com números e *cases*, que sou capaz de liderar uma operação comercial. A cada construção desses projetos, fui me capacitando para ser uma líder diferenciada e, como boa estrategista, precisei seguir um roteiro importantíssimo. Vou compartilhar cada passo, para que faça a diferença em sua carreira:

✓ Invisto em autoconhecimento, principalmente em cursos de desenvolvimento humano;

✓ Acredito, amo e tenho prazer de fazer o que faço;

✓ Sigo um propósito de vida e quero deixar um legado para a educação;

✓ Inspiro-me em grandes mestres;

✓ Embora seja *coach* e mentora, também me submeto a processos de *coaching* e *mentoring*;

✓ Crio planos e estratégias, trabalhando sempre com um sonho no radar;

✓ Utilizo todas as experiências, boas e más, para liderar da melhor maneira;

✓ Invisto frequentemente para me comunicar de forma mais assertiva;

✓ Entendo que, como líder, tenho o dever de formar uma equipe diferenciada e para isso, devo conhecer o comportamento, os valores e os anseios dos meus semelhantes;

✓ Com frequência, procuro fazer algo pela primeira vez. Por exemplo: é a primeira vez que abro o coração para narrar parte da minha história profissional;

✓ Pratico o que falo e vivo tudo o que defendo;

✓ Busco o novo, mesmo no velho que ainda não pratiquei.

O *case* que gerei na área educacional tem despertado a atenção de outros setores corporativos, pois toda solução definitiva é passível de "exportação". Essa é a dica final: jamais pense em crescimento isolado. Inove, reconstrua a visão das pessoas e o poder dos projetos, até ter a certeza de que o seu *case* é útil a outros segmentos.

Hoje, convidada a ministrar palestras, consultorias e treinamentos em setores diversos, me sinto grata e feliz por levar a vários territórios o legado de liderança educacional que construí, fruto de uma marca pessoal erguida com muito esforço. Se você deseja uma palestra ou um treinamento em sua empresa, pode me convidar e levarei a minha metafórica maçã aos colaboradores. Afinal, eu não venci num setor calmo e morno, em que não existissem boas soluções, mas em um meio de alta competitividade. Por isso, ficarei feliz ao emprestar as minhas soluções ao seu negócio.

Obrigada pela companhia nesta rápida passagem articulada e lembre-se de três inspirações da maçã:

Existem infinitas possibilidades;

Você sempre pode ir além;

O melhor está por vir.

Até a próxima, em meu livro solo (onde revelarei, por exemplo, o destino que teve o tal chefe tirano). Atente-se para a maçã; sempre cai uma próxima a você, te convidando a levantar a autoestima, o poder de criação e de influência. Partindo do plano metafórico para a prática, esta maçã é a ponte que acabará com as crenças negativas, que fortalecerá as crenças capazes de impulsionar a vida e a carreira.

"Seja feliz antes de liderar ou lidere em busca da felicidade. No fim, ambas as opções de semeadura resultam na mesma colheita."

17

Inspirar pessoas é a chave de tudo

Um dos conceitos mais fortes de *marketing* é a diferenciação. Embora o mercado seja bastante concorrido, ser você mesmo, respeitando a sua personalidade, pode ajudá-lo. Por quê? Porque as pessoas vão se sentir atraídas à sua essência e verdade, aumentando a conexão e motivação para seguir as suas propostas. Inspirar é tudo o que pessoas e empresas buscam ao contratá-lo

Leandro Correia

Leandro Correia

Graduado em *marketing*, especializado em desenvolvimento de estratégias para marcas do segmento de desenvolvimento humano. Há mais de 11 anos desenvolve táticas poderosas para palestrantes como Prof. Gretz, Leila Navarro, Rodrigo Cardoso, Marcelo Ortega, José Ricardo Noronha, Alexandre Slivnik, Sofia Bauer, dentre outros do mercado de T&D. Acredita fortemente no processo de construção de marca para garantir uma carreira sustentável e lucrativa.

Contatos
Site: leandrocorreia.me
E-mail: leandro@leandrocorreia.me
Facebook: correialeandro

Tenho poucas páginas para justificar a minha participação nesta obra. Meu objetivo consiste em ajudá-lo a melhorar sua marca. Você sabe o que é fazer *marketing*? É utilizar o composto ou *mix* de *marketing* para gerenciar o seu negócio. Talvez você já tenha ouvido falar sobre os clássicos 4ps (produto, promoção, preço e praça). Por exemplo, toda vez que você trabalha a estratégia de comunicação e práticas de comercialização do seu produto, você está fazendo *marketing*.

É importante dizer que atualmente existem muitas releituras do composto de *marketing*. Não é a minha intenção explorá-los, entregar táticas, técnicas, *hacks* ou estratégias mais quentes do momento para vender seus produtos e serviços.

Quero melhorar o *marketing* da sua marca por meio de alguns conceitos que, raramente, mudam. E, quando mudam, a transição possibilita que você tenha tempo de adaptar-se e continuar vivo no mercado.

Em contraste, as estratégias mudam a todo momento, por isso, não deixe sua marca depender unicamente de uma estratégia, pois isso poderia ser fatal. Então, minha sugestão é seguir alguns conceitos importantes como estes:

- Você deve inspirar pessoas;
- Você é uma marca pessoal;
- Você é um especialista;
- O processo de construção é infinito.

Você deve inspirar pessoas

A pergunta-chave para alguém que decide criar qualquer produto ou serviço, é: qual é o problema a ser resolvido? A sua resposta poderia ser: inspirar pessoas.

Se isso é óbvio para você, excelente! Você é a minoria, acredite. Este é o diagnóstico que cheguei ao trabalhar nos últimos dez anos com marcas de palestrantes, treinadores e especialistas de desenvolvimento humano.

Quero dizer que mais importante do que o seu conteúdo é a sua comunicação. É a sua capacidade de inspirar as pessoas a agir.

Vou fazer uma pergunta para explicar melhor o que quero dizer: se você inspirar o seu ouvinte a aplicar apenas 10% do que diz em uma palestra, ele terá bons resultados? A sua resposta provavelmente será sim e você será muito bem remunerado por isso.

A maioria das empresas sabe exatamente quais são os seus próprios pontos fracos. Afinal, fará um *briefing* para deixar claro onde você deverá atuar. Bom, se uma empresa conhece os seus pontos fracos, por que deveria chamar alguém de fora para tratá-los? Por que poucos sabem inspirar pessoas a mudarem.

Quanto mais você inspirar, mais requisitado será. Ou seja, não é a quantidade de conhecimento, metodologias ou fórmulas que você detém, que vai garantir uma boa agenda.

Conhecimento é importante. Mas vivemos na era do conhecimento, do conteúdo. Conhecimento é *commodity*. Depois de grandes pensadores da filosofia ocidental, como Sócrates, Platão e Aristóteles, difícil ter novidades.

Temos cada vez mais estudos sobre o desenvolvimento humano, avanços científicos e novas conexões. As informações estão disponíveis para qualquer pessoa. Então, reforço a necessidade de inspirar, antes de informar as pessoas.

Peço licença para compartilhar algo que aconteceu comigo. É um exemplo da necessidade de ser inspirador. Não me refiro a pessoas como artistas, atletas ou celebridades. Pessoas como você e eu, que estão no dia a dia para compartilhar seus aprendizados. Há aproximadamente um ano, eu perdi 30 quilos em apenas cinco meses. Reorganizei a minha alimentação e intercalei com leves corridas de 30 minutos por dia.

Sou graduado em *marketing*, e não em nutrição ou algo do gênero. Eu apenas resolvi mudar, pois havia chegado a 110 quilos, quando minha segunda filha estava prestes a nascer. Então, me perguntei: quais são os hábitos saudáveis que vou deixar para minhas filhas? Pronto! Resolvi mudar e, sem perceber, comecei a inspirar. Eu vivi uma frase que li há alguns anos: "A palavra convence, mas o exemplo arrasta."

Com o meu exemplo, inspirei pelo menos sete pessoas a diminuírem o consumo de carboidratos. Sem contar clientes e até vizinhos que me disseram abertamente: "Você me inspirou a fazer alguma coisa." O quê? Eu? Existe uma indústria bilionária sobre vida saudável (academias, cursos, profissionais etc.) e eu que inspirei você a mudar? Eu não tenho a mínima condição acadêmica para isso, mas eu inspirei.

Então, é preciso ser o exemplo. A principal forma de inspirar as pessoas é ser você, com seu exemplo e singularidade, sem imitar um grande e reconhecido treinador. Coloque a sua impressão digital, essência, visão, conexões e personalidade na sua marca, comunicação, produtos, projetos, *posts*, palestras, conversas e no seu dia a dia. Você está conseguindo entender onde pode chegar e a velocidade que poderá alcançar na promoção da sua marca, sendo você mesmo e inspirando mais facilmente as pessoas?

Inspirar pessoas é a chave de tudo. E, quando ficar claro que você não precisa ser outra pessoa para inspirar outros, então a qualidade e impacto da sua mensagem vai aumentar exponencialmente. Tudo ficará mais fácil, com mais qualidade e impacto.

Coloque tudo neste jogo. Seu conhecimento acadêmico, experiências, aprendizados, suas vivências, diferença física, capacidade mental, espiritualidade e emoções. Você é um ser único, capaz de destravar uma série de atitudes e mudanças nas pessoas. Você não tem concorrentes. Ninguém é igual a ninguém. Isso o coloca em uma roda de abundância incrível. Você tem um mercado inteiro para explorar e as empresas têm um mercado infinito para contratar.

Eu arrisco dizer que, se com apenas 10% do seu conteúdo você inspirar 10% do seu público a mudarem de atitude, você terá uma carreira brilhante. Você construirá uma marca forte, com impacto, propósito e lucro. Mexa com o íntimo das pessoas. Provoque. Inspire. Quanto mais transformação causar, mais riqueza você vai gerar.

Isso faz parte de um caminho real, natural e fácil. E, justamente por esses motivos, poucos trafegam por ele. Adam Smith disse que "a ambição universal do homem é colher o que nunca plantou." Os profissionais buscam caminhos alternativos para encurtar o sucesso da sua carreira. Sendo que a solução está em você, dentro de si.

Agora, comece a implementar esse *mindset* ao *marketing* do seu negócio. Tudo começa a ficar mais fácil, real e inspirador. Você será mais criativo, tudo se encaixará melhor. Você não vai precisar bancar o estilo x ou y nas redes sociais, por exemplo. Aliás, talvez nem seja necessário postar em todas as redes sociais, apenas uma, aquela que tem mais a ver com você. Isso o deixará mais leve, verdadeiro e produtivo. Acredite, por mais digital que o mundo pareça estar, as pessoas conseguem ter a sensibilidade de identificar a verdade. Mesmo que no subconsciente, as pessoas identificarão se você está sendo verdadeiro ou não. Você jamais conseguirá inspirar profundamente uma pessoa se esta verdade não estiver no seu coração.

O que escrevi anteriormente deveria brilhar aos seus olhos, pois garante que você está frente a um mercado extremamente promissor:

1. Fazer o que gosta, sendo você mesmo;
2. Impactar positivamente as pessoas;
3. Viajar, conhecer pessoas e lugares interessantes;
4. Ser bem remunerado.

É bem provável que você já saiba disso. E, quando eu falo em mercado promissor, é provável também que você pense na concorrência. Parece haver superlotação neste segmento, deixando o mercado com produtos similares, muitas opções, concorrência etc.

Mas será que todos esses concorrentes estão conscientes que o primeiro passo é ser você mesmo? Possuem a clareza que o seu papel é inspirar as pessoas a mudarem de atitude?

Você é uma marca (pessoal)

Atualmente, grandes empresas investem muito dinheiro para humanizar cada vez mais as suas marcas. E você? Bem, você não precisa, pois você já é um ser humano.

Já vi muitos especialistas jogando no lixo essa importante condição de ter uma marca pessoal, humana. Muitas marcas pessoais querendo ser uma S/A. Você já tem aquilo que empresas gastam bilhões de dólares para ter. Sua marca tem sangue nas veias, coração, personalidade. Use isso a seu favor. Mostre sua essência para o mundo. Isso vai abrir inúmeras possibilidades. Não tente criar um nome empresarial. Pessoas contratam pessoas, pense nisso.

Você é um especialista

Se você entrar neste *mindset* que estou compartilhando, você será um especialista.

Você é bom em quê? Qual é a sua formação? Por exemplo, se for um especialista em vendas, por que se meter a falar sobre produtividade do tempo, inovação, gestão, administração de empresas? Ninguém é bom em tudo. Se você pintar isso para o mercado, você provavelmente não estará sendo você mesmo.

Lembra do pato? Vai voar, andar e nadar. Mas não vai fazer nada direito, não vai inspirar, não será um especialista. Ser fiel à sua singularidade o tornará um especialista.

Apenas para reforçar: numa emergência, qualquer médico serve. Mas, quando você precisa de um tratamento para curar uma doença, consultará um especialista. Não seja um clínico geral. As pessoas não aprofundarão o relacionamento com você. Elas vão procurar um especialista para as dores delas.

Consegue ver como tudo faz sentido? Foque em inspirar pessoas, criar uma marca pessoal que tenha como base a sua essência e você será um especialista em determinado assunto.

Isso é extremamente importante em um momento que vivemos uma avalanche de conteúdo. Quanto mais caminhos, quanto mais conteúdo, mais difícil será para as pessoas tomarem decisões. Elas precisam de alguém que diga o que fazer, o que ler, para onde ir. As pessoas não querem pensar. Elas querem que você pense por elas.

As pessoas querem confiar em você. Não minta para elas. Se você disser que tem um conteúdo exclusivo, que é o melhor, especialista em vários temas, um instituto, uma universidade ambulante, ou qualquer coisa do gênero, há fortes indicativos que está mentindo. Lembre-se, as pessoas querem apenas alguém para inspirá-las, elas querem que você seja um filtro para elas. Um curador de conteúdo.

Se as pessoas quiserem apenas informação, elas simplesmente vão perguntar isso para um *software*. Não precisarão de você. A inteligência virtual está no jogo e provavelmente vai simplesmente responder as nossas dúvidas e até traçar estratégias.

Então, direcione todo o seu investimento de tempo, energia, dinheiro para a sua especialidade. Isso o permitirá conseguir construir uma infinidade de produtos e distribuir muito conteúdo, tanto para atrair novas pessoas, quanto contratações. Seu conteúdo é suficiente e está organizado para isso?

Pense na Coca-Cola, diferentes produtos (água, suco, refrigerante com mais açúcar, com menos açúcar etc.) em diferentes quantidades (350 ml, 600 ml, 1 litro, 2 litros, 2 litros e meio, etc.).

Faça como a Coca-Cola, dilua o seu conteúdo em vários formatos e crie vários produtos. Pense na Apple, que atingiu impressionantes US$ 182,8 bilhões de valor de mercado, mantendo pelo oitavo ano seguido a liderança de empresa mais valiosa do mundo. Já pensou se ela vendesse apenas iPhone Black de 128 gigas? Ela tem computadores, celulares, relógios, serviços de *streaming*, armazenamento na nuvem, etc.

Pense e inspire-se. Não se limite a ser apenas um palestrante. Expanda sua jornada de transformação, passe a expandir a consciência das pessoas. Você é um especialista.

Este *mindset* que apresentei pode tornar mais fácil controlar o seu *mix* de *marketing*, criando melhores e mais eficientes estratégias. Não vai gritar para chamar a atenção do seu público. São eles que vão querer ser influenciados por você.

O processo de construção é infinito

Quero terminar pedindo que você imagine uma construção civil. Planejamento, projeto de engenharia, projeto arquitetônico, o alicerce, acabamentos, móveis etc.

A diferença é que a construção de uma marca não tem fim. Portanto, não tenha pressa. Não entre neste negócio por dinheiro. Entre porque você quer ajudar pessoas.

Seja fiel a você mesmo. Construa uma marca de sucesso. E, por mais que não esteja passando pelo melhor momento financeiro, evite o "faça você mesmo". Isso é perigoso. Assim como na construção de uma casa, contrate o especialista. Mas lembre-se, a casa é sua. Com sua personalidade, com suas verdades.

Espero que meus pensamentos tenham te inspirado a continuar nesta jornada de forma mais segura e promissora. Espero também um dia te conhecer e ser inspirado por você. Sucesso!

18

Tudo começa em casa!

As mudanças desejadas em qualquer tipo de organização possuem um *start*! Líderes de qualidade podem ser desenvolvidos dentro de nossas casas, onde existe a primeira equipe que pode ser modelada no exercício real de uma liderança familiar. Um ambiente familiar favorável torna-se necessário para transformar os seus integrantes em líderes primeiramente de si, e depois tornarem-se aptos a influenciar outros. Além disso, serem geradores de resultados extraordinários na vida e nas organizações. Que as nossas casas sejam o "terreno fértil" que forma os líderes de hoje e de amanhã

Lúcia Moraes

Lúcia Moraes

Palestrante de Liderança Familiar com Foco em Educação de Filhos. Idealizadora e executante do Programa "Pais de Excelência" com o projeto de Roda de Conversa Com Pais (RCP). Assistente social pela Universidade Federal do Pará (UFPA). Bacharel em psicologia pela Universidade da Amazônia (UNAMA). Pós-graduada em administração hospitalar pela Universidade Estadual do Pará (UEPA) e gestão de pessoas (EGPA/UNITOLEDO). *Coach* com formação internacional – *personal and performance coaching* – pela Interview Official Institute – 1ª empresa especializada em *coaching* na região norte. Curso de *master mind lince* pela Fundação Napoleon Hill. Sólida vivência de 22 anos na área de Recursos Humanos em empresas de diversos segmentos no âmbito privado e público no Estado do Pará, como: Empesca S/A - Const. Navais (pesca e exportação), Facepa (fáb. de celulose e papel da Amazônia), Albras, Petrobras, Tranpetro, CESUPA e Secretaria de Estado de Saúde Pública – SESPA.

Contatos
Site: www.luciahelenamoraes.com.br
E-mail: lucia.helena@luciahelenamoraes.com.br
Facebook: Lúcia Helena Palestrante
Facebook (página): Lúcia Moraes - Palestrante & *Coach*
Instagram: luciahelenapalestranteecoach
Telefone: (91) 99989-3990
Telefone: (91) 98862-6957

As nossas casas abrigam a boa semente:
a família que pode transformar a si mesmo e o mundo.

Lembro-me que em um dia normal de trabalho fui surpreendida com a seguinte pergunta por uma colega de trabalho: "quanto tempo você tem de mercado de trabalho? Rapidamente pensei que talvez a minha ação profissional estivesse sendo questionada ou talvez por algum motivo, que eu não sabia, essa colega tinha a intenção de me constranger, já que toda a equipe se encontrava reunida naquele momento.

Na época, respondi que tinha 19 anos de formação acadêmica e o mesmo tempo de pleno exercício da atividade para a qual havia me formado. E aquela colega prontamente exclamou: "Nossa, você tem o entusiasmo de uma recém-formada e que sonha transformar o mundo!".

Sonho transformar o mundo, desde que me "entendo por gente"! Sonho ver as pessoas realizadas em sua própria existência. Sonho ver as famílias transformadas. Sonho ver as empresas e todo e qualquer empreendimento transformados. Mas, como isso seria possível?

Em minha trajetória profissional e em razão de minha formação e dos inúmeros atendimentos de pessoas e famílias, em âmbito particular ou em empresas, comecei a verificar a relação direta quanto ao posicionamento na vida, no trabalho e a base familiar dessas pessoas, tanto positiva quanto negativamente.

Tudo começa na família! A educação recebida em casa é manifesta nas diversas relações que serão estabelecidas ao longo da vida. O sucesso ou insucesso profissional têm suas origens dentro de cada casa.

Por conta destas reflexões, perguntei-me se o futuro das empresas e de qualquer tipo de empreendimento não estaria comprometido, pois enquanto ser, as pessoas não estavam mais sendo. Estão deixando de ser, ou até mesmo nunca foram, pois em suas bases, pouco ou nada foi cultivado, para serem pessoas de qualidade, que se preocupam consigo, com o outro e intencionam deixar um bom legado para o mundo.

Ser um empreendedor de sucesso da própria vida e dos negócios depende da liderança que se assume de si! Não há como desejar que o outro colabore com a nossa existência, se de si mesmo não obtém ajuda. É necessário então descobrir o seu papel no mundo e a contribuição para a primeira equipe da qual se faz parte inicialmente – a família.

E aí estamos falando sobre liderança familiar, em que não somente pais ou mães estão na liderança das famílias, mas também cada componente da mesma, no exercício efetivo de seu papel, seja como filho, madrasta, padrasto, enteado e outros. A atuação de cada um afeta a *performance* da família e o inverso é verdadeiro também.

Como pessoas que somos, quando adentramos no mercado de trabalho, não se deixa atrás da porta parte de si, para ser unicamente profissional. Continua-se a ser pai, mãe, filho, marido e esposa. Assim se pode afirmar que os reflexos da liderança familiar tenham sido salutares ou não. Repercutem em qualquer tipo de trabalho que a pessoa venha a desenvolver. O sucesso de qualquer pessoa começa dentro de casa.

Isto é interessante e desafiante! É interessante porque se tem como descobrir a causa de muitos comportamentos desafiantes, pois tudo pode ser mudado, se a pessoa assim quiser.

Então, temos a responsabilidade da própria mudança. É possível pensar com clareza e a partir daí definir um novo caminho.

Assim, nesses 25 anos de experiência de atendimento em áreas de recursos humanos, liderança de equipes e em atendimentos individualizados, em diversas situações fui impactada pela realidade, não tão "ideal", de pessoas e famílias, estando muitas vezes o desempenho profissional relacionado a esta temática, pois os laços primários possuem uma influência em todas as áreas da vida de uma pessoa.

Tive e ainda tenho a oportunidade de acolher e acompanhar muitas pessoas e funcionários com questões familiares em que estas estavam afetando diretamente a sua vida produtiva na empresa. Os problemas eram de diversas ordens, como por exemplo: – absenteísmo, envolvimento com álcool e outras drogas, dificuldade de relacionamento intra e interpessoal, insegurança em liderar uma equipe e outras.

Com base na minha experiência, e como líderes que devemos ser – dentro e fora de casa, é possível despertar no outro a capacidade de acreditar que a mudança é possível e, com isso, influenciar outros a fazerem o mesmo. Isso é liderança

– inspirar a mudança! Ser inspiração no pensar, falar e agir. Só se colherá na vida e nos negócios os "frutos" que se cultivou.

Com esta compreensão, há a possibilidade real de transformação de vidas, começando por si. Isso impacta nos resultados das pessoas, das empresas e de qualquer segmento de trabalho.

O desafio de liderar quando o tempo é exíguo é se tornar um bom exemplo, pois, mesmo ausente fisicamente, a equipe será capaz de fluir.

Se o mundo hoje parece mergulhado em crises – econômica, política e social – no mínimo, há o sofrimento "na própria pele", de todas as consequências disso, inclusive dentro e fora de casa. Mas, qual seria a causa de tudo isso?

Quem é considerado como o "motor" das organizações? As pessoas. Quem são essas pessoas? Pais de famílias. Quem é responsável pelos resultados da empresa? Os pais de famílias. Quem educa (ou deseduca) as gerações que serão os futuros "trabalhadores" das organizações? Os pais de família. De quem é a responsabilidade de dar uma boa educação aos filhos ou daqueles que estão sob sua responsabilidade – em termos de formação de princípios – caráter, honestidade, cooperação, espírito de equipe, dentre outros princípios? Os pais de família. Então, onde tudo se inicia é na família.

Será que deveríamos nos preocupar com a liderança familiar, no sentido da formação dos líderes de hoje e do futuro? A resposta é sim, pois esta liderança está fragilizada e há evidências destes reflexos nas atitudes dos seres humanos. Por isso, a responsabilidade que temos hoje de desenvolver esta liderança com responsabilidade, para que somada às influências externas, possam ser capazes de desenvolver melhores pessoas.

É preciso tocar o coração e fazer as pessoas vibrarem a ponto de abrirem as suas mentes e se tornarem pessoas melhores. O tempo urge!

Hoje é o tempo de investir no desenvolvimento de pessoas e de lideranças, pois se não os resultados não aparecerão. Com a escassez de liderança inspiradora, o futuro não é promissor. Com isso, pode haver o comprometimento de toda e qualquer ação estratégica e a limitação de crescimento de muitos empreendimentos em um horizonte muito próximo.

É possível, a partir de mim e de você, mudar este cenário dentro das casas e das organizações, visto que cuidar da família é cuidar do mundo.

Mesmo que hoje, você olhando para si mesmo com uma "lupa" enorme não consiga vislumbrar solução ou soluções para si, sua família e organização e, neste momento, nem sabe por onde começar ou como contribuir para mudar este cenário que aí está, existe uma solução e ela está dentro de você.

Então, a proposta que pode dar início a toda essa mudança pode se constituir de pequenos passos que tornarão possível alcançar resultados maiores:

1. Responsabilize-se e faça a sua parte. O que você gostaria que as pessoas fizessem por você? O que você seria capaz de fazer por aqueles que estão em sua convivência? Reflita sobre o que você tem feito hoje, se tem agregado ou não algo para si e para os outros. Se cada um assumir o seu papel, todos ganharão. O seu desempenho profissional estará em alta, pois se tornando líder de si mesmo primeiramente, estará "mais protegido" das intempéries da vida e da carreira. Esteja aberto às mudanças e seja capaz de reinventar-se;

2. Concilie carreira e família. Se isto é possível? Digo-lhes que é necessário. Os pequenos e grandes momentos, tanto em âmbito familiar, quanto profissional, precisam ser bem aproveitados para o bem comum, melhoria das relações familiares e do desempenho profissional;

3. Invista em sua família, pois o lucro será certo, em termos de tempo de convivência. Não são necessárias muitas coisas para isto acontecer. Não há uma fórmula, mas é possível descobrir algumas estratégias. Doe-se. Se necessário, abra mão de algo que não é tão importante assim para ter mais tempo em família. Compreendendo que isso não será perda de tempo, mas investimento.

4. Torne-se melhor do que você já foi até hoje. Sendo melhor profissional, filho, pai, irmão, sobrinho, tio... Qual o ganho que você terá disso? Estará mais feliz e mais produtivo dentro de casa e no trabalho, estando, assim, revitalizado para dar sempre o seu melhor e contribuindo para melhorar a sua família, o seu trabalho e, por conseguinte, o mundo. Torne-se um ser de qualidade, em qualquer circunstância ou contexto, despertando a sua inteligência interior. Não faça sombra para si mesmo, (re)posicione-se.

Caso os resultados, em casa ou trabalho, ainda não sejam os esperados, não desanime! Sua família, equipe de trabalho ou talvez uma única pessoa, esperam a sua persistência.

Hoje as empresas, as mais diversas organizações, a família e o mundo estão "clamando" por pessoas que façam a diferença onde estão, de forma criativa, comprometida e produtiva.

Lembre-se: tudo o que fizer, sobreviverá a você. Então faça! Mas, faça muito bem feito!

Referências

CORTELLA, Mário Sérgio. *Família: urgências e turbulências.* São Paulo: Cortez, 2017. 144 p.

KUBICEK, Jeremie. *A liderança está morta: como a influência pode ressuscitá-la.* São Paulo: Clio Editora, 2012. 200 p.

LAHEY, Jessica. *Pais superprotetores, filhos bananas: o que podemos fazer para não criar uma geração insegura.* 1. ed. Rio de Janeiro: HarperCollins Brasil, 2015. 256 p.

MAXWELL, John C. *As 17 incontestáveis leis do trabalho em equipe: descubra os segredos para o desenvolvimento de equipes vencedoras.* Rio de Janeiro: Thomas Nelson Brasil, 2016. 256p.

MARINHO, Theunis Geraldo Baronto. *Sonhar alto, pensar grande: lições de um brasileiro que enfrentou os obstáculos e tornou-se presidente de uma multinacional.* São Paulo: Editora Gente, 2016. 224 p.

19

Equilibrando o corpo e liberando emoções com a psicoaromaterapia

Na era da urgência que vivemos hoje, é cada vez maior o número de pessoas que se encontram em desequilíbrio emocional, o que faz com que a produtividade decaia em todos os aspectos da vida. A boa notícia é que a partir do momento que passamos a gerenciar melhor nossas emoções, todas as áreas começam a ter um melhor rendimento e uma melhor *performance*

Marcelo Santiago

Marcelo Santiago

Palestrante e *coach* de alta *performance*, especialista em psicoaromaterapia. Engenheiro civil por formação e pós-graduado em engenharia ambiental. Ampla formação na área de desenvolvimento humano como *coach* pela High Performance Academy, com Brendon Burchard, na Califórnia e psicoaromaterapia pelo IBRA (Instituto Brasileiro de Aromatologia). Formação em desdobramento quântico, em Buenos Aires, com o físico ganhador do prêmio Nobel, Jean Pierre Garnier. Coautor do livro *Motivação: a chave para o sucesso pessoal e profissional* (Editora Leader).

Contatos
Site: www.marcelosantiago.rio.br
E-mail: contato@marcelosantiago.rio.br
Instagram: marsansantiago
Facebook: Marcelo Santiago

Gostaria de começar te fazendo uma pergunta: você está satisfeito(a) com a sua vida? Gostaria de ter feito algo diferente? E se eu falasse que ainda está em tempo? Você quer saber como? Bem, vou contar um pouco sobre mim.

Antes de me tornar palestrante motivacional e psicoaromaterapeuta, trabalhando com uma terapia que cada vez mais vem transformando e melhorando a vida de muitas pessoas, eu já fiz muitas coisas.

Para começar, eu entrei na faculdade muito cedo, com 16 anos, e me formei com 21, em engenharia civil. Talvez na época eu seguisse aquela velha crença: "filho de peixe, peixinho é", pois meu pai e meu irmão são engenheiros civis. Pelo fato de gostar de matemática, resolvi cursar engenharia civil.

Trabalhei por sete anos como engenheiro civil e depois vi que não era isso o que eu queria para minha vida. Após a engenharia, percorri vários caminhos. Trabalhei como ator durante 14 anos e, nesse ínterim, fiz uma pós-graduação em engenharia ambiental.

Até que, nessas idas e vindas, me formei em *coaching*, e daí me tornei palestrante motivacional e mais tarde psicoaromaterapeuta.

Depois de percorrer muitos caminhos, descobri que podemos ser e fazer aquilo que desejarmos. Basta querer; estar aberto para receber e saber que a vida é feita de escolhas e aceitar os acontecimentos da melhor maneira possível!

Eu digo que "o importante não é o que aconteceu, mas sim como reagimos aquilo que aconteceu". Por isso, posso te garantir com muita convicção de que nunca é tarde para recomeçarmos... do início mesmo!

Estamos na era da urgência. As pessoas estão vivendo no "automático" e querem tudo "para ontem". Com isso, não sabem mais gerenciar suas emoções, que por consequência, acabam refletindo nas diferentes áreas da vida: saúde, relacionamento afetivo, família, amigos, missão (carreira e trabalho), espiritualidade, enfim.

Sabe aquele dia em que você acorda "de bem com a vida" e tudo dá certo? Você encontra um amigo que não via há muito tempo, as pessoas o elogiam, você consegue a melhor vaga etc. Porém, tem outros dias que você preferiria "ficar na cama" e dá tudo errado. Não é mesmo?

Eu pergunto a você: como você estava se sentindo nesses dias? É bem provável que no dia que deu tudo certo, você estivesse feliz. Quando estamos nos sentindo bem, tudo dá certo.

E no dia que as coisas não saíram do jeito que você planejou, você provavelmente estivesse se sentindo triste, aborrecido. Mesmo a nível inconsciente.

Porém, mais importante do que pensar positivo, é sentir positivo! Precisamos alinhar pensamento com sentimento.

> Pensamentos geram emoções e sentimentos; emoções e sentimentos geram hábitos e comportamentos; e esses hábitos e comportamentos geram os nossos resultados. Uma mudança de pensamento equivale a uma mudança de destino. (Dr. David Hawkins)

Somos como estações de rádio ambulantes. Vibramos em diferentes frequências.

A transmissão de rádio, nesse caso, acontece ao se enviar um sinal sonoro em forma de ondas eletromagnéticas – ou ondas de rádio – por meio de uma torre. Dessa forma, aqueles aparelhos que estiverem sintonizados na mesma frequência que essas ondas, conseguirão captar a mensagem enviada.

Se você quer escutar uma determinada estação de rádio, você precisar sintonizar na frequência correta. Assim somos nós seres humanos, só que emitimos frequências em *hertz (hz)*, ciclos por segundo. E pela lei da ação e reação, "para toda ação é gerada uma reação de sentido oposto e mesma intensidade."

Ou seja, se você não está gostando do que está recebendo do universo, observe o que está emitindo. A seguir, conforme a tabela dos níveis de consciência, do Dr. David Hawkins – médico psiquiatra, que dedicou sua vida a estudos que ajudassem a melhorar o bem-estar do ser humano – veja as frequências que emanamos quando estamos vibrando em determinadas emoções e sentimentos:

Acesse a tabela pelo código QR code:

Com a cinesiologia e alguns testes simples, ele conseguiu desenvolver uma metodologia capaz de medir a frequência do campo vibracional de pessoas, filmes e documentos, criando uma escala chamada "Níveis de consciência de Hawkins", onde computou os sentimentos do mais baixo, que é a vergonha, com 20 hz, ao mais elevado, que é a iluminação, que vai de 700 a 1000 hz.

Segundo Hawkins, os sentimentos abaixo de 200 hz fazem parte dos níveis de força, sob a perspectiva de que nesses níveis, viver não é um ato prazeroso. Nos níveis mais baixos, precisamos fazer força para sobreviver, tudo parece muito difícil. E acaba sendo, devido às leis da mecânica quântica que ressaltam, "semelhante atrai semelhante", através do campo eletromagnético, ou seja, se estamos em uma vibração de energia negativa, atrairemos mais situações negativas. Com isso, mais difícil se torna a elevação da vibração.

O nível da coragem, computado em 200 Hz, é considerado o ponto da virada, pois é o nível em que geralmente estão as pessoas que buscam ajuda para elevar a frequência por meio de profissionais, terapias, cursos e programas/livros de autoajuda. Essas pessoas já perceberam que há algo errado na ausência ou efemeridade do prazer em viver e buscam a realização plena, o real estado de felicidade.

Acima de 200 Hz, temos os níveis de poder, já com a vibração positiva de quem está retomando seu poder pessoal. Nesses níveis, a pessoa compreende que é responsável por sua realidade e percebe os impactos que tem a capacidade de gerar em seu entorno. Compreende que os sentimentos – sejam eles positivos ou negativos – nascem de seu interior, não estão em causas externas. O externo passa a ser uma consequência do interno e não a causa. Portanto, percebe que tem poder transformador.

Nestes níveis, além de maior equilíbrio, felicidade e capacidade de realização, o homem consegue realizar cada vez mais interferências positivas na realidade de outras pessoas, pois tem o desejo genuíno de ajudar aos outros a também retomarem seu poder pessoal e viver com satisfação. Nesses níveis, sentimentos como inveja, ciúme, vingança, ingratidão e egoísmo, são aos poucos superados e o "eu" deixa de interagir com o ego pessoal e passa a corresponder à integração com o "eu" maior, com o todo.

Quero ressalvar que, para passar dos níveis negativos para os positivos, é preciso que a pessoa esteja aberta a quebrar seus paradigmas e crenças limitantes. Busque jogar fora seus lixos interiores, de forma que possa abrir espaço e condições para a expansão da consciência e para que os sentimentos negativos sejam pouco a pouco substituídos por positivos. Neste aspecto, algumas terapias têm trazido resultados bem positivos.

Há várias terapias que usam a Escala de Hawkins com o intuito de levar as pessoas a elevarem suas frequências mais rapidamente, apresentando resultados substanciais. A psicoaromaterapia é uma delas. Você sabe por quê? Bem, é que os óleos essenciais vibram numa frequência muito maior que a nossa, por isso os resultados são incríveis!

> A lei da mente é implacável. O que você pensa, você cria; o que você sente, você atrai; o que você acredita, torna-se realidade. (Buddha)

Com a psicoaromaterapia, as pessoas que se sentem abaladas emocionalmente, desequilibradas, sem motivação, preocupadas etc., se tornam mais focadas, mais felizes, menos ansiosas, menos estressadas, mais produtivas, e assim por diante.

Um pouco sobre a psicoaromaterapia

O objetivo da psicoaromaterapia é aliviar, harmonizar, equilibrar o corpo, liberar emoções e sentimentos, trabalhando questões como medos, traumas, bloqueios, entre outras.

O processo se dá pelo conjunto de 13 óleos que formam o sistema dos 13 aromas, elaborado pelo biólogo russo, Dietrich Gumbel. Um método conciso que avalia o momento presente da pessoa no plano emocional, mental e físico, revelando com precisão os aromas que a pessoa necessita para entrar em equilíbrio, incentivando o corpo a trabalhar e ajudando-o a voltar à harmonia.

Segundo Gumbel, a escolha dos 13 aromas tem a ver com Jesus e os doze apóstolos.

Pelo olfato, escolhemos aromas cujos princípios ativos nosso corpo está precisando mais. Ele é o único sentido que tem uma ligação direta com o nosso sistema límbico, o nosso computador central, que sabe tudo, desde o cisto ainda não descoberto à emoção e traumas reprimidos no inconsciente.

Indica, inclusive, propriedades terapêuticas: o que é mais urgente tratar agora, hoje e por onde começar. O sistema é formado por seis pares de ação antagônico/complementares (*yin/yang*)+ um coringa. Cada par checa/trata determinados órgãos, funções, *chakras* e emoções associadas.

O quadro geral da pessoa é analisado e, com isso, o nosso subconsciente faz com que o corpo sinalize que princípios ativos encontrados nos óleos essenciais irão ajudar a dissolver o tipo de comportamento atual desequilibrado.

Com isso, após uma anamnese, no final da sessão é elaborado o seu "perfume pessoal frequencial."

Como a psicoaromaterapia funciona por meio do olfato, a pessoa precisa pingar algumas gotas do seu perfume pessoal na palma da mão e inalar três vezes ao dia, por um tempo que varia de três a cinco minutos.

A psicoaromaterapia no meu cotidiano

No meu trabalho como psicoaromaterapeuta, eu faço uma anamnese, ou seja, uma análise para saber se a pessoa está em desequilíbrio ou não, em relação ao *yin/yang*. Diariamente atendo pessoas que me procuram pelas mais variadas causas.

Tudo no universo é *dual*, assim como temos a noite e o dia, o nosso cérebro tem dois hemisférios, o esquerdo e o direito. Nós possuímos duas forças fundamentais opostas e complementares: *yin* – princípio feminino que é o nosso lado intuitivo, nosso lado emocional; *yang* – princípio masculino, o nosso lado mais racional e mental.

Eu explico para a pessoa que ela precisa inalar 13 óleos essenciais. Estes irão atuar nos sete principais *chakras* do nosso corpo (centros de energia) e, ao final da sessão, é elaborado o seu perfume pessoal frequencial. Também falo que as suas atitudes e emoções, os óleos essenciais servirão para realçar e aflorar, assim como o que eles irão neutralizar.

Com isso, a pessoa precisa inalar o seu perfume pessoal frequencial três vezes ao dia e com o passar dos dias, ela vai conseguindo liberar determinadas emoções e sentimentos que estão arquivados a nível inconsciente.

Para ilustrar, trago aqui o exemplo de uma paciente que eu atendi que estava se queixando de muito cansaço. Andava muito preocupada, impaciente, ansiosa, estava com insônia e eram muitas noites em claro.

Depois que ela passou por uma sessão de psicoaromaterapia e começou a cheirar o seu perfume pessoal, ela me relatou que estava menos inquieta, conseguindo dormir melhor e que mesmo com os problemas do dia a dia, ela lidava com eles, sem se sentir ansiosa e/ou preocupada.

No caso de outra paciente, ela conseguiu lidar melhor com alguns problemas emocionais relacionados à figura paterna. Relatou-me que nas duas noites seguidas em que ela inalou o seu perfume pessoal, ela chorou bastante. Ou seja, ela passou a liberar mágoas (e na psicologia, mágoa quer dizer "má água") e lembremos que nosso corpo é composto por aproximadamente 70% de água!

Ela também me contou que depois de ter chorado muito, passou a se sentir mais leve, aliviada e tranquila. Tudo isso acontece quando nós liberamos os sentimentos que estão aprisionados, mesmo a nível inconsciente. Passamos, assim, a nos sentir muito melhor e de bem com a vida.

Com a psicoaromaterapia podemos trabalhar diversas questões, como, por exemplo, depressão, síndrome do pânico, bloqueios. E vale a pena frisar que todas as doenças antes de se manifestarem no físico, acontecem primeiramente no nosso campo emocional.

É por isso que a psicossomática se encaixa perfeitamente no trabalho com os óleos essenciais.

Hoje em dia, estamos na era da urgência e eu pergunto a você: quantas pessoas não estão bem emocionalmente? E com isso não conseguem ter um rendimento eficiente no trabalho, em seus lares com os seus familiares e até mesmo com os seus amigos.

A partir do momento que passamos a gerenciar melhor nossas emoções, todas as áreas começam a ter um melhor rendimento e uma melhor *performance*, seja no âmbito da saúde, do trabalho, da família, do relacionamento amoroso, enfim, o nosso eu como um todo.

Mudar só depende de nós. Ninguém vai fazer por você o que só você pode fazer! Quem você é começa agora!

"Ser positivo não significa que você não terá pensamentos negativos, significa que você não permitirá que eles comandem sua vida."

Como Gandhi já dizia: "Seja a mudança que você quer ver no mundo".

Se você continuar a fazer as mesmas coisas, terá sempre os mesmos resultados. Você deseja alcançar um resultado diferente? Faça diferente! Quando você declara pro universo: eu estou pronto(a), ele não só te ouve, ele move tudo na sua direção!

Desejo a você um feliz início de um novo ciclo!

Referência

A Escala Hawkins da Consciência. Disponível em: <http://www.aartedeamadurecer.com.br/a-escala-hawkins-da-consciencia>. Acesso em: 12 de ago. de 2018.

20

Vendas 10.0
O papel do gestor de vendas na era digital

Neste capítulo, veremos que com o consumidor cada vez mais conectado, mais acelerado, muito melhor informado, consultando preços na Internet, enquanto está na loja física, acostumado a ter tudo em poucos cliques, exige um profissional de vendas atualizado. Assim, apresentamos o papel do gestor de vendas neste momento disruptivo, em relação à sua equipe

Marcelo Severich

Marcelo Severich

Palestrante e educador executivo, especialista em gestão e liderança em vendas. Administrador de empresas, pós-graduado em *marketing*, cursando MBA em neuroestratégia, fluente em espanhol e inglês. Com sólida e longa experiência na área comercial, liderou equipes de vendas internas e externas, por mais de 20 anos. Atuou no Brasil e em países como: China, Alemanha, Estados Unidos, Taiwan, Chile, Argentina, Venezuela, Colômbia, Peru e Equador. É inquieto pela busca de melhoria contínua e apaixonado pelo conhecimento. Busca influenciar, motivar e inspirar equipes para a alta *performance*. Seu grande diferencial está na vivência de *"cases"* reais, aliado ao conhecimento adquirido e a sua experiência internacional.

Contatos
Site: http://marcelo.severich.com.br
E-mail: contato@severich.com.br
Redes sociais: Marcelo Severich Palestrante
Telefone: (42) 99867-6753

> A única coisa que não vai mudar no mundo é o constante estado de mudança em todos os setores da vida. (John Predebon)

O mundo mudou e vai continuar mudando

O desafio está em acompanharmos a "velocidade" na qual as mudanças ocorrem. Novas profissões, plataformas, redes sociais, aplicativos, comportamento do consumidor e assim por diante. Estamos vivendo uma grande transformação, principalmente, digital. Muito provavelmente, esta nova revolução digital será estudada pelas futuras gerações, como umas das mais importantes vividas pelo homem, assim como a Revolução Industrial foi.

Está muito claro que esta revolução está impactando muitos negócios e ainda vai continuar a transformar ou acabar com vários deles, assim como está fazendo com as profissões. Além disso, exigirá o rompimento com conceitos e crenças que não funcionam mais – agora é hora de ser disruptivo.

O impacto que isso tem sobre muito negócios e profissões é evidente, considerando que muitos precisarão ser reinventados ou deixarão de existir, basta considerar as informações e exemplos a seguir:

• De acordo com levantamento recente, temos 3,4 bilhões de pessoas usando a Internet, o que representa 45% do mundo.

• Até 2020, estima-se que 70% da população mundial terá um *smartphone*, o que significa mais pessoas conectadas.

• Com cerca de 1,65 bilhão de usuários, o Facebook e suas outras famosas redes, Instagram e WhatsApp – são cada vez mais utilizadas para o comércio, principalmente pelo baixíssimo custo de atração de público.

• A Uber chegou ao Brasil em 2014 e está presente em mais de 100 cidades. São 500 mil motoristas parceiros e mais de 20 milhões de usuários. Recentemente, fechou uma compra de 24 mil automóveis – autônomos – ou seja, não haverá necessidade de motorista.

• Há ainda inúmeros exemplos, como Netflix, Olx, Airbnb, Booking, impressora 3d, que estão revolucionando e ainda vão melhorar muito suas plataformas, características, benefícios, funções e proporcionar experiências cada vez melhores.

Gestor e líder de vendas:
- Vocês estão atentos a estas mudanças cada vez mais velozes?
- Estão preparando a sua equipe para este novo momento?

O mundo online comercial

Eu precisava de um tênis, então fui, é claro, para a Internet, onde pesquisei modelos, marcas, cores, preços, etc.

Ainda com dúvida, aproveitei um passeio com meus filhos ao *shopping*. Entrei em uma loja especializada em esportes, logo um vendedor aproximou-se. Pedi um modelo de tênis em particular, ele me mostrou, mas não era a cor que eu queria.

Peguei meu celular, que já estava na página de um grande varejista eletrônico e perguntei: "Tem esta cor?". Ele viu que era seu concorrente, o preço era menor e havia várias cores disponíveis. E o que o vendedor fez? Nada. Apenas respondeu que não tinha, saiu de perto na hora, ficou visivelmente incomodado, revoltado e posso até acreditar que ficou bravo comigo. Ele não conseguiu realizar o atendimento, não me cativou. A única coisa que fiz, foi estar muito bem informado.

Segundo o Google, oito em cada dez americanos, pesquisam preços *online* dentro de uma loja física, enquanto estão procurando por um produto.

De acordo com o relatório *e-commerce* radar, idealizado pelo Atlas, no ano de 2017, o *e-commerce* brasileiro cresceu 12%, em relação ao ano anterior.

Alguns pontos deste relatório que valem ser ressaltados:
- O principal motivador das compras *online* continua sendo as buscas no Google, já que 51% dos pedidos são originados deste canal;
- As compras pelo celular representaram 31%;
- A faixa etária com maior expressão no comércio *online* é a de 25 a 34 anos;
- O público masculino representa mais de 60% das vendas em apenas quatro categorias contra 18 categorias com público majoritariamente feminino.

Os *sites* e aplicativos estão sendo cada vez mais aprimorados para proporcionar a melhor experiência, seja visual, velocidade, interação, confiabilidade, comodidade, enfim, facilidade para realizar a compra.

A BMW do Reino Unido, por exemplo, tem um aplicativo que você pode escanear com o celular qualquer imagem de um modelo da marca e é levado diretamente ao *site*, para saber mais sobre o carro e realizar a compra em até dez minutos.

A Starbucks disponibiliza um *app* no qual você informa seus dados e cartão de crédito e pode fazer seu pedido, escolher a loja e quando estiver a 1 km de distância, é disparado um aviso e, assim que chegar no endereço, terá seu pedido pronto.

A Zipcar é uma empresa de compartilhamento de automóveis. Para usar o veículo, você preenche um cadastro, recebe um cartão para desbloquear os carros e no *app* tem uma lista de carros disponíveis, com a exata localização – que ficam estacionados na rua, isso mesmo, na rua. E tem mais, as chaves estão na ignição.

São muitos exemplos e números para comprovar o crescimento das vendas no mundo digital. O volume de vendas no *e-commerce* cresce continuamente, há grandes oportunidades.

Gestor e líder de vendas:
• Que ações de *marketing* digital (*online*) sua empresa tem feito?
• Sua empresa aparece na primeira página de busca do Google?
• Que soluções para *smartphone*, sua empresa tem?
• Como é a comunicação com a faixa etária que mais consome – 25 a 34 anos?
• Você está treinando sua equipe para buscar, entender, conquistar e manter este cliente com um novo perfil?

Consumidor digital

Temos três grupos de consumidores digitais, que sua empresa e profissionais de venda de alta *performance* devem estar atentos, conhecer, estar perto, compreender para poder conquistá-los.

O primeiro grupo são os jovens. Eles adotam novos produtos, tecnologias, aplicativos. Por serem curiosos, não têm medo de experimentar. Eu mesmo chamo um de meus três filhos, cada vez que tenho alguma dúvida "tecnológica". Os jovens são agentes de mudança e ditam tendências.

Em outro grupo, temos as mulheres. Elas são mais cuidadosas ao consumir, assim avaliam benefícios, funções, características, preços, consideram riscos. Depois de coletar todas as informações, aí sim, elas tomam a decisão de comprar ou não. Em automóveis, por exemplo, elas representam 45% das vendas e, em torno de 58% delas, definem marca e modelo de veículo que a família vai usar.

No último grupo, temos os cidadãos da Internet (Netizens – em inglês). Eles costumam criar comunidades, avaliam, comentam, têm *blog* e publicam conteúdos para contribuir com os consumidores, eles querem desenvolver a Internet em benefícios de todos. Por isso, cuidado, qualquer problema deve ser resolvido rapidamente e com muita calma. De qualquer comentário infeliz ou mal interpretado, pode surgir um *post* ou um vídeo com muita chance de "viralizar" e, em poucos minutos, temos, por exemplo, um jornalista com mais de 30 anos de carreira, demitido.

Gestor e líder de vendas:
- Sua equipe de vendas está ciente destes três tipos de consumidores?
- De que maneira você prepara sua equipe para entender e atender cada um destes grupos?

O que cabe a você, gestor e líder de vendas:

Estas posições exigem muitas habilidades, competências e conhecimento de técnicas de vendas, mas, acima de tudo, exigem atitudes de líderes. Veja esta experiência que vivi.

Há mais de dez anos, comecei a trabalhar em uma empresa, como gerente comercial. Fui logo "alertado" pelo RH que havia um estagiário em minha equipe que, provavelmente, me traria problemas – a pessoa do RH se referiu ao rapaz como "estagiário", e não pelo seu nome. Para não tirar conclusões com a opinião dos outros, preferi observá-lo por algum tempo e depois conversar com ele. O que vi foi que:

- Dia sim, dia não, ele chegava atrasado;
- Sempre com barba por fazer;
- Todo dia estava vestido "muito informalmente";
- Vários colegas de trabalho o chamavam de "estagiário" e não por seu nome;
- Seu andar era curvado, costas arcadas;
- Sua falta de confiança era evidente.

Chamei ele para um papo. Primeiro o elogiei por ter apenas 20 anos e estar no último ano de comércio exterior, dominar as atividades sob sua responsabilidade e falar espanhol e inglês. Continuei listando o que vi nele, observando-o por um tempo e mencionei que pessoas da empresa viam apenas seus "defeitos", e suas qualidades não eram lembradas. Falei que via nele muito potencial e que poderia ser um grande profissional, porém ele teria que querer, e completei: "eu vou te ajudar a ser melhor."

O que todos viram nos meses seguintes foi uma grande mudança e foi ótimo ver acontecendo. Em pouco tempo, eu o efetivei, conseguimos um aumento de salário e ainda eu e ele viajamos por seis países na América do Sul. Visitamos clientes, alguns *prospects*, aumentamos as vendas e o número de clientes.

Antes, o estagiário foi julgado por seu "mau comportamento". Ninguém estendeu a mão, não o chamaram para apontar o que estava errado e muito menos sugeriram mudanças. Ele precisava de um mentor e foi o que fiz.

Fica claro para mim que o propósito de qualquer líder é **desenvolver pessoas**. Falando de características importantes para ser um, líder de vendas, destaco:

1. Característica: otimista

Na área comercial é fundamental otimismo. O gestor/líder deve adotar este comportamento, assim influenciará as pessoas a sempre buscar novas alternativas, sobretudo nos momentos de dificuldade. Você deve reunir a equipe e estimular as sugestões, assim novas maneiras de buscar as metas podem surgir, desta forma a equipe percebe que sempre é possível alcançar o objetivo.

A equipe compra a "briga", isso traz mais confiança e liberdade, seja para atingir as metas, como para criatividade, ou seja, você implantará um novo hábito positivo, é claro, que é criar, inovar, em vez de reclamar e criticar.

2. Característica: ponderado

Esta característica é essencial em momentos de conflito, que são comuns em equipes. Escute todos atentamente, dê oportunidade para que digam suas opiniões sobre a situação. Posicione-se claramente sobre o que aconteceu, seja justo, o que significa passar ponto por ponto. Cada membro da equipe deve perceber que você procurou ser o mais correto possível, não se sente mal e que houve coerência na solução do conflito.

3. Característica: honesto

Procure ser o mais transparente possível, dividindo informações, ideias, elogios com toda a equipe. Isso desperta um sentimento de confiança entre você e a equipe, principalmente entre si. Seus liderados percebem que podem contar um com o outro e é claro, com você.

4. Característica: bom humor

Se você gestor, líder, é bem-humorado, tenha certeza que influenciará o comportamento da equipe em relação a isso. As pessoas sentem-se à vontade para falar o que estão pensando, sugerir ideias, discordar, concordar, etc., quando sabem que têm um líder, gestor que os recebe de bom humor.

5. Característica: comunicativo

Sua equipe não pode ter dúvida alguma em relação aos objetivos, metas, ações necessárias, se cada um deles tem os recursos necessários. Acima de tudo, um líder deve prover à sua equipe uma visão clara do porquê se está fazendo o que foi pedido. Qual é o propósito da empresa e qual a importância de cada um deles.

6. Característica: acreditar e interessar-se nas pessoas

Foi o que fiz no exemplo sobre o estagiário. Um líder precisa saber sobre sua equipe, o que deixa cada um feliz, como é sua família, seus planos de carreira e pessoal e estar lá para ele e por ele. Você terá uma equipe devotada, seguidores da vida real que o admiram, confiam e acreditam que podem fazer sempre mais e melhor.

Acrescento a estas seis características outras duas que complementam o perfil de um líder neste momento de velocidade, incertezas, informações e distrações.

Coragem para:
- Tomar decisões;
- Dizer não;
- Decidir com sua intuição, em vez de um número imenso de informações.

Energia, porque ser um líder de alta performance exige:
- Positividade para influenciar equipe a ter o mesmo *mindset*;
- Consistência para contagiar a equipe a manter princípios, posicionamento e aprendizado contínuo;
- Realização para buscar o tempo todo os objetivos.

Um novo conceito de vendas para um novo momento
"É um processo, *on* e *off-line*, ininterrupto, de comunicação, conexão, solução, satisfação, até que o cliente tenha uma experiência excelente e assim recomende e defenda sua empresa."

O que estou aprendendo nesta nova era digital me levou a desenvolver este conceito de vendas. Afinal, estamos na era da urgência, na qual a atenção é o maior ativo (você precisa despertar o interesse do cliente). Este momento disruptivo que estamos testemunhando exige uma nova visão em todo o processo de vendas.

Sua empresa e você devem desenvolver suas estratégias alinhadas a este novo momento – a nova era digital.

Acompanhe tendências, veja o que acontece por aí, em termos de tecnologia, mas é importante lembrar que um aplicativo ou um *site* nunca vão substituir a interação pessoal, única, assim como as experiências que você leu anteriormente.

Líder, sua equipe é reflexo do seu comando.

Que resultados você quer ter com sua equipe?

Referências
ATLAS. *E-commerce radar – Resultados do mercado de e-commerce do Brasil 2017* - Idealizado por Atlas / Neomove.
KOTLER, Philip; KARTAJAYA, Hermawan; SETIAWAN, Iwan. *Marketing 4.0*. 1. ed. Rio de Janeiro: Editora Sextante, 2017.
MACHADO, Guilherme. *Você não vai mais conseguir vender assim*. 1. ed. São Paulo: Editora Gente, 2017.
PROCHNO, Pedro. *Fatos e dados sobre Uber*. Disponível em: <https://www.uber.com/pt-BR/newsroom/fatos-e-dados-sobre-uber/>. Acesso em: 09 de ago. de 2018.

21

Como formar uma equipe comercial de verdade em um mundo "fake"

Nunca foi tão preocupante a busca para identificar o que é verdadeiro e o que é falso. O grande desafio hoje é diferenciar o que é fato do que é *fake*, e o que funciona do que não funciona. Neste cenário, uma das minhas grandes preocupações é a quantidade de profissionais *fake*: recepcionistas que não recebem, vendedores que não vendem, atendentes que não atendem (ou atendem muito mal), líderes de equipe que não lideram. Existe uma solução para isso? Sim! Educação corporativa de alto impacto. Com simplicidade, eficiência e resultados imediatos

Márcio Mancio

Márcio Mancio

Palestrante, empresário, especialista na área comportamental corporativa, exemplo de liderança, motivação e vendas. Eleito o melhor palestrante no Rio grande do Sul, na categoria palestras que marcam. Um dos palestrantes mais assistidos em eventos *in company* do Brasil. Foi campeão de vendas como vendedor, gerente, diretor comercial, fundador e vice-presidente da primeira cooperativa de vendas do Brasil.

Contatos
Site: www.marciomancio.com.br
E-mail: escritorio@marciomancio.com.br
Facebook: marciomanciopalestras
Telefone: (51) 3519-3495
Telefone: (51) 99766-0807

Com o advento das redes e mídias sociais, somos constantemente bombardeados com uma quantidade absurda de notícias falsas, as conhecidas *fake news*. Gigantes emissoras de TV, e imprensa em geral, têm dedicado uma energia enorme de tempo e dinheiro no desafio de buscar a verdade e oferecer aos leitores e telespectadores o que é fato e o que é *fake*.

Transpondo essa onda, especialmente para o mundo corporativo, é também impressionante a quantidade enorme de profissionais *fake*. Em todas as áreas encontramos profissionais que não fazem nem o básico do que foram contratados para fazer. Em relação à área comercial, uma das áreas fundamentais de qualquer empresa, isso pode representar a diferença entre sobreviver ou não em um mercado extremamente competitivo e exigente.

Daí o enorme desafio de recrutar, selecionar e formar profissionais de verdade, que atendam, e mais que isso, que superem as expectativas das organizações às quais estão associados, para que não engrossem as estatísticas de *turn over*, ou seja, o alto índice de rotatividade de pessoal nas empresas.

Os fatores que levam a esse quadro são vários, muitos entram na área comercial (em um país com 13 milhões de desempregados) por ser a área na qual há o maior número de vagas disponíveis, mesmo que não tenham preparação alguma para isso. Junta-se a isso o aspecto cultural ainda vigente em nossa sociedade, segundo o qual a atividade de vendas é vista como um trabalho temporário ou um "bico".

Muito provavelmente você não tem recordação alguma de ouvir seus pais lhe dizendo na infância: "Filho, papai não quer que você seja engenheiro, advogado, arquiteto... papai gostaria que você fosse balconista ou vendedor porta a porta." É muito raro que os pais ensinem seus filhos desde pequenos a vender, o que é uma pena, pois não importa se no futuro ele for o melhor engenheiro ou arquiteto, ele sempre precisará conquistar e encantar clientes para ter sucesso na sua profissão.

E como resolver isso em um país quase sem faculdades de vendas?

Utilizando o que intitulei de "educação corporativa de alto impacto". Um método simples, quase sem custos e de resultados imediatos.

Contudo, antes de aprofundar as questões referentes ao método, chamo a atenção para três momentos críticos que precisam ser levados em conta para que se desenvolva uma equipe comercial de verdade, que funcione na prática.

1. Recrutamento e seleção;
2. Treinamento e motivação;
3. Acompanhamento.

1. Recrutamento e seleção: existem empresas de RH especializadas em recrutamento e seleção, que recebem por profissional colocado na empresa. O problema disso é que, após acompanhar alguns desses processos, percebi que muitos candidatos fingem ser o que não são nas entrevistas, e muitos avaliadores fingem avaliar. Isso resulta em contratações sem critérios ou ferramentas que possibilitem uma escolha acertada. Acredito que, mesmo não sendo a função de um gerente comercial, ele deve estar sempre atento aos talentos que encontra no seu dia a dia e disposto a vender sua empresa para profissionais que já estão trabalhando e se destacando em suas atividades – o que demonstra que são pessoas interessadas, dispostas a enfrentar e superar desafios e não estão apenas em busca de estabilidade.

2. Treinamento e motivação: sempre fui um admirador do técnico de voleibol Bernardo Rezende, o Bernardinho. Acompanho seus métodos, seus livros e já tive a feliz oportunidade de passar algum tempo com ele antes de uma convenção de vendas, na qual palestramos. Descobri que meu método tem aspectos em comum com o jeito Bernardinho de administrar sua equipe: ambos baseamos nosso trabalho em dois verbos bem simples: treinar ou trocar. Batizei esse método de TT.

O primeiro T é focado em "treinar" muito os pontos fracos, individuais e coletivos. No voleibol, isso vai desde os fundamentos, (saque, bloqueio, cortada) até as jogadas ensaiadas mais complexas. Em vendas, devemos ter um ritmo de treinos em prospecção, abordagem, negociação, neutralização de objeções, fechamento e pós-venda.

Comparando a uma peça de teatro, temos um esquema semelhante: a estreia só ocorre após muitas horas de ensaio, durante as quais o diretor é a única plateia, e seu trabalho é orientar, observar e corrigir.

Muitos treinadores de equipe do setor de RH ou da área comercial passam várias horas treinando em sala de aula e quase sempre sem ter garantias de que o que foi ensinado é aplicável ou será usado.

Cabe lembrar que o próprio Bernardinho passa 98% do tempo fora de quadra, quem está em quadra são os jogadores, praticando os fundamentos da sua profissão, praticando tudo o que treinaram antes de entrar em quadra.

O segundo T representa "trocar": se o resultado não está sendo alcançado com o treinamento adequado, provavelmente você está treinando a pessoa para a posição errada. Não adianta investir energia, tempo e dedicação em vendedores que não têm a mínima vontade de aprender, de se aperfeiçoar ou simplesmente não têm vocação para atuar na área comercial.

Existe um dito popular segundo o qual a diferença entre o remédio e o veneno é a dosagem. Baseado nisso, desenvolvi e ensino o método de pequenos treinamentos diários (às vezes, semanais), que pode ser aplicado em empresas de diversos tamanhos. Esses treinamentos fazem a diferença exata na dose de conhecimento, na motivação e no reconhecimento que um vendedor precisa para sua jornada diária. E tudo isso pode ser feito em aproximadamente 21 minutos.

Sempre dei atenção especial aos treinamentos, pois ouvindo e pesquisando os campeões nas convenções de vendas, a importância de treinamentos e qualificação é recorrentemente citada como o segredo para seu sucesso em vendas.

O método é dividido em três partes:

Os primeiros cinco minutos servem para reconhecimento e depoimentos dos destaques de vendas do dia anterior. Esse momento serve para que toda a equipe saiba diariamente (e não apenas uma vez por mês na entrega de prêmios) o que os campeões têm feito para gerar resultados concretos, quase que em tempo real, ou seja, uma técnica ou sacada que foi utilizada hoje, amanhã já estará sendo compartilhada com todos. Pode ser em círculo, auditório ou como as instalações da empresa permitirem.

É importante observar que esse tempo deve ser dedicado ao valor ou número de vendas do dia anterior, ao compartilhamento de técnicas e experiências de sucesso. É a hora de focar no que está dando certo de verdade. Outras questões, como queixas e reclamações, deverão ser tratadas em reuniões específicas em outro momento.

Os próximos quinze minutos, conduzidos pelo gerente supervisor ou treinador do dia, são dedicados a ensinar ou recapitular de maneira leve, divertida, interativa e dinâmica, conteúdos, técnicas e ensinamentos relacionados à atividade dos participantes. Esse conteúdo pode ser bem diverso, como técnica de abordagem, neutralização de objeções, fechamento, pós-venda etc. Sempre seguindo os moldes de uma palestra TEDx, por exemplo: poucos minutos, focados em um ensinamento que realmente importa.

O ideal é que as demandas sejam criadas a partir dos pontos fracos da equipe. Mais ou menos comparando com o voleibol, é mostrar no vestiário, antes de entrar em campo, a importância de um bloqueio duplo em cima do jogador adversário com maior pontuação em partidas.

O último minuto é reservado para um grito de guerra da equipe, mensagem motivacional, vídeo, música, ou até mesmo uma oração. Desde que seja algo que ajude a finalizar o encontro com um clima positivo.

3. Acompanhamento: divido em quatro ações:

3.1. Provas e simulações: é comum ver, no ambiente escolar e em faculdades, a aplicação de testes e avaliações de conhecimento, para que o aluno possa avançar na sua jornada acadêmica, mas observo que é extremamente raro que as empresas apliquem provas e avaliações de conhecimento em seus profissionais.

Na maioria dos casos, após um único treinamento oferecido pela empresa, muitos instrutores partem do princípio de que o conteúdo uma vez dado, foi absorvido e completamente compreendido. E muitas vezes, por vergonha da exposição ou de fazer perguntas sobre o que não foi compreendido, os próprios profissionais acabam fazendo um pacto de fingimento: um finge que ensina e o outro finge que aprende, mas na frente do cliente, acabam aparecendo as falhas e os erros.

Normalmente aplico dois tipos de provas (dissertativas e objetivas) para me certificar de que os conteúdos ensinados foram realmente assimilados. Um exemplo de questão pode ser: cite três argumentos do nosso produto de lançamento, em relação ao do concorrente, como neutralizar uma objeção quando o cliente fala que o produto está caro.

Os resultados das provas não têm o objetivo de expor o profissional, servem para que o gestor possa identificar onde precisa reforçar o treinamento da equipe ou, em muitos casos, para identificar se uma aula individual é necessária, quando o vendedor apresenta maiores dificuldades na assimilação do aprendizado.

O importante é que todos os conteúdos estejam "na ponta da língua" de todos os vendedores.

3.2. Cliente oculto: existem empresas especializadas nessa ferramenta de avaliação, mas se você não tiver orçamento específico para essa atividade, treine um primo ou amigo que possa se passar por cliente, se possível, já orientado com os conteúdos que você deseja avaliar na prática.

3.3. Cerimônias de reconhecimento e premiações: lembro de quando era pequeno e, se tirava dez em matemática, ouvia da minha mãe: "Não fez mais que a obrigação." Apesar de ter vivido essa experiência, ressalto a importância de, pelo menos uma vez ao mês, fazer o reconhecimento dos resultados atingidos pelos vendedores. Se possível, com premiações, ainda que simbólicas (uma medalha, ingressos para o cinema, etc.). O objetivo maior é fazer com que o campeão dê o seu depoimento de como e quais foram as ações que o levaram a um resultado diferenciado e positivo.

3.4. Um bom sistema de administração e gestão: em alguns clientes, ainda encontro planilhas feitas e preenchidas por vendedores ou gerentes à mão, em um mundo onde temos *softwares* acessíveis e aplicativos de fácil utilização.

De qualquer modo, o importante, no final das contas, é que se tenha o controle dos números, das estatísticas; que se possa mensurar, avaliar e administrar todas as ações envolvidas no processo de vendas e, assim, atingir todas as metas propostas.

Considerações finais

Com este método, ao final de um ano, considerando apenas os dias úteis, a empresa terá aproximadamente 87 horas de treinamento focado nos conteúdos que realmente importam para sua atividade e seus objetivos.

Um ponto importante é criar e estimular o hábito de reunir a equipe para estudar e explorar conhecimentos úteis e aplicáveis. Atualmente, com as ferramentas disponíveis, páginas da Internet, *Google*, *YouTube*, além de vários livros dedicados à área, não faltam fontes para buscar soluções para os problemas da empresa.

As empresas que têm um departamento de RH bem estruturado, normalmente assumem a organização, administração e execução desse método de educação corporativa. Não havendo um RH com uma equipe específica para essa atividade, cabe aos gerentes e líderes de equipe a missão de manter o sistema funcionando.

Muitas empresas investem em viagens para que seus profissionais visitem congressos, até mesmo fora do país, e quando voltam, não conseguem transmitir para os colegas, de forma adequada, o que aprenderam. Quando muito, fazem uma reunião de relato da viagem e das palestras assistidas. Com o método que desenvolvi, fica muito mais fácil compartilhar o que foi aprendido com mais consistência e clareza, atingindo um número maior de pessoas na empresa.

Quando não for possível aplicar o método diariamente, a empresa pode fazê-lo no ritmo e nos horários que forem viáveis, mas é importante que isso ocorra pelo menos uma vez por semana. Outra possibilidade é fazer uso de vídeos, *YouTube*, *Skype*, entre outros, ministrando as aulas em formato virtual. Além disso, a gravação e a organização das aulas também podem facilitar na formação de novos funcionários, que podem assisti-las em qualquer lugar e horário. Assim, podem acompanhar os colegas que já assimilaram aqueles conteúdos, diminuindo as distâncias e diferenças no grau de desenvolvimento entre eles. Durante o deslocamento para o trabalho, por exemplo, o funcionário recente consegue assistir ao conteúdo de quase uma semana de aula.

Definitivamente, a utilização deste método remove os obstáculos na formação e no aperfeiçoamento de todos os profissionais da empresa. É como ter, de forma compacta, uma universidade corporativa de alto impacto ao alcance de todos.

22

Pequenos passos, grandes resultados

Neste treinamento, vou ser o seu guia e usarei a minha experiência como maratonista, para auxiliar você a conquistar sua vitória. Ao longo deste percurso, supere diferentes desafios e alcance sucesso em sua corrida. Para vencer essa difícil caminhada, eu o ajudarei, com esta leitura, a se preparar muito bem

Matheus Freitas

Matheus Freitas

Empresário, palestrante, escritor, maratonista e presidente do Instituto Matheus Freitas. Considerado o menor maratonista do Brasil, tem em seu currículo mais de 300 corridas disputadas. Hoje, aos 27 anos, com 1,46 de altura, atua como técnico administrativo no Hospital Israelita Albert Einstein. Palestrante profissional, mentorado pela Fadel Palestrante, atualmente percorre o Brasil dando palestras motivacionais, incentivando crianças e adultos a obterem êxito na maratona da vida.

Contatos
E-mail: mfreitascoaching@gmail.com
Instagram: matheus_palestrante
Telefone: (11) 98260-0601

No mundo todo existem várias maratonas com 42 km e 195m – que é a distância oficial estabelecida pela Federação Internacional de Atletismo – com diferentes percursos, diversas formas e climas. Cada maratona tem a sua dificuldade e cada maratonista tem o seu limite.

Muitas maratonas são difíceis de serem resolvidas individualmente. Por isso, será importante o entrosamento com a equipe, para chegar ao final de cada uma.

Mas, qual a importância de se montar uma equipe? Cada maratonista do grupo possui uma habilidade específica, que contribui para o sucesso do time. Para auxiliar no seu trajeto, você terá a ajuda do maratonista Matheus Freitas.

Para muitos, enfrentar uma maratona deve ser um estímulo um pouco perigoso. Pode até parecer um desafio impossível de ser superado. Acredite, não é! A vida, por si só, não deixa de ser uma grande maratona.

O mercado de trabalho, o negócio em que estamos envolvidos, não deixa de ser uma grande maratona a ser conquistada. Para vencer esta difícil caminhada, você deverá se preparar muito bem.

Vamos ver como?

O primeiro passo para vencer é definir qual é o seu objetivo nessa maratona, o seu sonho e a sua grande corrida na verdade – ela vai se tornar o maior desafio da sua vida.

Que maratona você quer conquistar hoje?

A busca pelo crescimento constante, o aumento da competitividade e os mercados globalizados nos apresentam uma série de tarefas difíceis de serem executadas. Diante desse cenário, seu desafio pode ser o bônus por desempenho, plano estratégico, busca por criatividade e inovação ou até mesmo como foi para mim, Matheus Freitas, chegar a treze maratonas.

**Qual percurso seguir?
Aonde você quer chegar com essa maratona?
Qual é o quilômetro a ser conquistado?**

Meu amigo, para encarar esse desafio fascinante que é uma maratona, conhecimento – e com isso, obter sucesso na conquista da sua maratona.

Busque a capacitação adequada para enfrentar o seu desafio. Agora que você já tem noção do que irá confrontar, deverá se preparar, adquirindo conhecimento e se capacitando. Dessa maneira, as suas chances de sucesso serão maiores.

Olhe para sua maratona!
Existem vários percursos, mas nem todos chegam ao final da sua maratona. Para chegar ao final dela, eu tive que fazer um planejamento minucioso.

- Estudo da maratona;
- Análise das condições meteorológicas;
- Definição da melhor data para fazer a corrida;
- Parceria de patrocinadores;
- Montagem de uma equipe;
- Aquisição de equipamento.

Além de me capacitar, tive que fazer um treinamento, uma prévia para encarar o desafio maior, que é a grande maratona da vida. Só após um longo aprendizado, eu pude estar capacitado para enfrentá-la.

Desde o início, foi preciso ser metódico. Ninguém supera um desafio simplesmente por acaso, contando com a sorte.

Além disso, é algo arriscado – o seu emprego, a sua empresa ou até mesmo a sua vida pode estar em jogo.

Obter resultados implica correr riscos, mas que esses riscos sejam então, o mais calculado possível, e nada de brincadeiras!

Para superar desafios e se beneficiar dos resultados, é preciso adquirir:

- Excelência;
- Capacitação;
- Confiança;
- Disciplina;
- Planejamento de um cronograma.

Para todo o planejamento que fazemos na vida, devemos estipular um prazo para a sua realização. O estabelecimento desse tipo de meta irá garantir uma maior efetividade nas suas realizações.

Defina um prazo para alcançar sua meta!

Meu amigo, você já deve ter percebido que foi estipulado um prazo para conquistar a maratona. Para superar uma grande dificuldade, você também precisará determinar um tempo para executar o seu planejamento. É importante você fixar um prazo para chegar lá, mas que ele esteja de acordo com sua realidade, certo?

Avalie bem se a maratona a ser enfrentada está dentro de suas possibilidades, caso contrário, as consequências podem ser grandes. Respeite os seus limites dentro da sua maratona.

Siga os cinco princípios para chegar ao final da sua maratona

- Meta;
- Estratégia;
- Visão de longo alcance;
- Foco;
- Planejamento.

Você acha que a maratona foi a minha primeira corrida que fiz? Claro que não! Seria uma loucura enfrentar um desafio desse porte, sem nenhuma experiência. Antes de encarar grandes dificuldades, busque obter conquistas menos comprometedoras.

Dessa maneira, cada experiência que você tiver servirá como um aprendizado, que o capacitará para encarar desafios maiores com segurança. É gratificante chegar ao final da maratona, porém, o mais importante é aproveitar cada momento dela para evoluir, aperfeiçoar técnicas e criar novas estratégias, transformando cada investida em um processo contínuo de estudo.

O maior objetivo da maratona deve ser o conhecimento e não apenas chegar ao final. Você irá levá-lo para o resto da sua vida.

Conseguiu entender os passos iniciais para você obter sucesso na sua existência? Coloque isso em prática!

Após determinar os passos básicos para o início da sua maratona, você terá que conhecer as características que nos levam a superar os desafios.

Então vamos ver como conquistar a maratona?
Sem dúvida, já nascemos com uma percepção das coisas. Entretanto, meu amigo, podemos desenvolvê-la ainda mais. Contar com a sua intuição é muito importante na superação dos desafios.

Quanto maior a afinidade com o que você faz, mais apurado será o seu entendimento. Saiba o que e o porquê da sua missão com isso. Não restarão dúvidas sobre o objetivo do que você está fazendo e a sua intuição estará mais aguçada. Acredite em você! Com isso, terá todo o poder do seu subconsciente trabalhando a seu favor.

Você deve ter reparado que não enfrentei o meu desafio sozinho. Pude contar com uma equipe para me dar todo o apoio desde o início da maratona até o final.

- Treinador;
- Equipe de saúde;
- Equipe de logística.

Mas, apesar de todo o suporte, a confiança é fundamental na hora de ultrapassar dificuldades. Só é possível desenvolvê-la por meio da prática de exercícios, simples no início, mas cada vez mais complexos no final.

Confie nos seus instrumentos, confie nos colegas de sua equipe, confie em você. Superar um desafio é algo que pode oferecer riscos.

Nenhum maratonista responsável irá enfrentar uma maratona sem equipamentos técnicos de segurança. Por isso, você deve identificar e avaliar detalhadamente os riscos que serão enfrentados. Quanto maior o controle sobre esses riscos, maiores serão as suas chances de êxito. Para ultrapassar barreiras, é preciso ter coragem – que gosto de traduzir como domínio completo dos sentimentos, aliado a muita fé.

Coragem
Não existem dificuldades intransponíveis para quem tem coragem, e isso não é puramente genética, ela também pode ser desenvolvida por meio de exercícios.

Uma das formas é não dar espaço para o medo. Se você realmente estiver preparado para o que der e vier, a sua consciência estará tranquila e jamais lhe faltará coragem. Nunca desanime perante um grande imprevisto na sua vida. Esteja sempre disposto a retornar o seu caminho, vencendo os obstáculos.

Vencendo obstáculos

Quando todos pensavam que eu iria desistir, eu me recolhia, descansava uns minutos e em seguida continuava o meu caminho. Eu enfrentei o mau tempo, o cansaço, o medo, os obstáculos externos e internos. Mas, no final, eu sabia que o meu lugar era lá em cima, no local mais alto do pódio.

Meu amigo, para você desenvolver a coragem e confiança necessária, precisará estar preparado e da melhor forma possível. Para isso, deverá adquirir conhecimento gradativamente, bem como uma capacitação adequada.

Tenha disciplina séria e responsável em cada fase e o desafio será superado.

- Intuição;
- Segurança;
- Disciplina;
- Confiança;
- Coragem.

Todas essas características e passos tomados são fundamentais para se ter total controle da situação. Caso você não tenha o domínio dos acontecimentos, superar a sua maratona pode ser uma roleta russa. Talvez você chegue lá no final, ou talvez você desista no meio do caminho e acabe esmorecendo na conquista da sua maratona.

O que você prefere?

Mesmo com todo esse preparo visto ao longo do treinamento, podem surgir fatores externos que impeçam você de atingir o seu objetivo. Devemos respeitar essas limitações, mas nunca desistir de nossas metas.

Meu amigo, nas primeiras tentativas da maratona, eu não consegui, por motivo de preparo e clima. Mas, você acha que eu pensei em desistir? Claro que não! Respeitei as minhas condições adversas e da maratona e fiz uma nova tentativa – e superei esse grande desafio.

Atividade

Escolha um caminho ideal para chegar ao final da sua maratona.

Embora mais de um trajeto possa levar você ao final, existe sempre um caminho ideal ou mais viável. Nesse momento, é preciso ter lucidez, aproveitar toda a experiência já adquirida e tomar a decisão certa.

Atenção: tenha sempre consciência das consequências de suas decisões, cuidado para não se perder.

Qual opção abaixo possui as características mais apropriadas para enfrentar desafios?
a) Percepção, confiança, coragem e disciplina.
b) Audácia, agilidade, força e independência.
c) Entusiasmo, versatilidade, coragem e rapidez.

Você chegou ao final da sua maratona
Chegamos ao final desta jornada. Vimos aqui alguns passos básicos para enfrentar os desafios que podemos encontrar ao longo de nossa trajetória profissional ou de nossa vida.

Também vimos algumas características pessoais, necessárias para alcançar nossos objetivos. O importante é que você esteja alinhado com o que foi planejado. Estando atento na evolução do seu desafio, suprindo necessidades e mantendo o foco no objetivo definido.

Ninguém chega ao final sem dar o melhor de si!
A conquista da maratona é uma emoção indescritível, você sente uma grande realização, além de uma maior aproximação consigo mesmo.

Eu quero que você também supere todos os seus desafios. Tome atitudes, acredite em sua capacidade, faça as coisas acontecerem. Seja ambicioso, evolua em todos os sentidos e tenha consciência de que chegar ao final da sua maratona, só depende de você.

Vitória, liberdade, paz! Ser motivo de orgulho, exemplo de superação! Só quem chegou lá sabe o que isso significa.

Qual é a sua próxima maratona a ser superada?

23

Qual o seu legado?

Cabe a cada um de nós escolher se somente passaremos por este mundo ou deixaremos um legado. Nossas ações diárias, associadas a um forte propósito de vida, independente das nossas profissões ou posições sociais, poderão impactar o mundo em que vivemos com o nosso legado. Saiba por que esta é uma das lições mais importantes que aprendi, atuando como palestrante profissional

Maurício Louzada

Maurício Louzada

É um dos cinco palestrantes mais lembrados do Brasil (TOP 5 - Top of Mind de RH 2017). Palestrante desde 1998, foi professor do SENAC – SP por 15 anos, formado em *professional coach* pela Bridgestone AC (Londres). Ministra cursos, palestras e treinamentos em empresas e universidades no Brasil e diversos países. É também um dos palestrantes com maior índice de recontratação entre empresas. Em 2010, recebeu o título "Top of Business" na categoria palestrante. Por quatro vezes foi premiado com o maior reconhecimento da América Latina na área de treinamentos, com o Latin American Quality Awards (2010, Santa Marta, na Colômbia; 2012, Lima no Peru; 2013 na Cidade do Panamá e 2015 em Santiago, Chile). Em 2014, recebeu o título de palestrante do ano, pelo Latin American Quality Institute. *Speaker* do TEDx. Suas palestras já foram vistas por mais de um milhão e meio de pessoas, em 12 países.

Contatos
Site: mauriciolouzada.com.br
E-mail: contato@mauriciolouzada.com.br
Facebook: Palestrante Maurício Louzada
Telefone: (11) 2709-4854

Todos nós, ao nascermos, ganhamos a oportunidade de impactar o mundo em que vivemos. Mas para isso, temos um tempo limitado. Segundo dados do IBGE, a expectativa média de vida do brasileiro é de quase 76 anos. Isso significa que cada um de nós, dará, em média, 76 voltas ao redor do Sol. Obviamente algumas pessoas passarão dos 100 anos de idade e outras irão embora ainda antes dos 70, mas tomemos estes 76 anos como referência.

A pergunta é: "qual impacto causaremos no mundo nestas 76 voltas?". Apenas viveremos neste planeta azul, no cantinho da galáxia, ou deixaremos um legado para as futuras gerações? Como nossa existência irá impactar positivamente o mundo e qual legado deixaremos para as futuras gerações?

Para muitas pessoas, as perguntas acima não fazem sentido. Já ouvi muitas pessoas dizerem "Quero apenas viver minha vida, pagar minhas contas e curtir minha família." E de verdade, se você pensa assim, isso não tem o menor problema. A maior parte das pessoas simplesmente vive e não se preocupa em deixar um legado.

Viver por viver é o mais comum, mas mesmo as pessoas que assim pensam, acabam, de alguma forma, impactando o mundo, ainda que não sejam lembradas por grandes multidões, ainda que seus nomes não fiquem marcados na história e jamais se tornem personalidades públicas. O simples fato de interagirmos com outros seres humanos nos torna agentes transformadores do mundo.

Uma palavra, uma atitude ou ação mesmo involuntária poderá modificar a vida de alguém que terá outra ação, palavra ou atitude gerando impacto em outras pessoas e mudando o mundo ao nosso redor. Isso é impacto, mas não é legado. O impacto é decorrente do simples fato de estarmos vivos e interagirmos com o mundo à nossa volta, de forma inconsciente e sem propósito. O legado é quando decidimos impactar o mundo (ou apenas uma única pessoa) por vontade própria, conscientes da mensagem que queremos transmitir, da transformação que queremos causar e da maneira pela qual queremos ser lembrados.

O espaço de tempo entre o nosso nascimento e nossa partida, ao qual chamamos carinhosamente de vida, nos trará muitas oportunidades de impactar o mundo e deixar um legado. Há pessoas que deixarão um legado, realizando trabalhos voluntários – lendo livros para cegos, servindo sopa para moradores de rua, agasalhando quem tem frio, recolhendo animais abandonados nas ruas.

Outras pessoas deixarão seu legado por meio de suas profissões – médicos e enfermeiros irão salvar vidas, professores mudarão o mundo pelo conhecimento, arquitetos transformarão o ambiente urbano onde vivemos, lixeiros contribuirão para a saúde pública. Em resumo, qualquer pessoa pode construir um legado, desde que associe sua atividade, seja ela profissional ou não, a um propósito real e que viva este propósito em seu coração.

Atuar como palestrante é uma excelente maneira de impactar positivamente o mundo e deixar um legado. Mas, para isso, como em qualquer outra profissão, é necessário que a atividade esteja associada a um propósito real. Muitas pessoas buscam a área de palestras e treinamentos com o foco errado: "é uma área que remunera muito bem", "quero ser reconhecido e aplaudido em um palco", "depois de me aposentar, irei palestrar para ocupar meu tempo", "quero vender muitos livros e ficar rico". Em 20 anos nos palcos, pude perceber que sempre que alguém tenta atuar nesta área olhando para si e para seus próprios interesses, a carreira é curta. Às vezes, ela nem começa de verdade.

Excluindo personalidades televisivas, celebridades que são contratadas pela sua figura e não pela sua mensagem, será difícil encontrar palestrantes de sucesso no mercado, cujo foco seja exclusivamente ganhar dinheiro ou alimentar seus próprios egos. Descobri que, nesta área, só sobrevive quem tem um propósito real de impactar positivamente a vida das pessoas e de deixar um legado para as futuras gerações.

Minha experiência me fez perceber que não é possível passar 70% das noites de sua vida em um quarto de hotel e longe de sua família. Enfrentar horas de aeroporto e quilômetros de estrada todas as semanas, somente em troca de dinheiro. É preciso ter algo a mais que te motive, te inspire e faça você pensar que vale a pena: o legado que você irá deixar e a maneira como irá transformar a vida das pessoas.

Uma pessoa por vez...
Mahatma Ghandi, Martin Luther King, Madre Tereza, Lady Di, Ayrton Senna, Leonardo da Vinci...Olhando esta lista, temos a falsa impressão de que ser famoso é uma condição para deixar um legado. Como palestrante, descobri que nem sempre isso é verdade.

Eu me recordo quando, há quase 20 anos, no início da minha carreira como palestrante, fui chamado para realizar uma palestra em uma empresa no interior de São Paulo. Eu não era conhecido e, com certeza, meu nome não atraía grandes plateias. A palestra fazia parte de um evento da empresa, com calendário definido e pessoas escaladas para estarem no refeitório que, improvisadamente, havia se tornado um auditório para 200 pessoas.

Cheguei ao local uma hora antes, como de praxe, testei os equipamentos e ali fiquei esperando o "auditório" lotar. À medida em que o horário da palestra se aproximava, comecei a perceber uma certa tensão entre os organizadores. Faltando cinco minutos para o horário, havia 15 pessoas no recinto. Dez eram da organização e cinco eram convidados. O número de convidados dobrou no início da palestra, agora eram dez! Sem graça, o contratante me explicou: "Estamos com um problema na produção e os líderes não liberaram as pessoas para assistir à palestra. Serão apenas estas pessoas".

Um auditório de 200 pessoas, com 180 lugares vagos não é, necessariamente, um lugar agradável de se palestrar. Pedi que transferissem todos para uma sala menor, e lá, fiz uma das melhores palestras da minha vida. Eu sabia que mesmo em um auditório com 200 pessoas, nosso trabalho é transformar "uma pessoa por vez". Eu queria mostrar para aqueles 10 que ali estavam, o quanto eles tinham sido privilegiados em poder estar no evento e que minha dedicação seria a mesma com o auditório lotado.

Ao final da palestra, uma mulher de aproximadamente 30 anos esperou que todos saíssem e veio falar comigo. Jamais esquecerei o que aconteceu ali. Ela virou sua bolsa do avesso, fazendo com que todas as coisas que ali estavam se espalhassem sobre a mesa. Batom, espelho, carteira, papéis diversos e outros objetos se misturaram a cinco cartelas de remédios. Em seguida, ela recolheu quase tudo, deixando somente os remédios sobre a mesa. Abraçou-me forte e enquanto aos prantos dizia palavras que ainda ecoam na minha memória:

"Por favor, joga esses remédios fora para mim? Eu comprei e estava decidida a tomar todos e acabar com minha vida ainda hoje. Mas sua palestra me fez pensar que eu mereço uma nova chance".

Em seguida, sem que eu pudesse falar nada, ela simplesmente deixou a sala e voltou a trabalhar. Peguei as cartelas, coloquei em minha bolsa e descartei na primeira farmácia que encontrei. Então pensei: "E se eu não tivesse feito a palestra com a mesma empolgação?", "E seu eu tivesse deixado de falar o que aquela pessoa precisava ouvir?", "E se eu fosse palestrante somente pelo ego de ter uma plateia cheia?". Foi assim que descobri, logo no início da minha carreira, que transformamos uma pessoa por vez.

O interessante é que a palestra era sobre "segurança do trabalho", um tema que talvez nada tenha de especial quando falamos em evitar um possível suicídio, mas minhas palestras sempre trazem ao final uma mensagem humana, e foi quando eu falei do valor da vida, da importância de voltar para casa, do quanto somos importantes para nossa família, é que atingi uma pessoa que precisava ouvir sobre isso, sem que ao menos eu soubesse.

Aquela palestra não me tornou famoso e não me fez milionário. Mas ela me deu algo que o dinheiro e a fama não compram: a oportunidade de deixar um legado, nem que seja na vida de uma única pessoa. Em situações diferentes, se você parar para pensar, encontrará outras pessoas que também deixaram um legado em sua vida. Quem não se lembra do nome de uma professora de infância que fez a diferença ou de um amigo que ajudou em um momento muito difícil?

Atuando como palestrante é possível transformar a vida de muitas pessoas. A cada palestra, temos centenas de pessoas fazendo aquilo que é mais raro hoje em dia: dispondo de um tempo de suas vidas para te escutar. Poucas profissões conferem tal privilégio em um mundo em que concorremos continuamente com a tecnologia, com os conteúdos multimídia e com as interações nas redes sociais. Por meio de um conteúdo significativo, aliado a uma *performance* diferenciada, teremos mais chance de atrair a atenção e deixar um legado na vida das pessoas.

O contratante de palestras e a missão de "deixar marcas"

Na área de palestras e treinamentos, não é só o palestrante o personagem capaz de impactar a vida das pessoas. O contratante de palestras tem um papel fundamental e é, pela sua posição, a primeira pessoa a contribuir para que cada evento se torne diferenciado e uma marca na vida dos participantes. E isso começa na seleção de conteúdos e de palestrantes.

Tenho visto muitos organizadores de eventos contratarem palestrantes, porque seus nomes estão "na moda", por recomendações que não levam em consideração as características únicas e especificidades de cada empresa ou simplesmente porque o preço é mais acessível. É preciso sempre ter em mente que organizar um evento é uma oportunidade única de "deixar uma marca" na vida dos participantes.

É uma enorme responsabilidade escolher "quem vai falar" e "qual mensagem será transmitida", porque isso é o que será lembrado no futuro. Um contratante não será reconhecido ou lembrado pela empresa, por ter economizado parte da verba disponível ou por ter trazido uma celebridade que não deixou uma mensagem clara, adequada e alinhada com os princípios e valores da empresa. Pelo contrário, será lembrado e reconhecido quando sua escolha surpreender a todos, quando o palestrante entregar mais do que todos esperam, gerando, assim, uma transformação na vida das pessoas e, por consequência, na empresa em que elas atuam.

Portanto, se você é responsável por escolher um palestrante para seu evento e gostaria de fazer desta oportunidade uma "marca positiva em sua vida", vou compartilhar algumas dicas que te ajudarão a cumprir essa missão:

• Não pense primeiro em um nome para depois verificar se aquele profissional é condizente com a mensagem que você quer que seja transmitida. Faça o contrário: idealize a mensagem de alto impacto que você quer transmitir e que irá marcar e transformar as pessoas e depois procure palestrantes capazes de fazer isso. Eles serão seus aliados para realizar um evento inesquecível e transformador;

• Embora saibamos que cada vez mais as empresas buscam a redução de custos, tome cuidado para não economizar no lugar errado. De nada adianta um lindo hotel, sistema de som de última geração, iluminação, programação visual e premiações caríssimas, se o objetivo mais importante não for alcançado: o de comunicar uma mensagem clara e transformadora. Lembre-se que o palestrante será, no palco, a sua imagem e a imagem da sua empresa e que quando ele descer do palco e for embora, você é quem será cobrado ou reconhecido pela *performance* apresentada;

• Parece óbvio, mas o mais importante é buscar referências com empresas que já contrataram o palestrante ou melhor ainda, se possível, assistir a uma palestra ao vivo do profissional que se pretende contratar. Vídeos não são capazes de mostrar o principal: a capacidade que o palestrante tem de emocionar e de se conectar com a plateia. Sei que é trabalhoso, mas somente a vivência *in loco* de uma palestra, pode revelar o real potencial de quem está no palco. Se você quer deixar um legado, marcar seu evento e transformar a vida das pessoas, não poderá medir esforços para escolher o profissional que irá te ajudar a deixar este legado;

• Faça sempre um alinhamento com o profissional antes de ele subir ao palco. Procure profissionais que estejam dispostos e sejam capazes de entender seu *briefing* e inserir sua mensagem na palestra de forma autêntica e natural. Acredite em mim: não existe nenhuma palestra pronta, que atenda plenamente suas necessidades, sejam elas quais forem. Para deixar uma marca, você precisa que o palestrante trabalhe em conjunto com você e entenda como transmitir sua mensagem, promovendo um alto nível de personalização do conteúdo.

Por último, jamais se esqueça que, embora você, como contratante, não esteja no palco e não receba aplausos, no final, foi você quem escolheu a mensagem e o palestrante. A transformação gerada em cada pessoa também faz parte do seu legado enquanto ser humano. Afinal de contas, a primeira pessoa que salvou a vida daquela mulher que jogou fora as cartelas de remédio, não fui eu, mas sim o contratante, quando, sem saber, me escolheu para falar para uma plateia de apenas dez pessoas. Só isso já valeu as 76 voltas que eu e ele daremos ao redor do sol.

24

Apodere-se dos sonhos, até que deixem de ser meros sonhos

Neste texto, considerei as oportunidades com as quais me deparei em minhas fraquezas e dificuldades para superar obstáculos. Devemos nos apoderar de nossos sonhos, como forma de alavancar nossa crença na vida. Entender com clareza que sonhar é bom, porém viver sonhando nos trava e aniquila como pessoa. Este pode ser o primeiro passo para realizarmos nossos sonhos

Neive Noguero

Neive Noguero

Palestrante e CEO da empresa RUAH Desenvolvimento Humano e Empresarial. Eletrotécnico e gestor ambiental. Autor dos livros *A doença me curou; Uma atitude para Deus; Resiliência, liderança e motivação*. Tem atuação em palestras motivacionais, sendo muito requisitado para palestrar em SIPATs (Semana Interna de Prevenção de Acidentes). Possui certificações internacionais em *leadership, coaching, mentoring, holomentoring* e analista *comportamental profiler*. Acredita no potencial do ser humano e nas relações construídas por meio de valores que respeitem as individualidades.

Contatos
Site: www.neivenoguero.com
Site: www.ruahdesenvolvimento.com.br
E-mail: contato@ruahdesenvolvimento.com.br
Facebook: Neive Luiz Rodrigues Noguero
Telefone: (11) 97493-9893

É bom poder viver com a possibilidade de colher novas alternativas e experiências. Isso nos faz mais felizes, porque sabemos que sempre existirá algo a ser feito, na busca por soluções que, às vezes, parecem difíceis de serem alcançadas.

Saber valorizar essa oportunidade nos dá a certeza de auferir sucesso e êxito na vida pessoal e no ambiente corporativo.

Falar de futuro nos reporta a uma palavra mágica: "sonho". Quem não tem um sonho ou vários deles?

Sonho ou meta?

Não podemos, de forma alguma, confundir sonho com planejamento, objetivo ou meta. Metas são definições claras do que se quer e como fazer para conseguir o desejado. Enquanto no sonho, nós fantasiamos como se estivéssemos vivendo o momento. Na meta, nós não associamos a realidade ao imaginário, buscamos o resultado, para depois saborear o planejado e o alcançado.

É importante sonhar. Quando isso acontece, vislumbramos o que queremos e imaginamos como conseguir colocar em prática no futuro. A partir da utopia, planejaremos nossas ações, tanto para a vida pessoal, quanto profissional. Teremos força e coragem para propor metas claras e específicas para tornar o sonho em realidade.

A primeira coisa a fazer é apoderar-se de seu sonho e perceber como será após conseguir vivenciá-lo. Em um segundo momento, devemos partir para o real. O melhor a fazer nessa hora é dissociá-lo e focar naquilo que se pode fazer, para que o mesmo se torne uma realidade, uma conquista.

Para exemplificar, digamos que seu sonho é ser um empreendedor de sucesso. Quando você se apodera dessa ideia, começa a vislumbrar seu negócio, gerando empregos, ganhando mercado e realizando-se profissionalmente.

Este é o primeiro passo, porém se ficar só na fantasia, sua motivação vai inexistir para a segunda parte, pois estará sentindo prazer em forma de falsa ilusão. Sair desta etapa e colocar aquilo que vislumbrou no sonho em prática, é o desafio a ser perseguido.

A sociedade em que vivemos, a todo instante, nos vende conceitos e ideias do que é bom para nós. Por meio de bem-sucedidas campanhas publicitárias, acabamos cedendo a encantos e modelos de sucesso e prazer.

Se não tomarmos os devidos cuidados, nossos sonhos acabam se tornando reféns dessa engrenagem, nos sufocando como seres sem vontade própria e discernimento.

Devemos manter o foco no objetivo de tornar o sonho em algo real. No caso do empreendedor, saber de quais ferramentas ele dispõe para trazer para a realidade seu sonho de prosperar e, com isso, auxiliar outras pessoas a progredirem.

Ao ter nossos sonhos mascarados por uma realidade falsa, os objetivos e metas ficam distantes de serem alcançados, pois perdemos força e eficiência, com nossos valores sendo postos à prova.

Definir os valores que nos são caros e importantes é essencial para vivermos mais felizes, pois eles nos fazem caminhar e avançar.

Uma definição de valores pode variar de uma pessoa para outra, porém os valores de nossa vida devem levar sempre em conta aquilo que queremos ter como experiência, que entendemos fazer algum sentido para nós. Eles, em síntese, nos aproximam ou distanciam de algo. O que buscamos na vida pode ser definido por variáveis diferentes, podemos desejar algo por esse ou aquele motivo.

Sou empreendedor na área de gestão de pessoas, nesse caso, eu posso me satisfazer em ver o crescimento individual de cada uma. Mas, também posso me satisfazer por estar em evidência, liderando processos. Como, ainda, ter prazer quando vejo uma reengenharia de cargos dando resultados para a empresa que me contrata e a satisfação de uma equipe trabalhando com equilíbrio e tranquilidade.

A motivação de uma criança, que sonha em ser um jogador de futebol no futuro, sofre variações durante toda sua vida. Os conceitos e desejos são diferentes nas diversas etapas e idades. Podem estar relacionados, em princípio, com o prazer que jogar proporciona, porém, depois, pode acrescentar outros valores, como possibilidade de ascensão social, dinheiro etc. Enfim, ter claramente essas considerações é importante à definição de metas claras e objetivos específicos.

Tornar sonhos em realidade perpassa, necessariamente, por termos a dimensão de algo que nos parece uma salada mista de motivações.

Devemos ter clareza daquilo que nos poderá trazer felicidade, mesmo sabendo dos desafios a serem enfrentados, separando o que não desejamos sentir de forma alguma ou ter como experiência.

É importante observar que nossos objetivos e metas serão perceptíveis em nossa forma de viver, como se fossem reflexo e modelo existencial. Refletem como uma imagem no espelho, dessa forma, as pessoas nos verão pelo que buscamos ser.

Aqueles sonhos que fantasiam sua mente e lá permanecem, sem que perceba, transparecem ao convívio com as pessoas, muitas vezes, de forma equivocada.

Quando temos sonhos que ficam apenas no imaginário, nos tornamos pessoas amargas e rudes no trato com os demais, o que prejudica nosso desempenho profissional.

Imagine em seu ambiente de trabalho, como será visto pelos seus companheiros sendo líder ou colaborador.

Quem tem uma vida com metas e objetivos claros, certamente estará motivado para os desafios, tornando-se uma pessoa mais afável. Terá um olhar para dentro de si, os pés fincados na realidade presente, na busca por um futuro melhor e será mais competitivo no mercado de trabalho.

Quem está nessa dimensão não enxerga no outro um obstáculo e, sim, alguém que pode interagir e auxiliar em sua vida. Para atingir as metas e objetivos, trazendo o irreal para o cotidiano, devemos ter a clareza de que as pessoas nos analisam pelo que refletimos.

Portanto, se queremos mudar a imagem que passamos para as pessoas, devemos trabalhar no sentido de saber o que queremos mudar, sem deixar nossa autenticidade de lado.

Modelos preconcebidos de formas existenciais não têm sentido. Quando quiser mudar algo em você, primeiro se veja mudado, sinta se isto vai fazer bem, se vai conseguir atingir seu propósito, sua missão.

Um líder, no meio corporativo, não muda só para se beneficiar. Ele deve sentir que uma mudança trará benefícios para todos na empresa.

Você que é empresário, defina suas metas e se prepare para pôr em ação suas ideias. O momento e o tempo de execução você deve definir de forma clara.

Faça um planejamento minucioso, veja os prós e os contras. Lembre-se, neste mundo competitivo em que vivemos, ter metas claras e factíveis é essencial para obtermos êxito.

Quando estamos muito ansiosos, corremos o risco de atropelar o processo, não damos tempo ao tempo, sem perceber, jogamos tudo a perder, com atitudes intempestivas e fora do propósito. Ficamos menos resilientes, nos deixamos abater e perdemos grandes oportunidades profissionais.

Manter o planejamento e executá-lo com calma e tranquilidade, fazendo as análises com ponderação e cautela, é a melhor forma de tudo ocorrer da maneira certa e sem precipitações.

Não se deixe tomar apenas por medidas intuitivas, sem antes analisá-las de forma coerente, com profunda reflexão de causa e efeito.

O modelo de sociedade de hoje nos leva a agir por impulsos. Tudo acontece muito rápido, as mudanças estão presentes a todo o momento. E uma empresa que quer se firmar no mercado precisa estar atenta ao que ocorre e estar aberta às tendências e necessidades dos seus clientes, se deseja se efetivar no atual cenário.

O empreendedor que tem um sonho, precisa alinhá-lo ao seu propósito e buscar as ferramentas necessárias que tornem um acontecimento real. Pois caso fique apenas sonhando, o tempo passará e, ao despertar para a realidade, poderá experimentar momentos de tristeza e decepção.

Manter o foco é vital para que as coisas aconteçam. Atente para suas metas e objetivos, pois são seu porto seguro e certeza de se manter com os pés no chão.

Viver apenas de sonhos é estar sempre com a impressão de estar fazendo algo, quando, na verdade, nada de concreto se conclui.

O mundo é feito de oportunidades, as corporações buscam profissionais cada vez mais preparados tecnicamente, mas hoje olham muito para as competências comportamentais.

Uma pessoa que apequena sua vida, que não tem sentido da própria existência, deixa a vida levá-la, sem notar que o tempo passa. Vive em seu mundo de sonhos, como se os mesmos fossem realidade, uma fuga de sua própria forma de viver.

Viver como se fôssemos ilhas isoladas num imenso oceano, sem interagir com o outro, sem planejamento que inclua o bem-estar coletivo, pode ser frustrante.

Dizem que uma pessoa sem metas e objetivos é alguém sem esperança e sem sonhos. Talvez, essa constatação seja correta, porém não podemos transformá-la em desculpa para fracassos e incongruências de nossa carreira.

Alguém que vive na expectativa de melhores condições futuras, expressa em suas ações a positividade, mantém o olhar para frente, motivado a buscar novos horizontes.

Sair da inércia de uma vida em que apenas os sonhos parecem fazer sentido, buscando soluções novas, é uma válvula catalisadora de metas e objetivos, para tornar a ficção em realidade.

Deve-se ter claro que o autoconhecimento leva à autoaceitação, e essa leva à eficiência e ao engajamento com as demais pessoas. Ter cuidado para analisar, planejar e colocar em ação suas ideias, visando trazer seu sonho à realidade, objetivando o melhor para todos.

Focando corretamente

Colocamos o foco em algo, pensando ser o melhor, porém, às vezes, acaba tendo o efeito contrário, pela forma como idealizamos e empregamos força na ação e pensamento.

Muitas vezes, focamos no negativo das coisas, com objetivos contrários ao efetivamente desejado. Em quantas ocasiões, dizemos que "não" queremos perder algo? Perceba que o foco é o "não". O correto é focar no "eu vou". Em vez de dizer, por exemplo, "eu não vou perder esse contrato", diga "eu vou assinar esse contrato."

Observe que, aparentemente, a definição é a mesma, mas a força das palavras é diferente. Uma marca o "não", enquanto a outra o "eu vou".

A força das palavras em nossa vida é fundamental e importante para nossas relações familiares e profissionais. Tudo aquilo que expressamos é reflexo do que, na verdade, estamos pensando, mesmo que esteja em um local em nossa mente, que não percebemos ou não temos ciência.

Isso se torna um tanto perigoso, me faz lembrar a "Janela de Johari" que é a forma encontrada por dois psicólogos para definir o modo como nos relacionamos com o mundo ao nosso redor.

Um dos pontos levantados por esta teoria é a de que existem coisas que nem nós, tampouco os outros sabem a nosso respeito. Coisas que de tão bem guardadas, ninguém as conhece, isto é preocupante, pois provoca reações que não sabemos quais podem ser.

Se ficarmos presos olhando somente o passado, ou vivendo de sonhos apenas no universo da fantasia, andaremos para trás, não caminharemos rumo às conquistas que planejamos.

Alguém que não se conhece, ou que não está satisfeito com o rumo que deu para sua carreira, fica preso a amarras que criou. Acaba se encolhendo e se aniquilando. Atrofia-se em pensamentos e angústias, transformando-se em mais um profissional infeliz.

Saber sair dessa situação é fundamental para um novo caminhar, olhando para a frente, de cabeça erguida, sabedor de que os sonhos podem ser conquistados a partir de um novo olhar e modo de encarar a vida.

Firme-se no que quer, planeje, defina metas, mude conceitos, descubra seus valores e vá à luta com firmeza e determinação, saiba que pode e consegue superar os desafios.

Do sonho à realidade
Lembre-se de que nossos sonhos, nem sempre dependem somente de nossas atitudes. Muitas vezes estão associados a outras variáveis, como por exemplo, determinadas situações ou até mesmo de outras pessoas.

Por exemplo, se meu sonho é ser um excelente profissional, isso só depende de mim, agora se é ser um ótimo profissional e executivo na empresa que trabalho, vai depender de outras variáveis e de outras pessoas.

Isso não quer dizer que não devemos lutar por esse ou outros sonhos que não dependam apenas de nós e do nosso esforço. Mas, devemos perceber e ter a clareza de não nos decepcionar, caso não consigamos realizá-lo no tempo ou do modo que desejamos.

Hoje posso dizer que meu sonho se tornou realidade, porque faço o que gosto, dando palestras, treinamentos, escrevendo e levando uma mensagem de esperança e positividade para as pessoas.

Tenho plena convicção de que, cada vez mais, as empresas irão contratar pelas habilidades técnicas, sem deixar de olhar para a questão comportamental. Essa união de técnica e comportamento tem que ser para você, que lê estas linhas, a junção de seus sonhos como os reais objetivos e metas.

Seja feliz, o mercado de trabalho almeja e anseia seu conhecimento, sem deixar de lado o seu maior tesouro, a garra de se tornar um grande vencedor.

Dizer que a vida é curta é fácil e provável. Agora, mesmo sendo curta, não devemos apequená-la. Tornar a vida pequena é viver sem esperança, sem cultivar o possível e buscar acreditar no impossível.

25

Empresas que sabem vender. Uma nova história

As empresas estão realmente focadas nas vendas? Saiba que, apesar de ser óbvio, vender ainda não é o principal objetivo de muitas delas. Até ficam na torcida, mas suas atitudes não refletem esse desejo. Neste capítulo mostrarei as mudanças que são necessárias nas empresas e nos profissionais, que vão alimentar seus resultados e, assim, você terá mais "sorte" em vendas. Tenha uma boa leitura!

Prof. Jair

Prof. Jair

Empresário, articulista da Rádio CBN e palestrante com atuação nacional. Prof. Jair Santos é um profissional sempre disposto a empreender e se desafiar. Graduado em administração, *marketing* e gestão de processos da qualidade, considera-se um professor por vocação e um aprendiz em tempo integral. Requisitado por empresas, entidades de classe e escolas de negócios, para falar em seus eventos sobre mudanças, liderança e vendas. Estudioso do comportamento humano em sua relação com o mundo das empresas. Aficcionado pelo mundo das vendas e desenvolvimento de novos métodos para alcançar melhores resultados. Como escritor, publica artigos, resenhas e estudos em sites, jornais e revistas especializadas em cultura empresarial e revistas segmentadas.

Contatos
Site: www.profjair.com.br
E-mail: palestrante@profjair.com.br
Redes sociais: @PalestranteProfJair

> Sê o teu próprio salvador enquanto ainda podes.
> Marco Aurélio

Atenção: sem venda, sem almoço!

Todos os problemas das empresas surgem e são resolvidos a partir da venda. Olhando de maneira objetiva e sem floreios, percebemos que as empresas começam a quebrar por baixo fluxo de caixa, ocasionado por falta de vendas, mais do que por qualquer outro tipo de problema. Naturalmente, sabemos que o intrincado quebra-cabeça corporativo não se resume somente a isso. Todas as complicações ficam potencializadas pela falta de vendas.

Se as vendas estão acontecendo, os demais fatores impactam com menos força. Sem venda é *game over*. Sendo assim, todas as empresas precisam, urgentemente, de um perfil vendedor, possibilitando que todos, do estagiário ao diretor presidente, tenham apenas uma missão: vender.

Hoje, para movimentar a máquina dos resultados, gerando caixa e lucro, precisamos dominar a tentação de levantarmos barreiras para nossos próprios negócios. Não devemos amplificar nossas crenças limitantes em relação a venda e ao que podemos fazer com ela. Principalmente, de nos sentirmos vítimas das mudanças da concorrência, do governo ou da falta dele. Não podemos apequenar nossas metas.

O resultado em vendas sempre será o reflexo do talento, disciplina, aprendizado constante e da firme convicção de que podemos realizar sempre mais, vendendo cada vez melhor. Não podem depender do "vento a favor" ou de circunstâncias favoráveis. Devem ser fruto do trabalho bem pensado, organizado e executado.

Mudanças, muita conversa e pouca atitude

Acreditamos não ser mais adequado falarmos que estamos vivendo uma era de mudanças. Já passamos disso. Agora estamos vivendo uma transição de era, uma total transformação de padrões.

Estamos presenciando a maior de todas as revoluções, pois esta envolve uma série de alternâncias: revolução tecnológica, globalização, economia, gestão e organização, enfim, são diversas as mudanças que o mundo passa e precisamos nos adaptar a elas.

Até aí, tudo bem, pois todos nós já sabemos e sentimos isso na pele. Pesquisas apontam que cerca de 95% das empresas sabem de sua necessidade de mudança, mas, mesmo assim, não agem. A partir dessa informação, pode-se entender que o mundo se divide entre os que sabem o que está acontecendo de diferente; e os que determinam o que vão fazer de novo, e fazem. Uma coisa é saber o que precisa ser feito, e outra bem diferente, é fazer.

Essa nova realidade afeta as empresas e, naturalmente, a todos os tipos de profissionais, independente da área de atuação. Segundo o imperador romano, Marco Aurélio, "tudo que afeta a colmeia, afeta a abelha." Portanto, todos nas empresas são afetados por isso e estão sentindo o que chamamos de "as dores do dono." A mudança está aí e é para valer.

No que temos que prestar mais atenção

De todas as mudanças, algumas merecem nossa atenção especial, pois impactam fortemente nos resultados das vendas. A primeira delas é a globalização. Hoje, as pessoas têm acesso ao mesmo produto de diversos fornecedores e origens, dando um leque de opções muito maior do que o de tempos atrás.

Outra, é a concorrência gerada pelo excesso de produtos e serviços no mercado, criando a necessidade do profissional de vendas adequar-se a essa realidade, usando diferenciais que estimulem a compra do seu produto e não o do concorrente.

Na mesma proporção que aumenta a oferta, cresce também o nível de exigência do cliente. Então, hoje em dia, caiu por terra o conceito de que "qualidade custa caro." É preciso aliar a mesma ao preço, para poder enfrentar a concorrência.

Sendo assim, chegamos à conclusão de que esse novo cenário vai exigir novos atores. Profissionais, de todas as áreas, que compreendam que sem vendas, não tem almoço. Todos precisam moldar seus estilos e comportamentos, para se tornarem protagonistas desse processo, e não somente coadjuvantes, que ficam torcendo para a sorte os favorecer.

Boletins econômicos, crenças limitantes e a sabotagem da venda

Você já parou para pensar em como os boletins econômicos e de previsão do tempo afetam nossas decisões, expectativas e nosso humor? Os que dizem respeito ao clima estão se tornando cada vez mais confiáveis. Se vai chover, por mais que você tente interagir com o ambiente e mudar a realidade, não adianta, vai chover!

Já em relação aos boletins econômicos, a coisa não é bem assim. É preciso avaliar com muita cautela as ideias que nos são apresentadas, pois elas podem ser tendenciosas. Como os mercados funcionam alavancados por expectativas, dependendo das notícias que chegam até nós, podemos tomar determinadas decisões que influenciem os resultados para melhor ou para pior.

Ou cometer o principal erro de ficar paralisado diante do quadro supostamente ruim, achar que nada vai dar certo daqui para frente, com a desculpa da possível crise.

Mas, mesmo que o drama seja para valer, são nos momentos de maior dificuldade que quem se destaca é o criativo, positivo e proativo. Por isso, é preciso ter calma e serenidade ao avaliar a situação de todos os ângulos, para evitar erros.

Previsões e expectativas tóxicas geram crenças limitantes em nossa mente, bloqueando nossas atitudes. Avaliações precipitadas, fatalmente, levarão a falhas de julgamento que podem comprometer os resultados.

Se você precisa sair de casa, não é a previsão do tempo que vai mudar sua decisão. Se chover, use um guarda-chuva. O mesmo vale para as vendas. Independentemente do cenário, é preciso que todos na empresa, a partir dos gestores do negócio, mantenham o foco pleno nas metas e nos resultados.

O que fazer para criar mais resultados em vendas

Acreditamos que as pessoas dão atenção demasiada a pés de coelho, trevos de quatro folhas e ferraduras. Se hoje vendemos bem, tivemos sorte. Se não vendemos bem, ela não sorriu para nós. Pensamentos comuns. Para complicar isso, a maioria das pessoas acredita não ter nascido com alguma sorte. Estudos mostram que cerca de 80% das pessoas dizem que jamais tiveram um momento afortunado na vida e acreditam que jamais vão ter.

Sendo assim, talvez, vender bem fique ainda mais difícil, pois contam com a sorte e não se veem como pessoas sortudas. Uma grande e fatal contradição.

Naturalmente, nas vendas, mexemos com muitas variáveis que não controlamos, por exemplo, cenários econômicos e ações da concorrência. Portanto, precisamos saber jogar com as probabilidades. Precisamos entender que para ganhar alguma coisa é preciso primeiro apostar, entrar no jogo.

Saber que sorte é muito mais uma questão de plantar sementes, regá-las, cuidá-las e colhê-las. Entender que entre a semente na terra e o fruto na árvore, existe um bocado de trabalho duro, muita persistência e determinação. Empresas que vendem bem são aquelas que têm um ambiente de sorte criado pelas pessoas, a partir de decisões e atitudes focadas no resultado.

Acreditar na sorte, acordar bem cedo e vender

Vejamos isso. Quando as probabilidades nos são favoráveis, com mais coisas dando certo, tendemos a acreditar que o próximo movimento também vai nos favorecer. Já em épocas em que as coisas não andam tão bem, temos praticamente a certeza de que o depois não será nada bom.

Uma primeira visita, logo pela manhã, com uma venda das boas, é quase a certeza de que a próxima visita vai gerar outra venda bem feita. Um bom mês de resultados é a quase certeza de que iremos repetir o feito. Nosso ego fica elevado, ativando a nossa cabeça de vencedor.

Contudo, nada é certo, em relação a probabilidades. Mas, nossa cabeça não percebe as coisas desta forma. Tanto posso ter eventos alternados, bons e ruins, como uma sequência de seis no jogo dos dados. Por isso, não devemos mais acreditar que a venda é fruto de sorte ou do acaso. Se elas precisam vender para continuar, temos que fazer nossa sorte nascer todos os dias.

Quando todos focam na venda, a empresa vende mais

Só ativamos a máquina de vendas quando alinhamos todos na empresa com a missão vendedora. Passamos a entender que departamentos, rotinas, tarefas e as pessoas que as executam, precisam de foco nas vendas. Vamos deixar claro. Vender não é mais exclusividade do departamento de vendas.

Lidar com essa nova realidade exige dos profissionais uma dose de energia acima da média. Enquanto em algumas atividades profissionais, a rotina cria uma segurança e um conforto, em vendas, as novidades são a tônica.

Uma empresa focada em resultados abomina a rotina, descarta tarefas que não agregam força às vendas e valorizam as pessoas que sabem usar seu tempo e rituais de trabalho para ajudar a empresa crescer.

É preciso se manter em movimento para vender bem

Quantas coincidências acontecem em nossa vida? Todas boas? Todas ruins? Claro que não. Um pequeno acidente de carro só aconteceu, porque estávamos passando naquele lugar, quando um distraído passou por lá também, resolveu entrar na contramão, e carimbou nosso carro. Coincidência negativa! Ou naquela festa, que trombamos com aquela "criaturinha" indesejada. Esbarramos nela. Hora errada, lugar errado.

Ou, por acaso, encontramos aquele executivo que trabalha em um potencial cliente. Há tempos estávamos querendo marcar uma reunião e esbarrávamos na secretária. O mundo das coincidências. Todos nós passamos por isso o tempo todo. Nosso dia é recheado de centenas destes eventos. Grande parte deles é imperceptível aos nossos olhos. Alegram-nos ou nos incomodam um pouco. São considerados banais. Poucos são os que rotulamos como importantes, sejam bons ou não. Esses são registrados por nossa mente.

Da mesma forma que para bater com o carro, você teve que sair de casa e movimentar-se, para se dar bem, também teve que tirar a preguiça das costas e fazer alguma coisa. Em vendas, tudo isso faz muito sentido. Muito simples. Uma pena que muitas empresas e muitos profissionais não valorizem isso.

Se queremos vender mais, temos que criar mais atividades favoráveis. Movimentar a empresa, os departamentos e profissionais para que comecem a gerar circunstâncias que favoreçam os acasos positivos. Boas vendas só acontecem quando nos movimentamos em direção a elas.

A venda não pode depender da sorte

Se você acredita no gênio da lâmpada, em amuletos que podem te proteger, vá fundo. O importante é construir um escudo protetor, um campo de força, uma blindagem de sorte. Até porque, por aquilo que nos parece, a sorte acontece na vida da gente na medida em que acreditamos nela. Só que acreditar não significa esperar, muito menos se acomodar, usando o que chamamos de "mente mágica."

Pensar que basta acreditar forte, pensar firme e tudo vai dar certo. Não, em vendas não funciona assim!

Empresas e vendedores que vendem bem, coincidentemente, sempre são os que mais trabalham e mais confiam que hoje será o melhor dos dias e trabalham muito para que isso aconteça.

Mas o que a realidade nos mostra é que ainda há muitas empresas e muitos profissionais por aí, torcendo para que o telefone toque, ou que algum cliente apareça querendo comprar.

Vendas, fruto das metas, dos métodos e movimentos

Encontramos cada vez mais empresas e profissionais frustrados com os resultados que estão alcançando em vendas. Ou melhor, desapontados com o que não estão conseguindo vender. Vendem pouco e mal. O que alimenta e perpetua este comportamento é que, até aqui, mesmo com resultados pífios, as empresas se mantinham no jogo do mercado. Hoje as coisas mudaram.

Ou transformamos nossos negócios em usinas de vendas, trabalhando em alta *performance* o conceito de empresa vendedora, ou certamente enfrentaremos muitos problemas.

O novo nome do jogo é resultado. E o resultado está ligado aos movimentos de execução e de mudanças, que nos encorajamos a fazer. Depende dos métodos empregados, das métricas no foco utilizado. E, sem sombra de dúvida, nunca duvidar do poder das metas grandiosas.

Claro, como já falamos, não podemos nos tornar vítimas da "mente mágica", do pensamento positivo vazio e ilusório. Mas, as metas alimentam as vendas, e as grandiosas têm o poder de nos levar à descoberta de competências antes adormecidas ou completamente desconhecidas.

Quando nos exigimos além dos limites normalmente aceitos como possíveis, exercitamos habilidades importantes. Disciplina, resignação, criatividade, capacidade de recuperação e de planejamento. Isso serve para as pessoas e empresas.

Portando, a grande missão vendedora, que gera riquezas e melhora o mundo, precisa ser compreendida e aplicada. Despertar nossa capacidade de realização, favorecendo a sorte.

Vender mais e vender sempre. Este é o novo e grande desafio das empresas e dos profissionais.

Pense nisso, melhore sempre e tenha muito sucesso!

26

Atitude 361,5°: olhando o todo e mais um pouco!

Há muitas pessoas que, geralmente, não ganham o suficiente para entregar mais do que o combinado. Porém, elas sabem que lamentar o cenário atual não gera soluções. Nada transforma tanto nossa vida e nossos resultados quanto a mudança de posicionamento. Neste artigo, você conhecerá a Atitude 361,5º, que irá auxiliá-lo a obter uma versão melhorada de si

Prof. Paulo Sérgio

Prof. Paulo Sérgio

Empresário e palestrante. Há mais de quinze anos atua na área de consultoria empresarial. Tem ministrado palestras por todo o território nacional e colaborado para o desenvolvimento de pessoas e para a excelência empresarial. Formado em Ciências Contábeis pela Universidade Estadual do Centro-Oeste do Paraná – UNICENTRO. Pós-Graduado em Gestão Empresarial e de Pessoas pela mesma instituição. Autor dos livros *Os dez mandamentos básicos na prestação de serviços*, o *Código pensar* e do *bestseller Mente de vencedor* pela Literare Books.

Contatos
Site: professorpaulosergio.com.br
E-mail: contato@professorpaulosergio.com.br
Facebook: @palestrantepaulosergiobuhrer

O mundo corporativo perde muito quando não é composto por pessoas que tenham atitudes diferenciadas. A falta de gente motivada, competente, que quer vencer na vida, e tem disciplina nessa busca, tem repelido o sucesso de muitos empreendimentos e, claro, das pessoas que os compõem.
Bilhões de reais são desperdiçados por empresas que mantêm em seu quadro de colaboradores pessoas com atitudes pessimistas. Focadas em crises e problemas, não em oportunidades e soluções, que arranjam desculpas para explicar a falta de resultados.

Alegam, geralmente, que não ganham o suficiente para entregar mais do que o combinado. Que faltam recursos e ferramentas, mesmo que observem que há um grupo menor, criando opções para produzir, vender e gerar mais lucros, pois sabe que o contracheque que anseia está nessa atitude, e não no fato de lamentar o cenário atual.

Poucas coisas são tão complexas de mudar quanto nossas atitudes. Porém, nada transforma tanto nossa vida e nossos resultados para melhor, em todas as áreas, quanto essa mudança.

Por isso, como líderes, diretores, empresários, nossa missão é inspirar e sensibilizar essas pessoas a promoverem mudanças, pois elas são, também, muito afetadas pela maneira como veem e agem diante dos acontecimentos.

Há muitos conceitos sobre atitude, a maioria deles, difíceis de aplicar. Por isso, criei o tema Atitude 361,5º, que é você se autorresponsabilizar pelo todo e mais um pouco, focado muito além das suas necessidades, mas atento a auxiliar aos outros, sejam colegas de trabalho, chefes, parceiros de negócios, clientes. É uma forma de agir ajudando não só a si mesmo, mas aos outros, sem se importar de imediato com o quanto vai ganhar agindo assim.

Todos nós temos uma versão melhorada. O problema é que ela fica geralmente escondida por detrás de uma cortina de medos, incertezas, decepções, frustrações, traumas. Isso acaba bloqueando-a de aparecer, impedindo, também, de expandirmos nossa visão de mundo, para que possamos aplicar o conceito de Atitude 361,5º.

Mas como é possível mudar esse modelo antiatitudinal, que parece enraizado em nossa cultura que, em vez de incentivar a sermos tudo aquilo que podemos ser, estimula a sermos aquilo que "der para ser"?

Estamos fadados a viver sem pôr em prática esse novo conceito que criei, obtendo, assim, resultados bem menores do que teríamos com esse novo jeito de agir – o que traria muito mais qualidade de vida para nós mesmos, e para as pessoas que nos cercam?

Claro que não. É certamente possível promover essas mudanças. E a primeira delas tem de ser no seu modelo de crenças. Você tem de acreditar que, apesar de ter ou terem pintado uma tela feia da sua história, você pode reassumir o controle de tudo, tomando a tela e os pinceis, e começar a pintar um paraíso para viver nele.

Essa mudança de frequência mental, do modo como vê os cenários da sua trajetória, usando todas as dores que possa ter passado, como fontes impulsionadoras de novas e melhores atitudes, e não como muros para bloqueá-las, é que fará você se aproximar do seu sucesso, em vez de repeli-lo. Com esse singelo, mas poderoso ajuste, você começa a dar significado ao conceito Atitude 361,5º.

Ele leva você a fazer o que tem de ser feito mesmo que, aparentemente, não seja sua responsabilidade. É essa atitude que o faz ver antes, e enxergar o que quase ninguém vê. Quando você age assim, mesmo no olho do furacão profissional ou pessoal que possa estar inserido, vai conseguir ter uma visão que o fará enxergar o arco-íris. Mesmo que nuvens negras estejam sobre sua cabeça, não focará na escuridão, mas na água que há nessas nuvens, e que farão brotar as sementes dos seus projetos.

Essa atitude nos faz avançar, enquanto o concorrente retrocede por não aplicá-la. Faz-nos concretizar vendas, negócios, parcerias, enquanto os outros fecham as portas. Faz-nos evoluir na carreira, enquanto a maioria assina o termo de rescisão de contrato de trabalho.

Se você quer se sintonizar na frequência do sucesso, comece a ter Atitude 361,5º, pois ela vai garantir resultados extraordinários, criando uma nova visão, um novo olhar para o seu mundo de fora, compreendendo que para que isso aconteça, é preciso olhar de um novo jeito para o seu mundo de dentro.

Vamos ver melhor como isso se processa. Certa vez, eu estava indo ao banco, e no semáforo, parei para aguardar os carros passarem. Mas observei que um senhor, de cabeça baixa e vidrado no celular, continuou andando na faixa de pedestres. Ao notar isso, o puxei pela camisa, e um veículo passou há centímetros dele. Esse é um exemplo prático e fácil de entender Atitude 361,5º.

Aquele homem não me pediu para ajudá-lo. Teoricamente, não era minha responsabilidade cuidar dele. No entanto, ao ver a situação, se não fizesse nada, eu passaria a vida toda com remorsos.

Infelizmente, vejo o tempo todo gente se remoendo, porque não deu seu máximo, justamente quando a empresa mais precisava e foi demitido. Gestores, empresários, roendo as unhas porque não tiveram Atitude 361,5º com seus melhores colaboradores, não acompanharam de perto, dando o apoio necessário, e viram os resultados despencarem em razão disso.

Todas as vezes, ao chegar aos auditórios para realizar palestras, eu verifico se a organização e o som estão perfeitos, além de agradecer a todos que estão ali doando seu tempo para que tudo saia bem.

Num primeiro momento, parece não ser minha obrigação, mas essa atitude garante o sucesso do encontro, servindo de exemplo tanto para a minha equipe, quanto para a que está cuidando do evento, que geralmente faz parte da empresa que me contratou. Se eu vou falar sobre atitude na palestra, eu devo ser o primeiro praticá-la.

Fique ligado no seu trabalho, nas coisas que estão acontecendo ao seu redor. Pequenas ações diárias, valem mais do que ficar esperando para mostrar uma grande atitude. As pessoas valorizam pequenos gestos, que demonstram que você está "antenado" e preocupado com o todo e mais um pouco, e não apenas com a sua parte.

Num projeto recente, eu tinha que trocar parte do piso da minha piscina. Fui até uma loja de materiais de construção, e mostrei a foto do piso que precisava, informando que era uma reposição.

O vendedor simplesmente me disse que não tinha aquele modelo. Insisti um pouco, mas ele foi incisivo: "Não temos, é difícil de achar pisos para reposição, e acho que esse nem é fabricado mais." Eu entrei na loja com um problema, e o vendedor me fez sair com dois. Fui a outras duas lojas e também tive respostas semelhantes.

Estava decidido a comprar um piso parecido, mas resolvi ir à outra loja. Fui recepcionado por um jovem simpático, que antes de me deixar mostrar a foto do piso, me levou à sala de café. Ao sair de lá, perguntou como poderia me ajudar. Mostrei a foto e ele disse: "Paulo, passe no meu WhatsApp, que vou mandar para nosso grupo das três lojas, e tenho certeza que vamos encontrar".

Em menos de dez minutos, ele recebeu uma mensagem de um vendedor da sua filial dois, dizendo que tinha um piso igual. Então comprei o piso, a argamassa, rejunte, e já decidi comprar um chuveiro novo e uma torneira elétrica, que eu estava precisando.

Qual a diferença entre esse vendedor e os outros? Conhecimento, experiência, informação, cursos, diplomas? Não. A diferença está na ATITUDE 361,5º. Ele estava focado em resolver o meu problema, não o dele. Queria atender às minhas necessidades, não as dele. Como eu sei disso? Porque era só uma troca de piso, que não renderia grande comissão. Ao passo que vi entrarem outros clientes, com uma lista enorme de materiais para comprar, ele poderia ter me descartado e dito que não tinha o piso, para poder atender quem lhe rendesse mais.

É importante você fazer vários cursos, colecionar certificações e ser experiente na sua área. Porém, isso não garante que você tenha sucesso. Essas coisas podem abrir muitas portas profissionais. Mas, só com a Atitude 361,5º você não será jogado pela janela ou pela mesma porta que entrou.

A maioria das pessoas não tem esse tipo de atitude. Elas veem erros, e muitas vezes, até sabem como resolvê-los, todavia, ficam inertes, como se não fosse tarefa delas. Algumas até dizem: "Isso não é minha parte". No mundo corporativo, tudo é responsabilidade de todos, e nesse cenário, quem tem atitudes diferenciadas, tem sempre mais resultados.

Praticamente em todas as palestras, no *briefing* que eu ou minha equipe realizamos com os contratantes, eles dizem: "precisamos que as pessoas tenham mais atitude".

E realmente estamos com carência atitudinal. Esse é um problema endêmico. Muitos profissionais precisam levar um choque diário de atitude, senão, não reagem, e mal fazem o que foram contratados para fazer.

Se não levarem esse choque, vão continuar vivendo numa frequência vibracional, em que a atitude não é solicitada, sintonizando-se em comportamentos cada vez mais inativos, porque geralmente convivem com pessoas do mesmo perfil.

Você acredita que está tendo Atitude 361,5º na empresa na qual trabalha? Está convicto de estar focado no todo e mais um pouco? Olha para o negócio como se fosse o dono, pensando em como ajudar as pessoas, e não só a si próprio, e até o presidente da empresa respeita sua opinião, tamanho é o seu comprometimento?

Sem essa nova visão e atitude, vamos deixando passar dezenas de oportunidades todos os dias. Já, se você é um profissional que vibra na frequência da Atitude 361,5º, há vagas de trabalho sobrando, clientes se aproximando de você, negócios com cada vez mais lucro, parcerias excelentes, construção de equipes de alto desempenho.

Certa vez, um vendedor foi falar com seu chefe, e reclamou que um colega foi promovido e ganhou uma região mais favorável, mesmo tendo entrado depois dele na empresa. O chefe disse:

— Ele foi promovido, porque numa região fraca, e num cenário econômico terrível, ele vendeu quatro vezes mais do que você.

A virtude dele é que todos os dias, contatava alguns clientes, ligava parabenizando pelo aniversário, enviava lembrancinhas pagando do próprio bolso, e prospectava diariamente, cerca de 30 clientes adicionais ao telefone, os quais, depois visitava pessoalmente. E você, o que fez nesse tempo? Alegou crise, dizia que não tinha nada a ser feito, pois os clientes não estavam comprando. Você tem muito mais experiência, e até conhecimento técnico, porém, não tem atitude.

Sem atitude, o fracasso gruda na gente, e passamos a explicar nossos problemas financeiros com desculpas, sempre na posição de vítima, atribuindo responsabilidades a tudo e a todos, menos assumindo que as coisas mudarão quando nós mudarmos. E não falo só de pobreza material, porque essa é superada quando nos tornamos ricos de atitudes positivas e inspiradoras, que nos fazem ver além.

Já treinei pessoas que alegavam a falta de sucesso ao fato de terem nascido num ambiente hostil, com baixo estímulo ao progresso, e a uma visão positiva da vida. Sabe qual o maior erro delas? Contarem-me isso.

Afinal, eu fui assim ontem, mas só saí do caos por ter mudado de atitude e ter dado muito valor à frase mais importante da minha vida, dita pela minha avó: "Paulinho, você tem muita atitude. Se continuar assim, um dia o ferro velho que você vende vai virar ouro".

Sem Atitude 361,5º, talvez nunca nos demos conta de que na mesma rua onde morávamos, ou moramos, alguém progrediu e construiu grandes coisas, justamente porque usou esse modelo atitudinal, e o ferro velho recebeu o toque de Midas, e virou ouro.

Você se lembra do vendedor de pisos? Pois é, quando fui pagar, ele foi ao caixa, alegando que a responsável estava doente. "O senhor mora lá na Avenida... não é?", foi o que ouvi dele. Perguntei um pouco surpreso, como ele sabia: "é que à noite trabalho entregando pizzas, e sempre entrego uma de *Mignon* 4 Queijos em sua residência. Estou querendo comprar minha casinha, e aí a gente tem de se virar não é "Seu Paulo?".

É uma linda demonstração de Atitude 361,5º, porque, ao passo que vejo as pessoas reclamando por não terem a casa própria, enquanto jogam bilhar ou assistem TV, ele estava trabalhando cerca de 15 horas diárias para não participar do grupo de quem lamenta. A diferença dele está na atitude, e não no conhecimento. Ele sabe que, no tempo certo, poderá usufruir os resultados dessa sua atitude, ao lado das pessoas especiais da sua vida.

Eu lhe pergunto:
1. Que mudanças precisa começar para mostrar seu comprometimento com a empresa na qual está, seja qual for a sua função e renda atualmente, mostrando que pode gerar mais produtividade, vendas e lucro para os negócios?
2. Como vai deixar seus superiores e clientes malucos só de pensarem em perderem a oportunidade de fazer negócios com você?

Sem a Atitude 361,5º ficaremos estagnados, sem sabermos responder a essas perguntas, nos tornando, com o tempo, tão úteis como um poste sem luz numa praça pública. Você não merece isso!
Adquira conhecimento, seja motivado, competente, ambicioso. Mas, só a Atitude 361,5º lhe possibilitará se sintonizar na frequência do seu sucesso, para poder destruir a tela feia da sua vida, e construir seus sonhos, seu paraíso e viver nele.
Como sempre, torço pelo seu sucesso.

27

Experiência vitoriosa

Este capítulo nos mostrará que maior que os desafios enfrentados, acima de tudo, é preciso ter a clareza de onde exatamente queremos chegar. E por mais que a vida nos apresente obstáculos, a persistência e a perseverança nos levam a uma experiência vitoriosa. Cada posição tem uma experiência pessoal, e nunca poderemos mensurar se uma vitória é, ou não, mais importante do que algumas superações

Rico Machado

Rico Machado

Empreendedor e empresário do ramo calçadista há mais de 20 anos. *Designer* de calçados formado no SENAI Ipiranga, SP. Estilismo/*design*, confecção e modelagem de calçados. Criador de coleção própria, comercializada em sua loja física e em seu *e-commerce*. Criador e desenvolvedor do método *Organic 3D* pro e *Coachcultura*. *Coach* formado pela International Metodo CC, de Miami; *power trainer* e *coach* pela *master* UL de Rodrigo Cardoso; palestrante e autor/escritor.

Contatos
Site: www.ricomachado.com.br
E-mail: rico.machado@hotmail.com
Facebook: rico.machado.shoes.designer
Instagram: ricomachado.itu – rico.machado.shoes4you
Telefone: (11) 96581-5775

Esta é a história de um garoto que, muito cedo, passou por desafios intensos, como a perda de seu pai aos 5 anos e a do avô, seu grande amigo, aos 10 anos de idade. Assim como ele, todos nós temos grandes desafios e histórias para contar.

Tudo ocorreu em uma cidade do interior de São Paulo, nos anos de 1980 a 1982, época do filme E.T., que mostrava, em um momento, o personagem principal correndo com um menino em uma bicicleta. Aquela era uma ilustração real de algo que estava em alta naquela época: as corridas de *bicicross*, BMX.

Garotos limpavam terrenos, fazendo pistas para corridas; um engajamento incrível. O garoto tinha 12 anos, e correr de *bicicross* era sua paixão. Estava ansioso para o evento anual, que trazia toda a cidade para a beira das pistas. Assistir corridas patrocinadas pela rádio, jornal, marcas esportivas da época, enfim, eram sempre grandes eventos locais.

Eram 60 competidores de toda região, preparados para essa competição extraordinária. Cinco eliminatórias de 12 competidores cada, totalizando 60 meninos com a adrenalina a mil. Os seis melhores colocados de cada uma das cinco corridas classificavam 30.

Próxima fase, semifinal, duas eliminatórias de 15 competidores, apenas os seis primeiros de cada se classificariam para a grande final.

Nosso garoto da história já havia passado para a semifinal, e se deparou com 15 dos melhores competidores. A paixão e a concentração ultrapassavam limites extremos.

Todos concentrados, a energia da largada era algo sobrenatural. Tensão total, afinal, a preparação da semana e a primeira corrida já haviam gerado um desgaste, agora um número maior de competidores, 15 corredores em busca de ao menos, o 6º lugar.

Alinhamento, todos a postos!

Largaram!!!!!

Todos pedalando ao máximo, chegaram à primeira rampa que alcançava um salto de até oito metros de distância. Voavam numa adrenalina incrível!

O nosso garoto se enroscou no ar, com dois competidores.

Três corredores ao chão, envoltos em muita poeira. Doze competidores pedalando a mil, porém, ele checando sua situação muito rápido, começou a pedalar quando os outros já haviam desistido.

Algo chamou a atenção do público: ele tinha uma Caloi cross azul, com rodas e pneus azuis, porém no preparo da semana, ele havia rasgado o pneu traseiro, e na oficina de bicicletas da cidade não havia o pneu azul para a reposição, somente pneus de cor preta, ou vermelha. Ele escolheu vermelho, pois desde pequeno, o garoto apreciava o incomum, desde pequeno seguia contra a corrente.

Voltando para a cena, o menino, com um pneu azul e outro vermelho, não se conformava em desistir, e já saindo rápido da inércia, checando se algo havia danificado a bicicleta ou ele mesmo, não pensou em nada mais a não ser pedalar, voltar à competição.

"Uma queda pode te levar à última colocação, porém se essa não é a sua posição, em poucas voltas você mostrará para quê veio a essa corrida."

Qual era sua meta?

Chegar entre os seis primeiros. Na cabecinha dele, havia algo claro: "sei onde quero chegar, estou em 13° e minha meta é o 6º lugar. Vou chegar na final!" Ou seja, ele olhou o copo meio cheio, quando outros olhavam o meio vazio.

Aqui vai a primeira lição nesta história que lhes conto:

1. Zona de conforto te paralisa

Ele não se conformou com as circunstâncias. Imagine-se saindo da inércia, com todos os outros competidores em aceleração máxima. Se alguém na plateia gritasse: "É impossível!", ou ele mesmo pensasse tal ideia?

Ele teria muitos argumentos a todas variáveis que diziam para ele desistir. E a desistência estaria respaldada pela queda precoce, assim como os outros dois o fizeram. Porém, ele já pedalava e graças a Deus, nenhum desses pensamentos veio à sua mente, ainda bem!

Meta: sexta colocação, apenas três voltas e uma pista de uma grande metragem, o que era um fator favorável nesse desafio.

Com a meta clara em sua mente, chegou aos competidores, e ao final da primeira volta, ele ultrapassou o décimo segundo e logo veio a rampa a qual ele havia caído, e aqui posso lhes contar a segunda lição dessa história:

2. Resiliência

Passando por ali, a frustração pela queda, as emoções poderiam machucá-lo, travá-lo, poderiam tirar sua *performance*, porém, absolutamente nada o fez perder o foco, nada o tirou de sua visão e seu propósito da 6ª colocação. Classificar-se para a final, alcançar novo patamar, um novo nível, mas, para isso, a concentração, consciência e consistência com aquilo que estamos determinados a fazer, precisam ser maiores e mais claras do que as nossas dores.

Não existe nenhuma pessoa que passou por este mundo, ou ainda passará, que não teve ou não terá dores. Muitas vezes, a dor é inevitável, mas o sofrimento é uma escolha, e está em nossas mãos, a consciência de que podemos transformar um revés em algo impulsionador.

Às vezes, passamos por algo devastador, e com consciência de que tudo tem um porquê, poderemos transformar esse momento em algo que ajudará a vida de muitas pessoas, talvez milhares e milhões, tudo depende de nossa decisão diante de uma experiência.

Podem até parecer pequenas em nossas mentes, mas nossas histórias são grandiosas. Creia nisso, viva a sua, se conecte com cada momento dela, pense em todos os desafios que enfrentou até aqui e gere, por meio disso, a mola propulsora para milhares.

A vida encolhe ou expande, de acordo com nossa coragem!

Reconectando à corrida, logo ele chegou ao 9º colocado, lembrando que esses adversários eram os melhores das outras eliminatórias e, dali em diante, seriam complicadas as próximas ultrapassagens, porém seu objetivo era claro.

Fim da segunda volta, com energia e foco, ele ultrapassa o 8º e o 7º colocados, e mesmo com essas conquistas, uma olhada à frente parecia impossível chegar ao 6º. Sua meta estava a uns 20 metros à sua frente e restava apenas a última volta.

Na vida, existem algumas provas de classificação. Na maioria das vezes, que não conseguimos outros patamares, é por que o medo nos colocou na zona de conforto.

Naquele momento, passava sobre sua cabeça todo o treinamento, as dores nas pernas, todo o esforço para aquele evento, talvez a perda de seu pai. Porém, ele tinha como inspiração: a determinação, resiliência, proatividade e a força de sua mãe, e assim posso lhes contar mais uma lição.

3. Preparo e inspiração
A vida é um treinamento e fazer as mesmas coisas –não praticar a leitura, ler livros pela metade, não colocar em prática conselhos, sonhos e projetos, procrastinar, deixar a disciplina de lado – pode ser nocivo à nossa autoestima, pois ela, em alta, garantirá energia necessária para nos inspirar, enfrentar desafios, reveses ou perdas.

A preparação, treinamento, inspiração e a conexão com sua história, te leva-

rão a buscar os propósitos aos quais você foi criado para alcançar. Quando encontramos isso, nossos olhos brilham e começamos a ouvir das pessoas:
"Você é diferente, tem algo especial!"
Porém, alguns dirão:
"Você tem muita sorte!"

Ser diferente ou ter sorte está ligado a uma coisa chamada missão. Todos os que se propuseram a realizá-la foram pessoas diferentes e de muita sorte. Isso faz sentido?

Na corrida, ter se levantado de uma queda o fez fazer um esforço sobrenatural, ultrapassando seus limites. Porém, sua meta o impulsionava, trazia a energia necessária para cada uma das pedaladas e, além disso, uma energia extra entrava em cena, a plateia que ali estava vibrava em seu favor. Estavam acompanhando sua jornada, portanto, veja a importância do grupo onde está, de quem torce por você.

Esta parte da história nos traz outro ponto importante, uma lição:

4. Perseverança

E como uma história de perseverança é sempre inspiradora, desafiadora e empolgante, ele chegou bem perto do 6º colocado na penúltima reta, porém era uma subida. Podemos imaginar qual o nível de perseverança e cansaço naquele momento? Naquele momento, estar em 7º lugar poderia despertar novamente um pensamento:

"Poxa, já ultrapassei vários competidores e todos os limites, estou entre os 22 melhores de toda a competição, 7º em uma das semifinais, já estou feliz."

Porém, novamente, como na primeira lição, ele estava pedalando forte e, graças a Deus, nenhum dos pensamentos que acabei de lhes dizer veio à sua mente.

No fim da penúltima reta subida, ele emparelhou com o 6º colocado, na última curva.

Fizeram a curva juntos, e sentindo a vibração de uma torcida extraordinária, ele ultrapassou, e desceu a última reta e alcançou a rampa, a linha de chegada em 6ºlugar! Classificando-se para a final, ele sentia toda a vibração do público.

Esta parte da história nos leva a um ponto importante:

5- Comemore suas vitórias!

Imagine-se no lugar daquele garoto, se classificando para uma final de um campeonato muito difícil. Mesmo sem nenhuma pessoa de sua família ali, a gratidão pelas conquistas pôde levá-lo a um nível maior de entendimento sobre tais assuntos.

Ele era caçula, sua linda mãe era viúva e tinha muitas demandas com os outros filhos. Trabalhava arduamente para o conforto da família, então, mesmo sozinho, curtiu o momento, a vibração daquele lugar, curtiu o que para muitos pode ser pouco, mas para ele foi uma experiência vitoriosa.

Havia saído da zona de conforto da queda, venceu medos em cada uma das voltas, ultrapassou limites, venceu aquela voz que dizia: "Não vai dar!".

Cada um, em cada posição, tem uma experiência pessoal que não se pode mensurar, vencer desafios internos e externos, talvez seja mais importante do que o pódio. Assim, a frase que diz: "o importante é competir" faz todo sentido para aqueles que vivem cada momento.

Ele nunca imaginava que sua história poderia, depois de mais de 35 anos, ser contada em uma palestra ou neste capítulo, que lhe escrevo com muito carinho e energia.

Esta linda história inspira, e nos dá mais uma das lições:

6- Inspire!

Por menores que pareçam, cada uma das experiências vividas são poderosas conexões que contam sua história!

Revelo agora quem é o garoto: esse menino sou eu!

Imagino, agora, você entendendo melhor os detalhes que contei em toda a narrativa, e saiba que ela havia adormecido por longos anos em minha mente.

Porém, participei de um treinamento poderoso, em que um dos exercícios era nos lembrar de uma história que nos impactou na vida, que nos trouxesse alegria e força para palestrar. Como num *click*, Deus me presenteou com esta lembrança extraordinária. Lembrei-me de detalhes incríveis e compartilhei com 30 alunos do curso.

Meses depois, em uma palestra para empresários, recebi muitos *feedbacks*, e um me emocionou grandemente. Um empresário me procurou no *coffee break* e me disse: "Rico, sua história me tirou um sentimento que carregava desde pequeno. Fui nadador e era o favorito em uma competição. Toda minha família ali, amigos, na certeza que eu seria o vencedor. Porém, na largada, pulamos na água e tive um grande problema: minha sunga veio parar no pé, o que me deixou frustrado até antes da palestra".

Por anos, se achou perdedor e frustrado, e através dessa história, entendeu que apesar de todo o transtorno que enfrentou, não desistiu. Mesmo chegando em último, concluiu a prova e agora recebeu o entendimento de quão importante foi essa experiência vitoriosa. Havia tirado um peso de suas costas.

Ele é vencedor, ele subiu de patamar, venceu todos os obstáculos que o levariam a desistir, bateu no outro lado de uma piscina, chegar ao fim de uma prova de natação, segurando a sunga para não sair, foi a sua grande vitória!

Qual a mensagem com tudo isso?

Chegar em primeiro ou não, é meta clara.

A grande vitória está em passar para uma "próxima fase".

Os desafios de cada um são diferentes em intensidade e complexidade, e a conexão de cada um com a vitória, nem sempre é tão forte quanto a conexão em superar o medo de competir.

Só pensar em primeiros lugares pode nos frustrar. Feito é melhor que perfeito. A vitória de superar medos, desafios, sair da zona de conforto, é tão ou mais importante do que uma taça, medalha ou prêmio em dinheiro. Ela ficará incorporada por toda sua vida, assim como esta história que escrevo a vocês com muito amor, carinho e zelo.

Você pode perguntar:

"E o garoto Riquinho Machado, na grande final, o que aconteceu?"

Percebe como a vitória nem sempre traz toda a importância de uma história vitoriosa?

Na final, estavam os 12 melhores daquela competição.

Claro, todo o esforço que passei, mesmo com vontade de vencer, ultrapassei meus limites e cheguei com muita honra em 4º lugar, que para mim foi mais que uma vitória em todo aquele contexto.

"Cada derrota, revés ou obstáculo em nossas vidas, fazem parte de nossa história de sucesso."

Maior que obstáculos e dificuldades enfrentadas, precisa ser a clareza de exatamente onde queremos chegar.

Aprendi que nem sempre a torcida dos que são próximos é a mais importante.

Aprendi que fazer o meu melhor pode me levar a lugares onde muitos nem tentaram.

Aprendi que nem sempre a vitória está no 1º lugar, pois só eu sei os limites internos que enfrentei para chegar ao lugar onde estou.

Aprendi que somos formados de ideias que conectam e resultados que transformam. Aprendi que meu real valor é um lugar tão exclusivo quanto o 1º lugar.

28

Do camelo à Ferrari

Um dos ambientes que mais se transformou com o fenômeno da globalização foi, sem dúvida, o mundo corporativo. Hoje é possível encontrar profissionais brasileiros trabalhando em empresas pelos quatro cantos do planeta. Mas, como se dá essa adaptação a uma nova cultura? Será que basta chegar de mala e cuia e se instalar? Ou tal mudança exige algo a mais de quem almeja conquistar o sucesso na carreira?

Rita Mamede

Rita Mamede

Advogada, empresária, especialista em comunicação multicultural, imagem corporativa, comportamento e protocolos internacionais. Atua em treinamentos de aculturamento, auxiliando profissionais e empresas que desejam manter relações profissionais e / ou sociais com China e Emirados Árabes e, portanto, ter domínio sobre os códigos protocolares e de etiqueta nesses países. Como diretora de planejamento do Comitê Nacional de Cerimonial e Protocolo – CNCP e membro da Organización Internacional y Protocolo – OICP, acrescentou ao conhecimento técnico uma vivência de mais de dez anos na Ásia e no Oriente Médio, na área de aculturamento. Hoje, opera concomitante como vice-presidente do Instituto Nação de Valor – INV, uma organização sem fins lucrativos, para desenvolvimento de trabalhos sociais dentro da agenda 2030 da ONU.

Contatos
Site: www.ritamamede.com.br
E-mail: contato@ritamamede.com.br
E-mail: rita.mamede@institutonacaodevalor.org.br
Facebook: Rita Mamede

Para falarmos acerca do que vem a ser cultura, protocolo, etiqueta corporativa e domínio da multiculturalidade – que são ideias que se conectam– devemos recordar que, com a evolução dos tempos, o homem esteve e está sempre buscando algo a mais, e isso inclui sua movimentação pelo globo.

A cada dia que passa, a distância entre os países parece encurtar. Contudo, essa aproximação que, a princípio, parece criar pontes entre todos os continentes, muitas vezes, por desconhecimento, acaba elevando barreiras que podem se tornar verdadeiras muralhas da China.

Nesses últimos anos, a velocidade com que tudo está mudando só tem aumentado. Contudo, há coisas como hábitos e costumes, que fazem parte da cultura, que não mudam e que são muitas vezes milenares e precisamos entender e respeitar tal condição. Esse processo de aculturamento se faz necessário para o sucesso do objetivo almejado.

Um dos acontecimentos marcantes trazidos pela chamada globalização, foi a aproximação entre os países, independentemente se fazem fronteira um com o outro ou se ficam em hemisférios diferentes. Não vou aqui listar todos os eventos importantes que se tornaram possíveis com essa aproximação. Mas quero destacar que, graças ao fenômeno da globalização, muito embora relacionado à questão econômica, ele vai muito além desta dimensão. Inclui também a aproximação global no âmbito social, político e cultural. E é acerca deste último item, que quero aqui trazer algumas considerações.

Não podemos falar em questões culturais, sem falarmos de comunicação. É por meio dela que os seres humanos partilham diferentes informações entre si. Isso torna o ato de comunicar uma atividade essencial para a vida, seja no âmbito pessoal ou no profissional.

Desde o princípio dos tempos, bem antes do nascimento de Jesus, a comunicação sempre desempenhou importância vital, sendo uma ferramenta de integração, instrução, troca mútua e desenvolvimento entre os povos. E nós temos dois tipos distintos de comunicação: a verbal e a não verbal.

Quando nos comunicamos com alguém, seja através de uma linguagem falada ou escrita, estamos usando a comunicação verbal. Ela é uma das formas mais importantes de transmitir informações e conhecimento de modo objetivo entre as pessoas.

O outro tipo de comunicação da qual fazemos uso a todo o momento (mesmo sem percebermos) é a não verbal. Esta, por sua vez, engloba o uso da linguagem corporal – quando a pessoa consegue se expressar utilizando o seu corpo – esse processo ocorre por meio de expressões faciais, posturas corporais, distâncias físicas, gestos, tom da voz e até a aparência. Mesmo sem nos darmos conta disso, o nosso corpo fala!

Somos pessoas não verbais. Antes de falar da questão da importância da multiculturalidade no cenário corporativo, vamos aqui discorrer um pouco sobre a forma de comunicação que o ser humano utiliza, desde que o mundo é mundo – a comunicação não verbal

A linguagem corporal surgiu muito antes da linguagem verbal, (desde os tempos mais remotos, quando nossos ancestrais habitavam as cavernas) e ainda hoje representa uma das mais importantes formas de comunicação do ser humano.

A nossa linguagem corporal é um tipo de comunicação não verbal, que faz o nosso corpo "falar" através dos nossos gestos, expressões faciais e posturas. Mesmo a forma como nos vestimos revela muito do que somos. O grande impasse é quando, ao estarmos inseridos numa cultura diferente da nossa, somos mal interpretados sob o olhar de acusação do outro, que vive uma realidade de acordo com seus hábitos culturais.

Especialistas afirmam que aproximadamente 93% de toda a comunicação humana é do tipo não verbal. E mais de 50% dela ocorre sem que utilizemos palavras, ou seja, ela está relacionada com posturas, expressões faciais e gestos.

Mas e quando esses gestos, posturas, mesmo nossas roupas, enfim, são percebidos como um sinal de indelicadeza ou falta de respeito por certa cultura local? Quando um simples ato como, durante uma reunião de negócios com pessoas de várias etnias, você resolve tomar um copo de água em frente de um muçulmano que esteja no período do Ramadã, (que jejua do nascer ao pôr do sol) e ele se sinta ofendido com o seu gesto "inocente"?

Precisamos estar atentos e conhecer mais acerca desse tipo de linguagem não verbal, da qual fazemos uso a todo o momento. Especialmente, quando estamos inseridos num cenário que não é nosso lugar de origem, pois o não conhecimento das normas e etiquetas do local pode nos colocar em situações bem constrangedoras e até mesmo virar caso de polícia.

Radicalismo ao extremo? Não se trata disso. Talvez, aos olhos de nós brasileiros, isso possa parecer uma atitude autoritária. Mas quando tratamos de conhecer (entender e respeitar) a cultura do outro, tornamos as coisas mais fáceis para nós mesmos, e a convivência multicultural ocorre em harmonia, beneficiando a todos os envolvidos. No âmbito corporativo, o processo de aculturamento se faz mais do que necessário para o desempenho dos objetivos dentro da nova cultura.

Sabemos que a interconectividade está aí para facilitar a nossa comunicação com pessoas de todos os cantos do planeta. Porém, um executivo, por exemplo, quando é convidado ou decide trabalhar em outro país, ou até trabalha aqui, numa empresa com um ambiente multicultural, independente se assume o papel de líder ou colaborador, precisa estudar e adquirir conhecimento suficiente para seu novo "habitat". Especialmente se uma cultura extremamente distinta da nossa – como por exemplo, é o caso da cultura árabe e da chinesa – o processo de aculturamento se faz mais do que necessário e passa a ser primordial para o desempenho dos objetivos dentro da nova cultura.

Tal investimento intelectual fará com que o profissional se familiarize com os novos costumes, tanto no âmbito social, quanto no corporativo. Evitando a quebra de protocolos e etiquetas, ao cometer "gafes" que são consideradas verdadeiras ofensas e podem mandar um contrato milionário entre dois países, direto para o arquivo redondo – a lata do lixo.

O que comunicamos com nosso corpo, muitas vezes fala mais do que nossas palavras. Quando falamos em globalização e em diversidade de culturas, devemos estar atentos ao fato de que o desconhecimento traz as barreiras que, às vezes, se tornam intransponíveis.

Por experiência própria, percebi nitidamente a interligação entre a cultura, a etiqueta social, a etiqueta corporativa e o protocolo. Todas essas questões estão atreladas às regras que um país impõe por decreto ou costumes. E esse conjunto se mescla em um processo de comunicação não verbal, fazendo a diferença no que pode transformar a sua vida profissional em um sucesso ou um caos total.

Uma estratégia milionária no uso da imagem na comunicação não verbal

Um exemplo muito bom que trago a vocês, que mostra a grande importância da comunicação não verbal atrelada à imagem, foi a transformação ocorrida em Dubai (onde morei), em algumas décadas. Cidade que no passado teve suas ruas ocupadas pelo comércio e seus mercados a céu aberto e pessoas transitando com seus camelos.

No século XIX, tornou-se o principal porto da costa do Golfo, e já teve como base da sua economia a coleta de pérolas, prosperando até as primeiras décadas do século passado. Com a descoberta de reservas de petróleo em meados da década de 60, as coisas mudaram.

Dubai enriqueceu e continuou até 1980 dependente da sua exportação do precioso combustível fóssil, quando um novo fato ocorreu. Suas grandes fontes do chamado "ouro negro" começaram a diminuir de forma considerável e a cidade passou então a repensar seu futuro, vislumbrando no turismo uma maneira de atrair pessoas para lá. Em 1999 foi inaugurado o famoso hotel Burj Al Arab (aquele que lembra a vela de um navio). Com isso, estava iniciada a era de luxo e opulência pela qual Dubai é hoje mundialmente conhecida. E nas estradas que um dia estiveram cobertas de areia, os camelos cederam espaço às Ferraris.

A nova Dubai foi um bem bolado plano que fez um "milagre", se reinventando. Reconstruiu-se, acreditando que "imagem faz a diferença na comunicação." Na época em que perceberam que o petróleo poderia faltar ou mesmo outros países viessem a descobrir a fonte inesgotável do precioso combustível, os *Sheiks* entenderam que se eles deixassem de andar de camelo e começassem a dirigir Ferraris, o mundo passaria a prestar mais atenção neles, o que de fato, ocorreu.

Com uma nova mentalidade empreendedora, e com uma comunicação não verbal através de imagens, passaram a investir pesado em infraestrutura para turismo, comércio e negócios. Com isso, essa cidade que faz parte dos Emirados Árabes, tornou-se um destino turístico e sonho de consumo de milhares de pessoas ao redor do planeta.

A importância do aculturamento na carreira profissional

O trabalho que eu desenvolvo e amo fazer chama-se aculturamento, que consiste num processo de adaptação da pessoa a outra cultura distinta. Minha missão é auxiliar o indivíduo que está prestes a ser inserido num novo ambiente, a ter conhecimentos acerca de etiqueta, protocolo e cerimonial. Devo dizer que a falta do aculturamento na carreira de um profissional que vai vivenciar novos ares, pode muitas vezes trazer consequências nada agradáveis.

Um fato lamentável ocorreu com um profissional brasileiro da área da saúde, num país de cultura muçulmana. Por descuido, ele acabou sendo punido pelas autoridades locais de forma severa, por ter "quebrado as regras" ao infringir as normas do protocolo e a etiqueta no exercício da sua profissão.

Fui contratada para fazer um processo de aculturamento dele, que faria parte de um grupo de cirurgiões que atenderia um seleto grupo de clientes. Durante o atendimento, ele tomou conhecimento do que era permitido e o que não era na outra cultura. Contudo, ignorou certas informações que são cruciais para ser bem aceito naquele local. E lá estando, num dado momento, ele "tocou" em uma paciente (algo perfeitamente normal aqui no Brasil). O resultado final desse episódio foi o fato dele ter sido "convidado" a sair de lá.

Um novo olhar sob o Oriente

Nos treinamentos e palestras, eu sempre destaco que, quando temos conhecimento acerca da cultura de um local, de uma forma mais ampla, ou seja, seus usos e costumes culturais e religiosos, (o que aquela etnicidade impõe a você, para que você possa viver bem), as coisas tendem a fluir de modo harmonioso, tanto no cenário pessoal, quanto profissional.

Com o domínio da cultura na qual você precisa se adaptar, a transformação da sua nova realidade passa a ser algo fácil. Posso assegurar que em uma nova cultura, seja ela uma nova empresa ou um novo país, precisamos ter domínio dos 93% da nossa comunicação não verbal. Algo realizado pelo processo de aculturamento.

Tudo aquilo que eu descobri ao longo da minha vida pessoal e profissional, no decorrer dos anos que eu e minha família moramos em países com culturas bem diferentes da nossa, serviu de base para que eu definisse meu posicionamento e propósito na escolha da carreira que exerço atualmente.

Digo a vocês que não é possível sobreviver em uma nova cultura sem o domínio da mesma. Tampouco ter sucesso profissional sem conhecimento das regras protocolares, etiquetas sociais e corporativas. Uma vez que tudo perpassa pela nossa comunicação.

O que faz a grande diferença é que, quando dominamos protocolo, cultura e etiquetas sociais e corporativas, nós conseguimos usar num todo a nossa comunicação não verbal. Nós dominamos as nossas interações, enfim, nossas relações de um modo geral, com a nova cultura na qual estamos inseridos.

29

A liderança no processo de sucessão

O êxito do processo sucessório em uma empresa ou grupo de empresas está intrinsecamente vinculado ao tipo de liderança exercida nas diversas fases da sua existência. Com minha experiência empresarial, aliada à academia, espero, com este artigo, contribuir para a preservação do legado e projeção do futuro

Roberto Amaral

Roberto Amaral

Doutor e Pós-doutor em Engenharia e Gestão do Conhecimento (EGC) pela Universidade Federal de Santa Catarina (UFSC). Mestre em Administração pela Universidade do Estado de Santa Catarina (UDESC). MBA em Gestão Global pela UNI-Lisboa. Graduado em Engenharia pelo Instituto Nacional de Telecomunicações (INATEL) e em Administração pela Universidade do Planalto Catarinense (UNIPLAC). Professor do Curso de Pós-Graduação em Administração na UNIPLAC e na Fundação Getulio Vargas (FGV). Membro do Laboratório de Liderança e Gestão Responsável (LGR) e do COMOVI – Empreendedorismo, Conhecimento e Inovação EGC/UFSC. Especialização em Engenharia de Televisão na The Thomson Foundation Television College, em Glasgow, e de *Microondas, Multiplex de Alta Capacidade e Telesupervisão* na Siemens AG, em Munique. Presidente do Grupo SCC. Foi presidente do Instituto Órion e da ACIL por 4 mandatos.

Contatos
E-mail: robertoamaral@scc.com.br
LinkedIn: Roberto Rogério do Amaral
Facebook: RobertoAmaralsc
Telefone: (49) 3221-3113

Falar sobre as conquistas da vida, tanto pessoais como profissionais, traz sempre um sentimento de satisfação, pois assim vejo que todo esforço e dedicação foram recompensados. A última de minhas vitórias, ainda em andamento, está sendo conduzir o processo de sucessão das nossas empresas, que vem ocorrendo nos últimos dez anos.

Sou o Roberto Amaral, Presidente do SCC (Sistema Catarinense de Comunicações), grupo de comunicação genuinamente catarinense. Sou filho de Carlos Joffre Amaral e de Ilse Machado Amaral. Meu pai, oriundo de São Paulo, veio a Lages consertar alguns rádios que chegaram com defeito. Gostou, conheceu minha mãe e fixou residência na cidade. Numa ida a São Paulo, para tratamento de saúde, já com a avançada gravidez da minha mãe, eu resolvi nascer em 8 de junho de 1947, meio que "por acidente", um mês antes do previsto. Desde então, minha história se confunde com a de Lages, município que tanto amo e já adotei como meu, tendo inclusive, recebido o título de Cidadão Lageano, em 2007.

Para contextualizar o leitor, vou contar um pouco da minha história. Meu pai, Carlos Joffre Amaral, sempre foi um homem à frente do seu tempo, e teve grande influência na minha formação. Demonstrando seu espírito empreendedor, criou sua própria oficina de consertos de aparelhos de rádio, de geradores de energia eólica (catavento) e equipamentos elétricos em geral, além de montar um sistema de alto-falantes, instalados na praça principal de Lages. Nasceu "A Voz da Cidade", com a missão de reproduzir notícias, músicas e recados à população. Em 1947, fundou a Rádio Clube de Lages, uma das primeiras do estado catarinense.

Assim, eu e a Rádio Clube nascemos juntos, em 1947, com objetivos semelhantes: servir, e com o nosso trabalho, participar da transformação da região de Lages. Sob a influência de meu pai, que já naquela época acreditava muito na tecnologia e na inovação, cursei engenharia de telecomunicações no Inatel, em Minas Gerais, a única instituição que oferecia o curso no Brasil.

O início de minha carreira profissional já era o indício de que minha vida seria dedicada à comunicação. Iniciei minha trajetória como estagiário da Companhia

Telefônica Catarinense e também da RBS de Porto Alegre. A televisão brasileira ainda estava dando seus primeiros passos e era em preto e branco. Fui estudar então, televisão em cores, na Escócia, na Thomson Foundation Television College, com uma bolsa de estudos oferecida pelo governo britânico.

Ao retornar ao Brasil, fui trabalhar na Telesc, concessionária dos serviços telefônicos em Santa Catarina, no setor de planejamento e implantação do seu sistema de transmissão. O anseio pelo conhecimento me fez iniciar uma nova jornada, desta vez, na Alemanha, onde durante seis meses, participei do curso de *Microondas, Multiplex de Alta Capacidade e Telesupervisão* na Siemens AG.

Ingressei em 1971, no curso de administração, da ESAG/UDESC, em Florianópolis, e em 1975, fui transferido para Lages, como superintendente regional da Telesc. Por esta razão, concluí meus estudos em administração na UNIPLAC.

Em 1976, iniciou uma nova etapa de minha vida. Com o falecimento de meu pai, assumi a direção da Rádio Clube. Inúmeras dificuldades e desafios colocaram a minha capacidade de liderança e gestão à prova. Com 14 colaboradores, tinha ânsia de crescer e implantar na empresa uma gestão aos moldes que tinha vivenciado na empresa Telesc. O apoio deles foi fundamental naquele processo de transição, pois estava fazendo uma dupla jornada. Eu trabalhava de dia na Telesc e passava as noites na Rádio Clube, analisando os relatórios diários que me eram entregues, para poder acompanhar as atividades e tomar as decisões.

Eu e meu pai nunca havíamos sentado à mesa para conversar sobre o futuro da rádio, e não existia um planejamento formal. Eu era apenas um jovem de 28 anos, com muita vontade de manter o legado de meu pai. O ímpeto da juventude, munido da experiência profissional já adquirida, me fizeram adotar um perfil de liderança autocrática, que acontece quando, segundo Teixeira (2012), o líder decide e determina as diretrizes, com pouca participação do grupo.

Para que eu pudesse assumir o controle efetivo da rádio, muitos foram os óbices. Minha pouca idade, a disponibilidade parcial de tempo, a falta de credibilidade que as novas ideias despertavam nos funcionários e também na comunidade como um todo, até mesmo a desconfiança da capacidade em manter a empresa.

Sempre tive características de empreendedor e, assim, tomei algumas importantes decisões. Tinha que fazer escolhas e assumir riscos das minhas deliberações. Deixei a Telesc em 1976, para me dedicar integralmente à empresa da família.

Com minha experiência na RBS, entendendo que a televisão regional seria um veículo viável e importante para o desenvolvimento das comunidades, e a sinergia com o rádio, um fator de sucesso, iniciei as tratativas para a concessão daquele importante meio de comunicação na minha cidade.

Em 1975 conheci o ministro de comunicações, Euclides Quandt de Oliveira, quando tive a oportunidade de conversar sobre meu interesse em uma concessão de TV para Lages.

Com a abertura do edital de licitação, pelo Ministério das Comunicações, meu sonho foi tomando forma. Muitas viagens e negociações neste período, possibilitaram a outorga deste canal de televisão. Era o início da TV Planalto, porém, muito ainda se fazia necessário para que a primeira transmissão fosse ao ar.

O investimento para aquisição de equipamentos era bastante elevado, e a falta de garantias reais dificultava o empréstimo junto aos bancos. Desta forma, através de uma sociedade com a família Brandalise – na época, proprietária do Grupo Perdigão – consegui viabilizar o aval bancário e após dois anos, o primeiro programa foi ao ar: a transmissão de um jogo de futebol do Grêmio. A data não poderia ser mais inspiradora, 10 de julho, dia do aniversário do meu pai, Carlos Joffre. Naquela época, tive a honra de participar da fundação e ser escolhido o primeiro presidente da Associação Catarinense de Emissoras de Rádio e Televisão (ACAERT).

Por não existir ainda transmissão via satélite a custos viáveis, nem mesmo via terrestre por micro-ondas, o transporte e exibição dos programas de televisão eram realizados por fitas magnéticas.

Desta forma, na TV Planalto, comprávamos de uma empresa do Grupo Silvio Santos filmes estrangeiros dublados. Com esta parceria, a mesma empresa disponibilizava, gratuitamente, o Programa do Silvio Santos. O mesmo ocorria com outras emissoras independentes espalhadas pelo país. Então, em uma reunião com o Grupo Silvio Santos e com representantes destas emissoras, criamos a UBEIT (União Brasileira das Emissoras Independentes de Televisão), sendo que este grupo posteriormente foi o responsável pela criação do SBT. A TV Planalto de Lages foi a primeira emissora afiliada ao SBT.

Minha vida profissional e pessoal estava cheia de desafios. Já era pai de três filhos, Melissa, Carlos e Roberto Dimas e sempre fui muito presente, apesar das viagens que a vida profissional me impunha. Os finais de semana com eles eram cheios de atividades divertidas, muitas vezes relacionadas ao negócio. Íamos visitar a torre da Rádio Clube, fazíamos filmes e teatros, encenando um jornal de TV ou uma novela, e até mesmo nas viagens, passávamos grande parte do tempo dentro de alguma loja de equipamentos eletrônicos e eles adoravam, tanto quanto eu. Os meus filhos, desde a infância tiveram contato com o mundo dos negócios da família e sempre participaram.

Mesmo com o desejo de que seguissem o meu caminho, sempre respeitei a vontade deles. Todos escolheram trabalhar na empresa da família. Melissa começou a trabalhar lá com 14 anos, passando por todas as áreas. Formou-se em direito e hoje faz mestrado no programa de engenharia e gestão do conhecimento, na UFSC.

Carlos estudou administração, na FURB e hoje é vice-presidente de mercado e *marketing* do grupo. Roberto Dimas formou-se engenheiro de produção elétrica, na UFSC e administrador de empresas, pela UNISUL. Fez doutorado em tecnologia da informação, na Universidade de Lisboa, e é vice-presidente de produto, do SCC.

As minhas inquietações com referência ao desenvolvimento regional da Serra Catarinense foram crescendo durante a minha gestão como presidente da ACIL. Convidado pelo então governador Vilson Kleinübing para uma viagem aos Tigres Asiáticos, conheci o modelo daqueles países.

Decidi retornar aos estudos e buscar, na pós-graduação, respostas para a criação de ações para o desenvolvimento da nossa região. Fiz o MBA em administração global, pela UNI de Lisboa, iniciando logo após o mestrado em administração na UDESC, em Florianópolis. A partir daí, conciliando trabalho e estudo, não parei mais: fiz o doutorado em engenharia e gestão do conhecimento, na UFSC e em 2018, com muito orgulho, conclui o pós-doutorado.

Entendia já naquela época que a perpetuação do legado meu e de meu pai só teria continuidade se houvesse um planejamento sucessório adequado e também um modelo de gestão apropriado para cada fase de desenvolvimento das empresas.

Faço um parêntese aqui, para falar que nunca é tarde para perseguir um sonho. As conquistas realizadas com dificuldade representam muito mais. Não podemos "frouxar". Esta é uma frase que sempre norteou minha vida.

A liderança autocrática dava espaço para o controle em rede, o qual coloca os líderes sem os recursos usuais de poder posicional e hierarquia formal, conforme Kubiak e Bertram (2010). Dividindo as responsabilidades, iniciava um novo ciclo, liderar, ao invés de chefiar colaboradores.

Minhas vivências profissionais, atreladas ao conhecimento adquirido, me davam certeza que o modo de profissionalização do SCC precisava avançar. O modelo "gestão por processos" foi o primeiro passo. Mapeamos todos os procedimentos existentes, agrupando-os em quatro famílias. Nasceu o PMGI, (Processos, Mercado, Gestão e Institucional). Por meio deste modelo, as responsabilidades foram divididas, melhorando a tomada de decisões, além de tornar o negócio mais competente e competitivo, diminuindo os níveis hierárquicos.

Roberto Dimas assumiu o produto, Carlos, o mercado e *marketing*, eu, o Institucional. Precisávamos de um profissional com experiência, que dominasse finanças e economia. Assim, gestão e finanças ficou sob a responsabilidade de Agostinho Abati. Este modelo, em menor escala, vem sendo aplicado em todas as Unidades de Negócio do grupo, o que dá uniformidade à gestão.

Sei da importância do meu comando neste processo de transformação da empresa. A liderança em rede ou distribuída tem um estilo de liderança democrática, em que segundo Northouse (2012), ao invés de controlar os liderados, o líder trabalha junto com eles, evitando colocar-se acima da equipe, posicionando-se muito mais como um guia. Um dos principais desafios encontrados foi o fator emocional: separar o pai do gestor. Esta é uma dificuldade que precisa ser trabalhada diariamente, mas que aos poucos vamos superando com maturidade e determinação.

Na busca por este modelo de gestão que permitisse a profissionalização da empresa e a sucessão, sem perder a característica familiar, contamos então com a parceria da Fundação Dom Cabral, desde 2008. Foi instituída a governança corporativa, com o conselho de família, o conselho dos sócios, conselho de administração e a diretoria executiva. Após muitas reuniões, conversas, entendimentos e desentendimentos, o acordo societário foi firmado, com normas a serem cumpridas, preservando assim os direitos e deveres de todos.

Procurei desenhar várias abordagens de liderança, no decorrer destes 42 anos em que dirigi o Grupo SCC. Desde a liderança inspiracional necessária para a construção, crescimento e principalmente para despertar nos filhos e colaboradores a nossa ideologia. A liderança autêntica com as características de autoconsciência, transparência, imparcialidade e valores morais que nos regem nos dias de hoje.

Para o futuro, pretendo que a abordagem da liderança espiritual, como ensina Louis Fry, (2003) seja adotada após um trabalho conjunto e integrado.

As pequenas atitudes do dia a dia nos conduziram à concretização do sonho de realizar cada vez mais o nosso trabalho prazeroso e feliz.

Referências
FRY, Louis W. *Toward a theory of spiritual leadership.* The Leadership Quarterly, v. 14, n. 6, dez. 2003, p. 693–727.
KUBIAK, C.; BERTRAM, J. *Facilitating the development of schoolbased learning networks.* Journal of Educational Administration: School-based learning networks, Uk, p. 31-47, 2010.
NORTHOUSE, P. G. *Introduction to Leadership: concepts and practice.* 2. ed. Los TEIXEIRA, C. H. *A experiência executiva da liderança pela interpretação do significado: uma tipologia baseada na gramática sistêmico-funcional.* 2012. 311 f. Tese (Doutorado em Administração de Empresas) – Curso de Administração, Faculdade de Economia e Administração da Universidade de São Paulo, Universidade de São Paulo, São Paulo, 2012.

30

Liderança sustentável

Neste capítulo, veremos uma abordagem sobre liderança sustentável voltada aos CEOs, diretores, coordenadores, chefes e outros, levando o leitor em busca de reflexões de seus desafios neste novo tempo. Daremos ênfase ao nível de consciência responsável dos líderes diante do uso dos recursos naturais, e o bem-estar das pessoas em meio ao constante desenvolvimento tecnológico

Roseli Capudi

Roseli Capudi

Empresária, consultora e palestrante. Atuou por mais de 30 anos na liderança de empresas de pequeno, médio e grande porte em educação, saúde, comércio, alimentação, turismo e hotelaria. Como diretora regional do SESI e gerente de unidades no PR e SC, liderou equipes de diversos segmentos. Foi diretora geral da Rede CHA Hotéis. Atuou como secretária de turismo de Bombinhas/SC. Como empresária na hotelaria, recebeu o Prêmio Nacional de Hotel Sustentável-Guia Quatro Rodas 2010. Experiência em inclusão e acessibilidade da pessoa com deficiência no trabalho. Experiência em processos de certificação de qualidade. Consultora líder e fundadora da Ponto de Apoio Consultoria em Gestão Empresarial. Ministra cursos e palestras. Graduada em Administração de Empresas – Univali. MBA-Especialização em *Marketing* pela FGV. Formação em *Coaching* Executivo – Unindus. Formação em Responsabilidade Social Empresarial e Projetos Sociais pela COPPE/UFRJ.

Contatos
Site: www.roselicapudi.com.br
E-mail: contato@roselicapudi.com.br
Facebook: Roseli Capudi
Telefone: (47) 99133-8504

Liderança sustentável na prática

No momento atual, as organizações estão cada vez mais prementes e atentas ao mercado em busca de novas tecnologias. Nesse processo estão os líderes formais, que são conduzidos ao cargo e que precisam estar alinhados com os propósitos da organização rumo a melhores resultados. Você como líder está se preparando ou percebendo suas limitações para acompanhar este movimento? Que impactos as empresas exponenciais estão causando nas pessoas e no meio ambiente? Qual seu papel em meio a tudo isso?

Lembremos que o verdadeiro líder é aquele que sabe identificar pessoas certas e conduzi-las aos lugares certos. Esse reconhecimento passa pela capacidade de atenção às pessoas.

Diante desta premissa, falarei da liderança sustentável como vínculo da consciência responsável. O líder pode escolher entre alternativas de ação, portanto, a responsabilidade dele é complementar a liberdade de escolhas. Os atos podem interferir na condição de vida dos ecossistemas e as pessoas são as mais impactadas diretamente.

Numa empresa a definição de diretrizes sustentáveis eleva o nível competitivo. Para esclarecer vamos entender o que é um negócio sustentável e responsável.

> É a atividade econômica orientada para geração de valor econômico-financeiro, ético, social e ambiental, cujos resultados são compartilhados com os públicos afetados. Sua produção e comercialização são organizadas de modo a reduzir continuamente o consumo de bens naturais e de serviços ecossistêmicos, a conferir competitividade à continuidade da própria atividade e a promover e manter o desenvolvimento sustentável da sociedade. (Instituto Ethos 2018)

Cada vez mais o novo líder deve estar envolvido com todas as ações da organização e seus impactos. Deve desenvolver uma visão holística voltada à gestão dos negócios sustentáveis numa modelagem pautada nas bases do tripé da sustentabilidade, o chamado *Triple Bottom Line*. Ou seja, que demonstrem a integração das dimensões econômica, social, ambiental, agregando também a dimensão ética. Sem esta base, as ações gerenciais não se fundamentam, e a liderança se enfraquece.

O líder guia pessoas e todos os atos destas pessoas interferem dentro e fora da organização. Desta forma, propagar a Consciência Responsável junto aos seus liderados é um dos grandes desafios dos líderes em negócios sustentáveis. Perceber essa gestão como oportunidade inovadora de transformação é uma das bases para o sucesso.

Respeito às pessoas. O capital humano é o maior ativo de uma organização. Um gestor em cargo de liderança deve respeitar todos os *stakeholders* com os quais se relaciona. Ter um nível de consciência responsável que tudo o que a empresa faz impacta nas pessoas. Sem respeito por elas não se constroem relacionamentos duradouros. Valorizar o tempo de dedicação e o talento dos indivíduos em prol da organização é base para criar equipes brilhantes. Encontrar os melhores talentos e reconhecer a magnitude deste capital humano vai além de uma boa administração. Como diz Mário Sérgio Cortella, "um líder corrige sem ofender e orienta sem humilhar". Mas, como fazer isto? Olhar cada indivíduo, conhecer suas histórias de vida, suas realidades e seus propósitos vai ajudar muito nestas descobertas.

Equilíbrio econômico. Cada ação leva a um resultado diferente e o líder é o fio condutor rumo às realizações. Alocar os recursos da empresa com responsabilidade é questão de "consciência" e fundamental para uma liderança equilibrada. O empenho de cada um nos controles e processos é também um dos pilares para qualquer negócio. O comprometimento das pessoas cria motivação e eficiência, que juntos concebem produtos inovadores e de melhor qualidade. Administração adequada do tempo também é um outro pilar para o resultado global, pois o tempo perdido em reuniões intermináveis sem foco e objetivos práticos é perda de dinheiro e pode impactar na produção e desmotivar talentos.

Respeito ao meio ambiente. Uma empresa de produtos ou serviços gera impactos no meio ambiente. O papel do líder na condução de uma organização rumo à sustentabilidade consiste em observar os impactos e desenvolver estratégias para minimizá-los – faz parte de uma gestão responsável. As pessoas devem desenvolver tal preocupação em todos os aspectos da produção, desde a escolha de uma tinta, escolha de fornecedores responsáveis, aquisições de produtos legais, até o escoamento do esgoto. Um líder sustentável deve agir com segurança e conquistar o engajamento das pessoas por sua convicção e pelo seu exemplo de conduta. Um líder é observado dentro e fora da empresa. Portanto, adotar boas práticas de respeito ao meio ambiente também vai além das diretrizes organizacionais.

Buscar conhecimento. Todo profissional tem o desafio constante de se aprimorar. Para um líder é fundamental e requer muita disciplina. Uma boa gestão gera constante aprendizado. Conhecer muito bem os processos é de total importância. Empresas Exponenciais estão buscando Pessoas Extraordinárias - abertas a novas descobertas e ao crescimento.

Um líder pode ser reconhecido por suas habilidades de contribuição e envolvimento. Sem conhecimento de causa, ele vira refém do desconhecido e suas opiniões são vazias. Tendo humildade ele reconhece o que não sabe e busca aprender.

Em minha trajetória de liderança, sempre busquei conhecer processos e ferramentas que me dessem embasamento técnico para buscar meios de enfrentar desafios na condução de equipes de vários níveis. Estudei por dois anos técnicas de *coaching* para executivos com o intuito de me preparar melhor e poder conduzir as equipes com maior segurança.

Equilíbrio emocional - Liderança antifrágil. A rotina de um profissional em situação de liderança passa pelo enfrentamento de inúmeros problemas quase que diariamente. O que faz um líder ser forte ou fraco é a forma de como enfrenta estes problemas. Um líder pode ser considerado antifrágil quando melhora seu desempenho diante de situações inesperadas e desafiadoras, ou seja, diante dos enfrentamentos diários. Segundo Nassim Nicholas Taled, criador do conceito de líder antifrágil, é aquele oposto de frágil e melhora as coisas com o caos. (Revista HSM – 2018). Portanto, neste contexto, o líder deve ter um perfil resiliente de controle, quase sangue frio pra liderar em condições muito adversas. Neste ambiente, o equilíbrio predominante no estado de liderança é fundamental.

Atenção aos detalhes, o vidro tem dois lados. O primeiro passo diante de um problema é estar acessível para "abrir a caixa" e entender as suas verdadeiras causas. Fazer as perguntas certas conduz na busca das razões reais.

Com a alta rotatividade de funcionários nas empresas, é comum ouvir que pessoas não querem trabalhar, ou não produzem como deveriam. De quem é a culpa, do funcionário ou do líder? E por que o funcionário não está produzindo como deveria? Quando questionamos, precisamos buscar as respostas certas e aí podemos entender onde está o foco do problema, se no funcionário ou em nossa comunicação com ele.

Trago a vocês o *case* de Vera (nome fictício), que veio do Maranhão, contratada para fazer a limpeza do hotel logo que chegou a cidade. Os colegas diziam que ela fazia corpo mole, que não executava corretamente a limpeza. Sua supervisora orientou sobre os produtos, explicou como usá-los e a encaminhou para as tarefas de limpeza geral. Porém, nada ficava bem feito. Segundo a supervisora, o caminho natural seria a demissão. Quando a informação chegou até mim, fiquei intrigada e a intuição me levou a conversar diretamente com Vera pra conhecê-la um pouco mais. Perguntei se não estava gostando de trabalhar conosco e qual o motivo de suas tarefas não estarem bem feitas. Ela respondeu que estava muito feliz por estar trabalhando ali, e que estava fazendo as tarefas, mas não entendia o que realmente estava errado.

Diante disso, fomos até um vidro sujo, expliquei como limpar com o pano mostrando a técnica e uso do produto, pedi para que Vera o limpasse. Ela fez e logo me chamou pra ver o resultado. Verifiquei que ainda estava sujo e observando no detalhe percebi que só foi limpo de um lado da janela. Intrigada, perguntei a ela por que limpou somente um lado. Para minha surpresa ela respondeu que ninguém lhe disse que deveria limpar os dois lados. Parece brincadeira, mas isso foi real. Fiquei pensativa por uns instantes, imaginando o que se passava na cabeça daquela humilde moça e percebi que era pura demais para se passar por preguiçosa.

Eu precisava entender e conhecer mais da sua história. Pedi pra passar um pano úmido no chão. Com as mãos ela se abaixou pra passar de joelhos. Não sabia prender o pano no rodo nem limpar os cantos. Então fui mais a fundo para entender o porquê. Ela morava no interior do Maranhão, numa casinha de taipa, sem piso, sem paredes, sem janelas, sem vidros. Lá as pessoas não passavam pano úmido no chão batido, muito menos com rodo. As janelas eram de tábuas sem vidros, as paredes eram de barro.

Enfim, ela não sabia fazer porque sua realidade era completamente outra. Depois da conversa, entendi que a causa do problema era a falta de comunicação no mesmo nível de realidade do outro. Faltava conhecimento das tarefas – ninguém tem obrigação de nascer sabendo. Explicação não significa entendimento. A forma de comunicação com Vera dali pra frente seria diferente. Ela era inteligente, com vontade de aprender, um talento escondido. Precisava da nossa ajuda para aprender tudo o que não sabia de fato. Foi feito um treinamento minucioso e ela foi aprendendo perfeitamente e com alta produtividade.

Vera foi a melhor camareira que tivemos e ficou por cinco anos na empresa. Saiu para casar e morar em outra cidade. Aí lhe pergunto meu caro líder, Vera estava fazendo corpo mole nas tarefas, ou realmente não sabia porque sua realidade era outra? Conhecer as pessoas e seus hábitos nos ajuda a comunicar melhor e alocá-las na função certa. A comunicação é uma das chaves da liderança.

O diferencial que virou destaque. Uma boa gestão se faz com objetivos claros. Os planos e metas devem estar alinhados com os valores organizacionais e estes alinhados com os valores pessoais dos indivíduos. Um líder não atua sozinho. E para conseguir este alinhamento, necessita criar uma equipe coesa e afinada com os mesmos propósitos.

Desde a concepção da construção do nosso hotel, há 15 anos, quando ainda não se falava muito em gestão sustentável, nós já tínhamos a preocupação em desenvolver um negócio sustentável. Seguindo nesta concepção, todos os detalhes foram pensados com esse propósito. Desde a permeabilidade do solo, captação da água de chuva, energia solar, compostagem, decoração com artesanato local, jardim, separação do lixo, etc. Além do envolvimento com a comunidade, palestras nas escolas, envolvimento no *trade* turístico, enfim, muitas atividades!

As ações devem ter um propósito. A gestão sustentável neste *case*, foi através da liderança baseada no tripé da sustentabilidade. Os colaboradores seguiam a linha mestra e foram preparados e desenvolvidos para avançarem no caminho escolhido e, assim, também se beneficiaram com o projeto, levando conhecimentos para seus lares e seus pares. Quando as pessoas sabem os porquês das suas ações tudo fica mais fácil – existe crença e envolvimento mútuo.

Após alguns anos na condução dos planos estratégicos voltados para uma gestão mais sustentável, nosso hotel foi destaque a nível nacional com o Prêmio Melhor Hotel Sustentável do Brasil em 2010 pelo Guia Quatro Rodas. Uma surpresa e satisfação de todos pelo reconhecimento nacional de um pequeno hotel em meio a milhares no Brasil. Isto prova que não importa o tamanho da empresa, ela precisa ter planos consistentes e uma equipe de valor que faça acontecer. Este prêmio nos trouxe notoriedade nacional e melhorou consideravelmente a *performance* econômica do empreendimento. Portanto, bons resultados são frutos do esforço conjunto movido por crenças e objetivos comuns.

Podemos concluir que liderança sustentável está no respeito pela história das pessoas e pelos impactos no seu futuro. Está na ousadia, no correr risco, na intuição, na visão holística, no controle emocional. Está na quebra de paradigmas, na inclusão das pessoas, no respeito mútuo, na diversidade, na resiliência, na entrega, no ser ético, no servir, na inovação dos processos, no tripé sustentável e na consciência responsável.

Voltar no tempo não é mais possível. Temos que olhar pra frente e ver o mundo dos negócios como oportunidade de exercer nosso papel de cidadão responsável.

Manter o equilíbrio de uma organização é um desafio constante que requer, além do conhecimento técnico, uma construção de respeito e confiança com todos os atores envolvidos.

Referências

ETHOS. Disponível em: <https://www3.ethos.org.br/>. Acesso em: 02 de jun. de 2018.

HSM. *Prêmio HSM Management de Liderança*, Revista HSM, 2018. Disponível em: <http://www.revistahsm.com.br>. Acesso em: 29 de jul. de 2018.

MALONE, M. S., ISMAIL, S. e GEEST, Y. V. *Organizações exponenciais.* Hsm do Brasil, 2015, p.185.

MANKINS, M., GARTON, E. *Tempo talento, energia.* Novo Século Editora, 2017, p. 137.

31

Gestão de imagem, uma ferramenta de sucesso e prosperidade

Você sabe por que a gestão da imagem, tanto no aspecto pessoal, quanto no corporativo, tem se tornado cada vez mais um elemento de sucesso e prosperidade? Neste capítulo, vamos ver de que forma podemos transmitir uma imagem autêntica

Thais Ticom

Thais Ticom

Advogada, pós-graduada em Direito Público e empresarial na área jurídica. Atuou como consultora jurídica em empresas, além de ter sido vice-diretora de Ensino e Pesquisa da Uniest - Faculdade de Cariacica. Atualmente exerce a função de Gestora de Imagem e atua como advogada na área empresarial. Possui especialização em Gestão Pessoal feminina, masculina e também Corporativa, dentre outras na área de gestão e imagem. "Como Gestora de Imagem entende que a sua maior missão é colaborar para o desenvolvimento pessoal e extrair do outro a sua verdadeira essência".

Contatos
Site: www.thaisticom.com.br
E-mail: thais@thaisticom.com.br
E-mail: thaisticom@gmail.com
Facebook: Thais Ticom
Telefone: (21) 97691-7229

Como advogada e desde cedo inserida no mundo corporativo, mas também amante da moda e tudo que a envolve, nunca havia me dado conta da importância da minha autoimagem ou em como ela poderia impactar nas minhas relações pessoais e profissionais, até o dia em que precisei entendê-la para começar esse novo trabalho.

Várias foram as constatações trazidas por esse período de reflexão e de estudo sobre a imagem, uma delas se revela na mais presente verdade – se observarmos com um pouco mais de atenção, veremos que lidamos com a imagem o tempo todo e, por meio dela, vários julgamentos são feitos.

Trago, em breves palavras, a experiência pessoal de Tyler Tervooren, um pesquisador e escritor americano. Tyler relata que ele costumava ser desleixado quanto a sua forma de vestir, pois acreditava que as pessoas deviam respeitar o outro, por saberem do que estão falando e não porque usam "gravatas caras". Porém, ele experimentou algo que mudou a sua forma de pensar completamente.

Ao estar num ônibus, indo visitar um amigo, ele se viu perdido em um bairro desconhecido. O homem sentado ao seu lado, trajando moletom e camiseta, percebeu e, educadamente, informou onde Tyler deveria descer – duas paradas adiante.

Instantes depois, outro senhor de pé no corredor, trajando terno e gravata, que também ouviu a conversa, diferentemente, disse a ele que deveria descer na parada seguinte. Ao que Tyler agradeceu e em seguida saiu do ônibus, seguindo a instrução do senhor bem vestido.

Já caminhando na rua, Tervooren se perguntou o que o fez optar pela segunda dica. Naquele momento, percebeu por que ouviu um e não o outro. Então deu-se conta de que fizera um julgamento preconcebido, baseado no modo de se vestir, (logo ele que criticava tal ação nas outras pessoas). E concluiu que, mesmo sem querer ser preconceituoso, o seu processo de decisão baseado na aparência foi no "piloto automático".

Dito isso, e abordando rapidamente o conceito de imagem, digo que esta está ligada a uma palavra-chave: percepção. Como você é percebido pelo mundo? O que você vê de si mesmo e das outras pessoas?

Podemos dizer que a percepção é o pilar que sustenta a imagem, e que tem em seu conceito três elementos: identidade visual, comunicação e comportamento.

Vários estudos demonstram que menos de 30 segundos é o tempo necessário para nos permitir os primeiros julgamentos em relação ao outro. São nossas primeiras impressões. Onde a percepção e o julgamento são atos quase que instantâneos ao olhar.

Nesse curto período de cerca de meio minuto, fazemos as análises do tipo: "confio" ou "não confio", "parece comigo" ou "não", "gosto" ou "não gosto". Esse é um processo automático, um impulso involuntário.

Aqui temos o primeiro elemento da imagem, a identidade visual, que vem sempre junto com outro elemento, a comunicação, por meio da linguagem não verbal, da qual falarei adiante.

E por identidade visual, logo imaginamos as roupas que usamos, a forma como mostramos a nossa aparência, que exercem um papel importantíssimo na função de revelar quem somos e influenciar a percepção do mundo que nos cerca.

Serão nossas roupas que, num primeiro momento influenciarão, diretamente, nessa percepção dos outros, em relação a nós e serão capazes até mesmo de mudar a forma como as pessoas nos veem. Nosso modo de vestir fará a nossa comunicação com o mundo que nos percebe e dará a mensagem que esperamos. E por esta razão, temos que estar sempre atentos à imagem que queremos transmitir.

Contudo, devemos considerar que a nossa imagem não se compõe só pelas nossas roupas. Estas servem como uma ferramenta para elaboração da identidade visual, mas de forma alguma operam o milagre sozinhas.

Como já mencionamos, a comunicação e comportamento também integram a composição do conceito de imagem. E, passado o primeiro momento, em que a nossa aparência é um fator decisivo na opinião dos outros em relação a nós, a maneira como você se comunica e se comporta será a diretriz para dar o tom aos seus relacionamentos.

Elucidando os conceitos de comportamento, ou seja, a forma de proceder, a maneira como agimos diante de fatores sociais, sentimentos e emoções. E comunicação – o ato de tornar comum. Comunicar significa incluir, compartilhar informações diversas entre si. E a nossa comunicação acontece pela linguagem verbal, que é o próprio ato de comunicar por meio da fala, e pela linguagem não verbal, que curiosamente representa a maior parte da comunicação, segundo estudos, cerca de 93%.

O "Corpo Fala"! É o que mostram Pierre Weil e Raland Tompakow, em uma obra de linguagem silenciosa da comunicação não verbal. Nós, indivíduos, somos capazes de nos comunicar o tempo todo por meio de expressões faciais, postura, gestos e a própria aparência. Constatamos, assim, que gerir a imagem traz grandes vantagens para os que dominam e dissabores para os desavisados.

E o que significa essa gestão? Nada mais do que buscar equilíbrio entre o que vemos e o que não vemos. Alinhar os três elementos que compõem a nossa imagem, ou seja, a identidade visual, a comunicação e o comportamento.

E todo esse processo, no tocante à imagem pessoal, principalmente o de buscar esse equilíbrio, requer autoconhecimento. A principal maneira de alcançá-lo é conhecer a própria essência e ter consciência do que deseja comunicar ao outro.

Para mostrar a importância do tema, em um artigo sobre autoconsciência, publicado recentemente na Harvard Business Review, de autoria de Tasha Eurich – psicólogo organizacional e pesquisador – diz que pesquisas apontam que quando nos conhecemos melhor e nos vemos claramente, nos tornamos mais confiantes, tomamos decisões mais assertivas, nos comunicamos de forma mais eficaz e construímos melhores relacionamentos. Diz, ainda, que esse autoconhecimento se subdivide em interno e externo. O interno é justamente tudo o que conhecemos sobre nós mesmos, nossos próprios valores e crenças, e o externo, a gestão da autoimagem. E a conclusão é que a autoconsciência ou autoconhecimento não é uma verdade, mas sim um equilíbrio entre esses dois pontos de vista distintos.

Os conceitos acima destacados podem e devem ser trazidos para a imagem corporativa, implicando principalmente na necessidade de conhecer a identidade empresarial. Voltando o olhar para a gestão de imagem corporativa, podemos explicá-la de uma forma simplista, como a gestão voltada à imagem profissional.

Segundo Mauro Tapias Gomes e Arão Sapiro, em imagem corporativa – uma vantagem competitiva sustentável, a imagem corporativa é intangível e abstrata, não podendo ser tocada, vista ou medida em termos absolutos – é um conceito existente na mente das pessoas. Mesmo assim, trata-se de um dos ativos mais valiosos que uma organização pode atingir.

O assunto é vasto e abrange a todos os interessados, pequenos ou grandes empresários que, pouco a pouco, procuram formas de se destacar no mundo dos negócios.

Na orientação oferecida a empresas, para questões relacionadas a sua percepção tanto em relação ao público externo, quanto ao interno, os três elementos, identidade visual, comunicação e comportamento serão trabalhados com intuito de alinhá-los à identidade corporativa. O que difere, porém, é a classificação dos elementos quanto a sua importância, já que o comportamento se torna o elemento principal, seguidos da comunicação e da identidade visual.

Assim, o trabalho de gestão de imagem corporativa se torna relevante, na medida em que há a preocupação de trabalhar a forma como a empresa será vista e aceita pelo seu público externo (fornecedores, consumidores, parceiros em geral), mas também no trabalho que será elaborado com seu público interno, uma vez que a eles será mostrada a importância deles como indivíduos, gerirem a sua imagem profissional, como também de estarem alinhados à essência e à imagem da organização como um todo.

Logo, a gestão da imagem é feita com base na identidade corporativa e organizacional. Por vezes, analisando a forma como a empresa é vista no mercado corporativo, mas também em como os seus membros percebem, sentem e pensam a respeito da organização, podendo além disso, quando necessário, analisar a imagem profissional de cada membro que a compõe.

Como descrevem Ilana Berenholc e Patrícia Dalpra, em *Gestão de imagem corporativa para empresas e executivos*, a gestão da imagem profissional pode trazer benefícios para ambos: empresa e funcionário. Para a empresa, porque visa a projeção de profissionalismo, além de maior vantagem competitiva, fidelização de clientes, aumento da percepção da qualidade, dentre outros. E para o funcionário, colaborando com a oportunidade de crescimento e promoção, maior visibilidade, desenvolvendo habilidades de comunicação, comportamento e vários outros benefícios.

Para ilustrar, destaco dois casos que vivi como gestora de imagem, que mostram claramente como a gestão exerce papel importante no mundo dos negócios.

Primeiramente, um caso em que a gestão teve como meta, impactar na percepção do público interno e externo. A empresa XX (nome fictício) – empresa familiar de médio porte, passando por uma transição sucessória, na qual o gestor patriarca pertencente da geração *baby boomer*, passa a liderança ao filho pertencente da geração Y, gerações com perfis de lideranças completamente antagônicos.

O primeiro desafio era minimizar as diferenças entre os gestores, para que isso não refletisse na imagem da empresa. Uma vez superada essa transição, o trabalho de transformação e atualização da mesma, começou a ser implementado e junto com ele, a preocupação com a imagem corporativa. Diante da competitividade do mercado de trabalho, foi preciso pensar na atualização da logomarca, site e em todos os veículos de comunicação que pudessem refletir a nova era para seu público externo, mas também e principalmente o seu público interno.

Foi necessário trabalhar a forma de ver, sentir e pensar dos funcionários, por intermédio da elaboração de um *dress code* mais rígido, treinamentos e exigências trazidas pelos órgãos reguladores do segmento, no que se refere à controle, qualidade e segurança, e o resultado disso após o período de adaptação e efetuação das novas diretrizes foi positivo. A evolução da empresa é percebida a olhos nus. A carteira de clientes cada dia é mais sólida, ela ganhou visibilidade internacional e vem ganhando força no mercado a cada dia. Graças à boa gestão de quem está à frente dela, mas principalmente pelo olhar atento da mudança de comportamento e do poder que a imagem corporativa traz em seu cerne.

Um outro exemplo, um caso em que a gestão teve como objetivo impactar a percepção da organização como um todo, em relação à mudança de comportamento de um dos seus membros. A executiva YYY (nome fictício) ingressou no processo de mudança de sua imagem profissional, porque mesmo detentora de um cargo de destaque, tinha o desejo de alçar ainda mais a sua carreira, mas também se ver mais próxima de sua essência. A meta principal era transmitir a mensagem de que num ambiente quase 100% masculino, ela poderia além de se mostrar competente, trazer aspectos de sua feminilidade, sem receio e, com isso, também influenciar outras mulheres a buscarem por ascensões de cargos dentro do seu ambiente corporativo.

Para concluir, podemos dizer que imagem é reputação. Tanto no aspecto da gestão pessoal, quanto na corporativa, ela demonstra individualidade, autenticidade, autonomia, coerência e consistência. E gerir a maneira como as pessoas percebem, sentem e pensam sobre você ou uma organização, além de contribuir para o próprio crescimento, traz benefícios nas relações interpessoais.

Quanto à gestão de imagem pessoal, o que podemos deixar como mensagem é que não devemos resumir a nossa imagem às roupas que vestimos, mas tampouco nos esquecer que são elas que nos ajudam na comunicação com o outro. Pois, quando alguém não nos conhece, a primeira forma de saber se podem ou não confiar é por meio da identidade visual. Porém, essa é uma parte do que compõe a imagem, pois, passado o momento da primeira impressão, a comunicação e o seu comportamento serão os elementos que darão o tom aos nossos relacionamentos.

Quanto à gestão de imagem corporativa, hoje para ser bem-sucedido é preciso agir com cautela e segurança. Devemos sempre repensar nossos negócios. Atualmente, os meios de comunicação estão mais e mais diversos e dependendo do que vemos, rejeitamos ou aceitamos segundo nossa interpretação. É um critério subjetivo. Por isso, o cuidado nas escolhas, na forma como se apresentam, influenciará decisivamente para a formação das primeiras impressões e na elaboração da sua reputação enquanto empresa.

Referências
BERENHOLC, Ilana, DALPRA, Patrícia. *Gestão da imagem profissional para empresas e executivos*, Curso Train-the-trainer, São Paulo, 2015.
EURICH, Tasha. *What self-awareness really is (and how to cultivate it.)* Disponível em: <https://hbr.org/2018/01/what-self-awareness-really-is-and-how-to-cultivate-it?autocomplete=true>.
GOMES, Mauro Tapias, SAPIRO, Arão. *Imagem corporativa - uma vantagem competitiva sustentável*, Revista de Administração de Empresas / EAESP/ FGV, São Paulo, Brasil, 1993.
TERVOOREN, Tyler. *The art (and science) of making great first impressions*. Disponível em: <https://www.riskology.co/first-impression/>

32

Sucesso e independência financeira: construindo sua riqueza ao longo da vida

Fazer com que as pessoas construam sua independência e estabilidade financeira ao longo da vida é algo que leva as empresas a terem profissionais mais produtivos. Com isso, há um aumento da qualidade de vida e inteligência emocional, além de ampliar seus resultados pessoais e profissionais. Esse objetivo é alcançado com sucesso em palestras dinâmicas e inspiradoras

Viviane Ferreira

Viviane Ferreira

Estrategista financeira, palestrante e articulista do Me Poupe. Há treze anos no mercado financeiro, desenvolve estratégias de sucesso de investimentos e de planejamento de vida para pessoas e empresas. Durante oito anos, atuou na área de consultoria ambiental em uma empresa multinacional. Essa experiência lhe trouxe uma visão holística do ambiente corporativo e do impacto das finanças pessoais nos resultados das empresas. Especializada em finanças, possui certificação internacional em planejamento financeiro pessoal, CFP, pela PLANEJAR. É consultora de investimentos da CVM (Comissão de Valores Mobiliários). Formada há 20 anos em engenharia química pela UFSCar. Em 2015, lançou o livro *Vivificar, superando o imponderável* (em 2ª edição), fundou o Instituto Nação de Valor e é uma das autoras do livro *Mulher, desperte o poder que há em você*, publicado em 2018, pela editora Novo Século.

Contatos
Site: www.vivianeferreira.com/
E-mail: vivi@vivianeferreira.com
Facebook: vivianefarahferreiran

Falar de finanças pessoais no Brasil, até pouco tempo atrás, era um grande tabu, que vem sendo quebrado nos últimos anos, com diversos conteúdos, livros e acessos a investimentos.

Mas, se pensarmos bem, seria natural falar do assunto nas empresas, que é onde as pessoas recebem grande parte da renda, a receita que irão administrar a base dessas finanças.

A educação financeira formal nas escolas e universidades ainda está engatinhando. Aprendemos a trabalhar e ter renda, mas não a cuidar dela. As pessoas aprendem nos erros e acertos, e os mais interessados no assunto são autodidatas e se instruem em livros disponíveis.

As empresas fornecem o trabalho, a renda e até o empréstimo com menos juros, o crédito consignado. Mas a educação financeira, para que evitem as dívidas e aumentem os investimentos, ainda são poucas que oferecem.

Os benefícios são bem mais do que só contribuir para o bem-estar dos colaboradores. As empresas se beneficiam por terem profissionais produtivos, focados no serviço e não distraídos em resolver problemas pessoais. Assim como na redução de acidentes de trabalho, por falta de atenção, por estarem preocupados com as contas para pagar, são privilegiadas também com contenção de despesas e aumento da lucratividade. Isso se dá, devido ao fato de terem profissionais preocupados em otimizar e economizar tanto recursos pessoais, quanto os da empresa.

Os benefícios são muitos e vão além do período em que o funcionário trabalha, pois a sustentabilidade dele na aposentadoria é que comprova a real sustentabilidade da empresa como um todo. Se esta deseja ter compromisso e responsabilidade social, promover a sustentabilidade financeira dos colaboradores da aposentadoria – é o maior símbolo de responsabilidade social dela.

Existem muitas maneiras de promover essa sustentabilidade dos colaboradores na aposentadoria, tais como planos de previdência privada complementar, com a coparticipação da empresa. Mas, a educação financeira é a mais valiosa delas, pois o aprendizado se mantém e é espalhado para a família, parentes e amigos, é uma semente que cresce e transforma o meio em que a pessoa vive, é um impacto social imensurável.

Comportamento e finanças

O modo com que cuidamos das finanças é aprendido, sobretudo, com nossos pais. Desde pequenos, inconscientemente observamos como lidam com o dinheiro e copiamos alguns modelos, rejeitamos outros e assim vamos criando nossa maneira de lidar com elas.

A grande questão é que nem tudo que nossos pais faziam com o dinheiro são as melhores soluções e o que era boa prática há décadas, não é mais a melhor opção nos dias de hoje.

Há 40 anos, a poupança era praticamente a única aplicação disponível. Muita gente ganhou uma caderneta de poupança de presente dos avós. Em todos os bancos, esse investimento tem o mesmo nome e ainda tem a origem no verbo "poupar".

Toda essa "intimidade" com o termo, nos faz ter a sensação de segurança e de conhecimento, de pensar que sabemos o que é poupança. Esses são alguns dos motivos que levam tanta gente a ter o dinheiro mal investido nela, rendendo bem menos do que poderia.

Tem ainda aquelas pessoas que acreditam que só vão ter alguma coisa na vida, se fizerem parcelas e empréstimos. Isso é uma crença sobre o dinheiro, que leva pessoas a se endividarem.

Outro dia, atendendo uma cliente com dívidas, ao perguntar desde quando ela estava assim, ela relatou: "Desde que nasci, pois meus pais já eram endividados, foi assim que aprendi a viver e agora que sou independente deles, também sou endividada. Não aguento mais, quero mudar essa situação. Mas é assim que aprendi a viver".

Os problemas da má gestão do dinheiro têm fundamentos tanto na falta de informação e educação financeira, quanto nas crenças enraizadas e nas questões emocionais e comportamentais das pessoas.

A psicologia econômica precisa ser considerada quando falamos sobre hábitos financeiros. Cálculos e planilhas são importantes, mas não são tudo. O papel aceita tudo, mas na prática diária, as coisas são diferentes. Ter a consciência do nosso comportamento, das ciladas que nosso cérebro nos coloca e que nos atrapalha na hora de economizar e investir, é fundamental para o sucesso da educação financeira.

É por isso que ter um método que integra tanto a parte cartesiana, lógica e racional, como a psicologia econômica, é vital para trazer uma educação financeira eficiente e assertiva para os colaboradores das empresas.

O método vivificar para enriquecer

É um método que integra as questões emocionais e cartesianas sobre o dinheiro. Na minha formação e comportamento voltados para a área de exatas, eu não compreendia por que as pessoas não guardavam dinheiro.

Um período marcante foi ao trabalhar em consultoria ambiental e estar sempre nas fábricas dos clientes, multinacionais, implementando sistemas de gestão de meio ambiente, saúde e segurança do trabalho ou realizando auditorias de conformidade legal.

Observava colaboradores de 60 anos, que já estavam trabalhando há pelo menos 40, mas reclamavam de tudo e não tinham a liberdade de se aposentarem ou fazerem outra coisa que gostassem mais. Percebi que eles não tinham independência financeira para isso.

Eu pensava: "se ele tivesse guardado R$50,00 por mês, durante quarenta anos, teria uma reserva significativa, que lhe traria uma boa renda nesse momento". O ponto era: por que as pessoas não faziam isso? Por que não conseguiam guardar dinheiro e pensar a longo prazo?

Depois de oito anos trabalhando na consultoria em meio ambiente e segurança do trabalho, e ter observado a importância da saúde financeira, inclusive para melhorar segurança do trabalho nas empresas, fui estudar finanças pessoais e investimentos.

Tirei certificações importantes no mercado de investimentos e de planejamento financeiro pessoal e comecei a prestar consultoria nessa nova área. Ao longo dos 13 anos que trabalhei nela, passei por desafios pessoais, que me levaram a compreender melhor a importância das questões emocionais e comportamentais sobre o dinheiro.

Esses desafios mudaram meu comportamento com o dinheiro, que antes era completamente cartesiano e seguia os números que estavam nas planilhas. Depois do primeiro câncer de mama e do divórcio, abandonei as planilhas, com a necessidade de viver mais intensamente, sem muita disciplina.

Nesse momento, pude de fato entender o que passava na cabeça e no coração das pessoas que não conseguiam ter disciplina e guardar dinheiro com regularidade, humanizando essa relação.

Por dez anos no mercado financeiro, trabalhei em empresas de gestão de patrimônio e consultoria de investimentos. Definia estratégias de investimentos para meus clientes de alta renda e realizava o acompanhamento das carteiras, buscando equilíbrio em boa rentabilidade e baixo risco, alinhando-os com os objetivos de vida deles.

Há alguns anos, depois de ter o segundo câncer de mama e lançar o livro *Vivificar, superando o imponderável*, percebi que devia ir além e contribuir para a melhoria de vida das pessoas. A área de finanças pessoais é importante e base para que vivamos melhor tanto no presente, quanto no futuro.

É vital que as pessoas comecem a ter a visão de curto, médio e longo prazo e encontrem o equilíbrio no dia a dia, para planejarem suas finanças para viver bem em todos os momentos da vida.

Recentemente, atendi uma cliente que trabalhou anos no mercado corporativo de uma grande empresa, com um excelente salário. Mas foi demitida com 59 anos, e os novos empregos que consegue são com o salário de 20% do que tinha antes.

Agora ela percebeu que deveria ter guardado mais dinheiro, e gastado menos com sapatos, roupas, etc. Hoje a aposentadoria e a renda do trabalho mal pagam o aluguel e o plano de saúde.

Isso ilustra bem que não podemos permitir que profissionais continuem passando por essa situação. Após dedicarem anos de suas vidas trabalhando, chegarem aos 60 anos e não terem opção, não terem se preocupado com o futuro e não poderem viver com dignidade e liberdade de escolhas.

Os passos do método vivificar:

1. **V**alor: como você lida com o dinheiro no cotidiano e seus valores de vida. O autoconhecimento dos valores que norteiam a sua vida é imprescindível para entender como você toma decisões em relação ao dinheiro, porque você faz as escolhas que tem feito até hoje e como pode utilizar este conhecimento a seu favor, ao cuidar do seu dinheiro e investimentos;

2. **I**dentificar a situação atual em relação às suas finanças e seu patrimônio, realizando o diagnóstico financeiro com o levantamento dos seus bens e análise do seu fluxo de caixa e orçamento;

3. **V**isualizar as competências que você possui sobre finanças, quais deseja melhorar e como. Conhecer a legislação relacionada a elas (imposto de renda, regime de casamento, investimentos, etc.);

4. **I**ntenção: mapear os projetos de vida e como realizá-los;

5. **F**erramentas como: planilhas e aplicativos que poderão ajudar a melhorar a organização;

6. **I**nvestir: orientar sobre como investir melhor o dinheiro, os riscos envolvidos e os modelos de investimentos;

7. **C**ontingências: identificar as necessidades de proteção patrimonial para garantir a segurança a você e sua família;

8. **A**companhar: definir como você irá acompanhar seu plano financeiro;

9. **R**essignificar sua relação com o dinheiro buscando outro olhar sobre as finanças e reconhecer os pontos de melhoria, realizar uma análise crítica da efetivação do método.

Método usado em palestras, treinamentos e consultorias.

O momento certo da educação financeira

Há anos fui procurada por um executivo da Google, para levar o conceito de planejamento financeiro a profissionais da área de engenharia da empresa no Brasil.

Sendo americano, conhecia e implementava em sua vida o planejamento financeiro pessoal há anos. Mas, notou que no Brasil os executivos jovens e bem remunerados, desconheciam totalmente essa prática e observou a importância que seria para estes, em início de carreira.

Assim, fui contratada por alguns executivos para realizar o planejamento financeiro pessoal. Mesmo para jovens com pensamento cartesiano, foi vital mostrar tanto esse planejamento, quanto definir as estratégias de investimentos.

Essa tarefa trouxe tranquilidade e mais foco no trabalho para eles.

A educação financeira é vital para que todos tenham equilíbrio e possam ter os pensamentos focados nas atividades que desempenham.

Porém, existem momentos em que a organização financeira e o aprendizado sobre investimentos se tornam fundamentais, como por exemplo: planejar a aposentadoria, receber bônus, aumentos de salário. Também na redução de empréstimos consignados, aumento da lucratividade da empresa pela redução de despesas. Encontrar motivação no trabalho, perceber os valores dos benefícios que a empresa oferece, incentivar o protagonismo dos colaboradores em relação às suas tarefas, sair da zona de conforto e não ficar esperando que as coisas aconteçam e que o salário aumente.

Num treinamento que desenvolvi em um grande hospital particular em São Paulo, um depoimento me marcou. No trabalho de orientação para a aposentadoria, um médico que iria se aposentar, comentou o seguinte: "Muito interessante tudo isso, mas eu precisava saber dessas informações pelo menos dez anos atrás!".

Planejar a aposentadoria deve ser feito a longo prazo e algo intenso para conscientizar os colaboradores do papel deles nessa preparação. E, impactante o suficiente para que eles, de fato, coloquem em prática e aprendam a investir melhor os recursos que possuem.

Há pouco, participei de uma matéria na revista Você SA, especial aposentadoria. Além da entrevista, ajudei a encontrar personagens reais que tivessem atingido a independência financeira com menos de 50 anos. Um de meus clientes mais antigos conseguiu esse feito, juntamente com alguns amigos.

A pergunta é: como?
Ainda jovem, em torno de 25 anos, percebeu que o que o deixava feliz era ir no clube jogar tênis e, para isso, não precisava ter um custo de vida muito alto, tampouco ter carros caros.

Então, a medida que sua carreira profissional desenvolvia e seu salário e bônus aumentavam, ele não aumentou o custo de vida na mesma proporção. Escolheu investir os aumentos e manter o custo de vida baixo, investia também os bônus e 13º salário.

Conjuntamente, começou a aprender sobre investimentos, estudou, fez cursos para poder investir seu dinheiro com mais rentabilidade e segurança. Dessa maneira, com 40 anos, ele já tinha a independência financeira e, atualmente, com 50 anos, se dedica a cuidar de seus investimentos.

Ter essa visão, possibilitou-lhe saber o que fazer com os aumentos de salários, os bônus e, principalmente, a manter a motivação no trabalho e entender que podia aprender a cuidar dos seus investimentos.

O que descobri de verdade?
Os benefícios do trabalho de educação financeira humanizando as finanças são inúmeros para as empresas e seus colaboradores.

Estas ganham ao terem profissionais mais produtivos, com mais qualidade de vida, mais inteligência emocional e intrapessoal, ampliando seus resultados pessoais e profissionais.

Os colaboradores aprendem a viver melhor, assumem o controle pela sua vida financeira, reconhecem o seu valor, agregando-o também ao seu trabalho e à empresa.

Ambos ganham com a sustentabilidade de suas vidas no longo prazo.

Conclusão

É possível destacar as competências imprescindíveis para o sucesso num tempo em que o futuro está cada vez mais presente? A busca por essa resposta tem sido incessante para profissionais e gestores do mundo corporativo. Há uma movimentação invisível que influencia negócios, a economia, até a capacidade de percepção humana, e para manter as engrenagens ativas, o ser humano precisa ser cada vez mais humano e consciente do universo que existe além do que os olhos são capazes de enxergar.

Para seguir no ritmo das transformações é preciso se manter conectado e, mais que isso, disposto a "aprender a desaprender para aprender". E aqui está a chave de ouro! A habilidade de renovar saberes tem determinado valores, carreiras, negócios e riquezas.

Embora venha se descortinando a realidade da Inteligência Artificial, ainda é o capital humano a "máquina" mais bem elaborada, completa e ilimitada. E este valioso projeto é prova disso. Aqui me deparo com a inteligência de diversas cabeças pensantes, conectadas à realidade de um mundo pronto para ser explorado. *Palestrantes - Ideias que conectam, histórias que transformam* é uma eficiente provocação para o leitor ampliar seus horizontes nas diversas esferas da vida, renovando suas perspectivas, sincronizado aos desafios de uma nova era, na velocidade das transformações.

Leila Navarro
Palestrante

Posfácio

O porteiro é a primeira ponte humana entre a pessoa que visita a empresa e os valores que essa organização diz ter, em seu *site*. A despeito disso, muitas corporações não treinam esses profissionais, sob o argumento de que "é terceirizado" ou "toda hora se troca". Ao agir assim, deixam uma pessoa desconhecedora daquilo que a empresa faz e oferece de melhor. Então, vamos pensar: esse profissional vai vender ou "desvender" a empresa?

O presidente, autoridade máxima da liderança corporativa e, por sua posição, um crucial elemento de inspiração para os demais líderes, raramente participa da educação empresarial. Isso quer dizer, na prática, que ele perde a oportunidade única de inspirar pelo exemplo. No Século XXI, esse presidente não será bem-sucedido apenas por enviar um *e-mail* ou gravar um vídeo aos colaboradores, defendendo a importância de que todos participem dos treinamentos oferecidos pela empresa.

As palavras não convencem mais o colaborador. O exemplo prático do líder é a mais moderna e poderosa ferramenta persuasiva. Ou seja, a principal liderança deve entrar nas salas de treinamento ou nos auditórios de palestras, ao lado e em parceria com os funcionários.

Está, portanto, provado, com argumentos irrefutáveis: do porteiro ao presidente, ninguém pode escapar da educação corporativa.

Não há medida que limite o volume de informação mundial disponível na Internet, o que torna os clientes muito mais conhecedores e exigentes. Logo, as palestras e os treinamentos ministrados por profissionais de ponta, que contemplem toda a empresa, deixaram de ser um luxo praticado pelas multinacionais e tornaram-se essenciais também para os pequenos e médios empresários.

Se o volume de informação gratuita é tão grande, por que a empresa precisa pagar e contratar um palestrante ou treinador? – perguntaria o empresário que ainda age como se a sua empresa estivesse na década de 1970.

A resposta é elementar: no mundo dos negócios, a Internet não esgota as possibilidades e, além disso, oferece uma visão rasa sobre os assuntos diversos. Para buscar a profundidade da informação, toda empresa merece ideias que conectam e histórias que transformam; trazidas por profissionais congruentes, que não se cansam de pesquisar, se atualizar e trazer inovações em nível internacional, para entregar a cada empresário comprometido.

Costumo dizer o seguinte:

"Satisfazer o cliente é obrigação. Surpreender o cliente positivamente é ir além."

Como as empresas modernas poderiam, ao mesmo tempo, recusar um programa de palestras e treinamentos e surpreender o cliente? É uma conta que jamais vai fechar.

Na obra que você acaba de ler, os autores revelaram, segundo a área em que cada um se especializou, um fragmento daquilo que você deve fazer, na prática. Acontece que toda empresa é como uma grande rocha, composta por diversos fragmentos e cada um deles há de fazer falta. Isto é, você recebeu valiosas lições e o passo seguinte é contratar esses e outros profissionais, para que levem a força de sua marca pessoal até a empresa, transformem o pensamento do colaborador, antes negativo, em positivo. E, para isso, eu posso assegurar:

Reunir os colaboradores para assistir a um ou outro vídeo motivacional é importante, mas o poder de inspirar está nas mãos dos homens e mulheres de palco.

Não é uma argumentação sem embasamento. Já são mais de 30 anos dedicados a agenciar os melhores e mais requisitados palestrantes. Conheço esse mercado da informação de frente e ré.

Estou sempre buscando contribuir com a carreira de palestrantes profissionais, de forma estratégica, de maneira prática e objetiva, por meio de consultoria especializada e mentoria de carreira. Ao mesmo tempo, estou sempre preocupado com a melhor opção para o empresário que precisa desses profissionais e suas respectivas soluções. Talvez a junção dessas duas buscas explique por que a nossa empresa é uma das mais renomadas e requisitadas do segmento T&D.

Sugiro que releia esta obra em outras ocasiões, pois em matéria de desenvolvimento, a nossa contemplação de ontem nunca será igual a de hoje ou amanhã.

Inspire-se nas lições, pratique e replique o que puder, em sua empresa. Convide os autores a conhecerem a sua estrutura empresarial, o seu projeto. Seja você, profissional de recursos humanos, empresário ou mesmo colaborador de uma empresa que, segundo a sua análise, precisa de educação empresarial.

Faça contato com a Fadel Palestrantes, onde estão sediados todos os autores desta obra e outros grandes nomes. Vamos avaliar, com muita atenção, qual palestrante ou treinador pode ajudar você a lidar com ideias que conectam e histórias que transformam. Afinal, a sua empresa é fruto de uma ideia que se transformou e deve ser valorizada. O nosso papel é mantê-la forte, valorosa, competitiva e eficiente.

"Valor é algo que o preço não paga."

Em nome da Fadel Palestrantes, agradeço a cada autor(a) por tamanha contribuição escrita para a sociedade e, é claro, agradeço a você que leu os artigos destes brilhantes profissionais!

David Fadel,
Diretor da Fadel Palestrantes